부부사랑학교

A Lifelong Love

Originally published in English under the title : *A Lifelong Love*
ⓒ 2014 by Gary Thomas
David C. Cook, 4050 Lee Vance View, Colorado Springs, Colorado 80918, U.S.A.
All rights reserved.

This Korean translation edition ⓒ 2017 by CUP, Seoul, Republic of Korea
This Korean edition is published by arrangement of David C. Cook
through rMaeng2, Seoul, Republic of Korea.

이 한국어판의 저작권은 알맹2에이전시를 통하여 David C. Cook과 독점 계약한 도서출판 CUP에 있습니다.
신저작권법에 의하여 한국 내에서 보호받는 저작물이므로 무단 전재와 무단 복제를 금합니다.

부부사랑학교

지은이	게리 토마스
옮긴이	윤종석
발행인	김혜정
디자인	홍시 송민기
기획위원	김건주
마케팅	윤여근, 정은희
초판	1쇄 인쇄 2021년 1월 4일
	1쇄 발행 2021년 1월 19일
	* 본서는 《사랑학교》(2017, CUP)의 재편집본입니다.
발행처	도서출판 CUP
출판신고	제 2017-000056호 (2001.06.21.)
주소	(04549) 서울특별시 중구 을지로148, 803호 (을지로3가, 중앙데코플라자)
전화	02) 745-7231
팩스	02) 6455-3114
이메일	cupmanse@gmail.com
홈페이지	www.cupbooks.com
ISBN	979-11-90564-15-1 03230 Printed in Korea

* 파손된 책은 구입하신 서점에서 교환해 드리며 책값은 뒤표지에 있습니다.

게리 토마스의
인생학교 07

부부사랑학교
A Lifelong Love

게리 토마스 | 윤종석 옮김

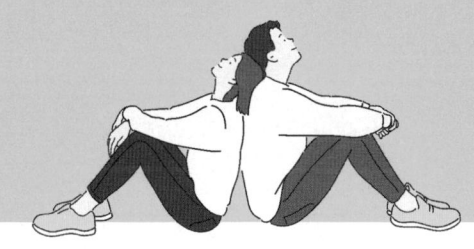

좋은 결혼은 만들어가는 거야!
내가 먼저 읽고 나의 반쪽에게 선물하는 책

A LIFELONG LOVE

What If Marriage Is About More

Than Just Staying Together?

GARY THOMAS

2014년 7월 12일에 결혼한
내 아들 그레이엄(Graham)과 말리(Molly)에게
축하를 담아 이 책을 바친다.
서로를 향한 은혜와 사랑이 깊어지며
평생사랑의 복을 누리기를 바란다.

추천하는 글

걸작이다. 하나님이 설계하신 본연의 결혼에 이르는 로드맵 같은 책이다. 인생을 바꾸어 놓을 이 책을 절대 놓치지 말라.

레스 & 레슬리 패럿 박사 《결혼: 남편과 아내 이렇게 사랑하라》(요단) 저자

나는 게리 토마스의 글이라면 무조건 주목한다. 주제가 관계나 가정이면 더 주목하고 결혼으로 좁혀지면 완전히 주목한다. 그는 우리가 안다고 생각하는 내용을 가져다가 안팎을 뒤집어 성경으로 새롭게 재조명하는 남다른 재주가 있다. 결혼은 하나님과의 관계 다음으로 가장 중요한 관계인데, 이 부분에서 우리의 성장을 돕는 게리의 열정과 헌신에 감사한다. 신혼부부에게든 연차가 오래된 부부에게든 꼭 추천하고 싶은 책이다. 나 개인적으로는 물론 교회 목사로서도 이 책을 활용할 것이다.

댄 킴벌 목사 《그들이 꿈꾸는 교회》(미션월드) 저자

결혼에 관한 책이 아주 많지만 게리 토마스는 이 분야에서 실력이 검증된 사람이다. 그동안 나는 그의 많은 저서에서 엄청난 유익을 누렸다. 이번에도 그가 결혼을 세우고 외도를 예방하고 가정을 강화하고 하나님을 영화롭게 하는 책을 내놓아 기쁘다. 모든 부부에게 길잡이가 되어 줄 책이다!

섀넌 에드리지 《모든 젊은 여자의 순결전쟁》(사랑플러스), *The Passion Principles* 저자

결혼이 사회적 구성물이나 법적 장치 이상임을 생생히 일깨워 주는 책이다. 결혼은 하나님이 친히 제정하신 지극히 영적인 행위다. 많은 부부들이 이 책을 통해 실제적 도움과 감화를 얻어 더 깊고 친밀한 관계에 힘쓰리라 믿는다.

짐 데일리 포커스 온 더 패밀리 총재

이번에도 게리 토마스가 아주 알찬 내용으로 모든 부부에게 시의적절한 책을 내놓았다. 그의 말에는 요긴한 격려와 교훈과 희망이 담겨 있다. 그저 또 하나의 결혼 서적이 아니라 결혼을 본연의 고귀한 자리, 웅대하고 초월적인 영광의 자리로 다시 끌어올리는 책이다.

데니스 레이니 박사 패밀리 라이프 투데이 진행자

게리 토마스가 내놓은 또 하나의 깊고도 강력한 이 책은 성경적 지혜와 실제적 제안으로 가득하다. 이 책에서 강조하는 평생사랑이란 단지 부부가 끝까지 함께 사는 것 이상이다. 하나님을 중심에 모시고 성령의 능력을 받기 때문이다. 모든 부부의 필독서다!

성영 탠 풀러신학대학원 심리학 교수, 캘리포니아 주 글렌데일제일복음주의교회 담임목사

결혼을 이해하고 결혼생활에 성공하는 틀을 이렇게 영적으로 풍성하게 제시하는 저자는 내가 알기로 다시없다. 이 책에서 게리 토마스는 모든 허위를 과감히 걷어내고 하나님께 기초한 건강한 결혼을 진정한 희망으로 제시한다. 당신의 결혼생활을 참된 기쁨의 길로 이끌어 줄 깊고 만족스러운 책이다.

저드 윌하이트 센트럴크리스천교회 담임목사, *Pursued* 저자

기술에 집중하는 결혼 서적이 많지만 이 책은 기술을 깊은 신학 위에 세운다. 게리의 글은 생각이 깊어서 참 좋다. 마땅히 시리즈 설교의 자료로 삼을 만한 책이며 우리 교회가 그 선봉에 설 것이다.

테드 커닝햄 우드랜드힐즈 가정교회 목사, *Fun Loving You* 저자

당신의 결혼에 새로운 희망과 목적의식이 필요하다면 이 책이 안성맞춤이다! 하나님께 더 순복하고 서로에게 더 헌신하고 세상에 더 참여하고 싶은 부부에게도 마찬가지다. 교회 차원에서 결혼을 통해 더 변화와 사명을 이루고 싶다면 모든 지도자와 배우자에게 평생사랑의 여정에 오를 것을 권하고 싶다.

마이클 디트먼 박사 Haven for the Heart 대표

영원한 안목으로 결혼을 실천하는 실제적인 길을 보여 준다. 행복을 내려놓으면 그 과정에서 희망과 사명을 얻는다는 역설을 가르치는 책이다. 현재의 결혼생활이 어떤 상태이든 관계없이 당신에게 큰 도전과 격려가 될 것이다.

줄리 슬래터리 박사 심리학자, Authentic Intimacy 공동설립자

결혼이란 주제는 워낙 방대해서 글로 다루기가 거의 불가능해 보이지만 하나님은 게리 토마스에게 이 시대에 그런 일을 할 은사를 주셨다. 이 책은 하나님의 말씀에 깊숙이 뿌리를 내려 말씀을 결혼의 궁극적 지침으로 삼고 있다. 따라서 기혼자, 결혼을 생각 중인 사람, 독신자, 결혼생활로 힘들어하는 사람 등 모두가 꼭 읽어야 할 책이다. 배우자를 잘 사랑하는 법은 그분의 말씀 속에 들어 있다. 이런 훌륭한 책을 써 준 게리에게 다시 한 번 감사한다!

셔릴 스크러그즈 Hope Matters Marriage Ministries, Inc.

배우자를 고쳐 주는 손쉬운 7단계 처방이라든가 결혼의 복잡한 의문들에 대한 간단한 해답 따위는 이 책에 없다. 게리 토마스는 우리에게 '평생사랑'에 이르는 하나님의 길을 찾도록 도와준다. 이 여정은 늘 쉽지만은 않지만 풍성하고, 예수의 임재로 살아 있으며, 우리가 꿈꾸는 것 이상으로 의미 있다.

케빈 G. 하니 쇼어라인커뮤니티교회 담임목사, 《무모한 믿음》(규장)

감사의 말

이 책의 초고에 친절하게 시간과 지혜와 건설적 비평을 베풀어 준 많은 사람에게 빚을 졌다. 캐런 리-소프(믿거나 말거나 캐런은 여러 단계의 원고를 최소한 다섯 번이나 통독한 비범한 편집자이며, 덕분에 모든 독자는 많은 실수와 반복과 문법적 오류를 헤쳐 나갈 필요가 없어졌다), 스티브와 레베카 윌키 박사 부부, 알폰소 길버트, 멜로디 로드 박사, 메리 케이 스미스, 마이크 솔즈베리, 리자 토마스, 게리트 도슨 박사, 미치 휘트먼 박사, 제프와 셔릴 스크러그즈, 줄리 슬래터리 박사, 앨리 스미스, 토니 리치몬드, 브룩스 파월, 존 스탠리 등이다. 아울러 너그러이 나를 주재 작가로 머물게 해 주는 텍사스 주 휴스턴 제이침례교회의 에드 영 박사와 벤 영, 그리고 교우들에게도 많은 사랑의 빚을 졌다.

내 에이전트인 커티스 예이츠가 없다면 책을 쓴다는 것을 상상할 수도 없다. 알렉스 필드, 댄 리치, 리자 비치, 잉그리드 베크, 헬렌 맥도널드, 지니아 크로커, 마이클 코빙턴 등 데이비드 C 쿡 출판사의 친구들에게도 깊은 감사를 전한다.

물론 내 삶과 사역을 홀로 격침할 수도 있고 축복할 수도 있는 한 사람이 있으니 바로 아내 리자 토마스다. 이 삶과 이 진리를 나와 함께해 온 아내 덕분에 그동안 결혼생활 속에서 예배와 친밀함의 범위를 탐색하는 일이 기쁘고 즐거웠다. 30년 전 나는 아내와 함께 평생사랑의 여정에 올랐는데, 이 길이 어디로 이어질지 생각하면 지금도 가슴이 설렌다.

프롤로그

> 내가 영원한 사랑으로 너를 사랑하기에 인자함으로 너를 이끌었다 … 내가 다시 너를 세우리니 네가 세움을 입을 것이요.
>
> 예레미야 31장 3~4절

충분히 이해할 만한 상황이었지만, 그래도 고의적인 홀대였다.

1950년대에 독일 메노나이트 교인들의 벨리즈 이민이 시작되었다. 나치가 제2차 세계대전을 일으켜 온 세상을 혼란에 빠뜨린 지 불과 10년 후였다. 벨리즈 당국은 꽤 신중을 기했다. 메노나이트 교인들은 모습이나 말투나 행동이 나치 같지는 않았지만, 그래도 독일인인지라 아직은 수상한 대상이었다. 어찌할 것인가?

한 가지 방안이 나왔다. 전국에서 가장 비생산적인 땅, 아무도 원하지 않는 불모지를 그들에게 주는 것이다.

이미 몹쓸 땅이니 더 망치기야 하겠는가!

국가를 위해서나 어쩌면 메노나이트 교인들을 위해서도 그것은 현명한 결정이었다. 그러나 벨리즈 당국의 예상을 뛰어넘어, 메노나이트 교인들은 신앙과 직업윤리를 바탕으로 그 지역을 그냥 생산적인 옥토 정도가 아니라 전국에서 가장 생산적인 옥토로 바꾸어 놓았다. 현재 벨리즈의 가장 값진 천연자연의 약 60%가 메노나이트 소유의 땅에서 나온다. 불과 반세기 전까지만 해도 아무도 원하지 않던 그 불모지에서 말이다.

"메노나이트 지역에 들어서면 금방 표가 납니다."

벨리즈에서 온 어떤 사람이 언젠가 나에게 해 준 말이다.

"그냥 보면 압니다."

감동적인 이야기가 아닌가? 벨리즈의 메노나이트 교인들은 최악의 땅을 받아 신앙으로 개간해 가장 생산적인 땅으로 탈바꿈시켰다.

이것은 결혼의 은유로도 나쁘지 않다. 우리도 가장 덜 생산적인 관계를 신앙으로 받아 이를 통해 영적으로 다른 사람들을 양육할 수 있다. 결혼할 때는 아무것도 내줄 게 없는 것 같지만, 관계가 놀랍도록 풍성해져 본인의 만족은 물론 남들에게까지 감화를 끼칠 수 있다. 마치 결혼생활이라는 쳇바퀴에 갇힌 듯한 심정이지만―당신 부부에게 궁합과 친밀함의 기술이라는 "원자재" 내지 "천연자원"이 부족해 행복 비슷한 것조차 이룰 수 없을 것만 같지만―결혼이야말로 깊은 기쁨과 진한 연합과 설득력 있는 전도의 원천임을 신앙으로 깨달을 수 있다.

중요한 것은 우리에게 무엇이 있느냐가 아니라 그것으로 무엇을 하느냐이다. 이것이 영적 원리다. 방정식에 하나님이 들어 있다면 우리가 얼마나 좋은 조건으로 결혼하는지 또는 결혼생활에서 무엇을 얻는지는 별로 중요하지 않다. 풍성한 친밀함과 아름다운 관계를 창출하려면 우리가 하나님의 능력과 임재로 무엇을 하느냐가 중요하다.

이것을 부커 T. 워싱턴(Booker T. Washington)의 눈으로 볼 수도 있다.

노예 출신으로 19세기에 놀라운 정치적 역량을 발휘한 그는 "불이익의 이익"을 말했다. 역경을 통해 우리의 최선의 모습이 나온다면 역경은 걸림돌이 아니라 오히려 디딤돌이 된다고 믿었다. 역경이 없었을 때보다 사람이 더 강인해지기 때문이다.

선지자 예레미야는 하나님의 백성에게 그분의 확실한 약속을 선포했다. "내가 영원한 사랑으로 너를 사랑하기에 인자함으로 너를 이끌었다. … 내가 다시 너를 세우리니 네가 세움을 입을 것이요"(렘 31:3~4).*

이 본문은 나의 결혼생활에서 번번이 사실로 검증되었다. 하나님이 영원한 사랑으로 나를 사랑하심을 깨달았을 때—결혼생활이 무엇보다 먼저 하나님과 그분의 나라를 향한 위대한 집념이며, 그것이 다른 모든 것과 심지어 아내보다 우선임을 깨달았을 때—나의 결혼생활은 극적으로 달라졌다. 그분의 인자하심이 나를 이끌되 다시 그 인자하심 쪽으로 이끌었다. 나는 수혜자이자 또한 행위자가 되어 특히 부부관계에서 진정한 사랑의 의미를 훨씬 깊이 표현하고자 노력했다. 이는 내게 혁명이나 다를 바 없었다. 그 두 가지 요소—하나님을 향한 위대한 집념과 더 깊은 사랑을 추구하는 열정—가 합해져 세 번째 요소가 나왔다. 즉 하나님이 나의 결혼생활을 더 친밀한 연합으로 세우시고 다시 세우신다는 것이다. "내가 다시 너를 세우리니 네가 세움을 입을 것이요."

이로써 나의 결혼생활에 대한 희망은 그저 다른 차원이나 심지어 다른 행성에 놓이는 게 아니라 완전히 다른 실존에 놓인다. 하나님이 친히 세워 주시기 때문이다.

이 세 가지 요소가 삼각의자의 다리 역할을 한다. 셋이 어우러져 우리를 떠받치는 든든한 기초가 된다. 그중 하나라도 빼면—하나님과 사랑에만 집중하고 의지적으로 함께 성장해 가지 않는다면—당신은 균형을 잃고 넘어진다. 하나님을 빼놓고 친밀한 연합과 사랑에만 신경 쓴다면 길을 잃고 만다.

이런 접근의 취지는 삼위일체 하나님을 결혼생활의 중심이자 모델이자 원동력으로 인정하는 데 있다. 내가 무엇을 갈망해야 하고, 무엇을 얻고자 노력해야 하며, 거기에 어떻게 도달할 수 있는지를 그분이 정하신다. 그분은 그 일을 친히 하시겠다고 약속까지 하신다.

"내가 다시 너를 세우리니 네가 세움을 입을 것이요."

덕분에 나의 결혼생활은 생각보다 훨씬 의미있고 웅대해진다. 기술을 넘어 예배와 사랑을 향해, 아내와 친밀한 연합을 향해 나아가는 여정이 된다.

이 초점은 범위가 넓어서 사실상 결혼생활의 모든 계절과 상태에 다 해당된다. 예컨대 배우자에 대해 좌절을 느끼며 과연 이 속에서 만족을 얻을 수 있을지 의문인 사람들도 해당되고, 대체로 상대를 잘 선택하긴 했으나 결혼생활이 바라던 수준에 이르지 못한 사람들도 해당된다. 물론 현재까지 부족했던 영적 목적과 역동을 보강하여 결혼생활을 한 단계 높이려는 사람들도 예외는 아니다.

여기 우리가 답하려는 질문이 있다. 어떻게 하면 결혼생활을 풍성한 관계로 다시 빚어낼 수 있을까? 자신의 부부관계에 영적 삶을 불어넣을 뿐 아니라 하나님께 쓰임 받아 다른 사람들까지 격려할 수 있을까? 이 책은 거기에 도달하는 길을 보여 주는 로드맵이다. 우리가 하나님의 약속과 영적 공급을 붙든다면 평생사랑의 친밀함이 우리를 기다릴 것이다.

내가 즐겨 쓰는 표현인 "위대한 집념"에서부터 시작해 보자.

---

* 이스라엘에게 주신 약속을 결혼생활에 자의적으로 적용하는 것은 부실한 성경 해석임을 나도 안다. 성경 말씀을 내 논지에 끼워 맞추려는 의도는 없고 다만 더 큰 그림을 성경의 어법으로 표현하려는 것이다. 그 그림의 각 요소는 이 책에서 차차 다른 성경 본문들을 **올바로 적용하여** 뒷받침할 것이다.

great love

차례

추천하는 글 6
감사의 말 10
프롤로그 12

Part 1
하나님이 설계하신 결혼은 경이로운 실체다

1. 새로운 차원으로 도약하려는 위대한 집념 23
2. 하나님의 손에서 박수가 나오게 하자 31
3. 장차 올 천국을 기대하는 결혼생활 51
4. 평생사랑을 도우시는 성령 기대하기 73
5. 목적 있는 열정 공유하기 89
6. 기대를 낮출수록 샘솟는 애정 103
7. 부르심에 합당한 결혼 가꾸기 117
8. 결혼, 참된 행복을 향한 뜻밖의 부르심 127

Part 2 더 친밀한 연합으로 세우는 결혼생활

9 결혼을 변화시키는 초자연과학 141
10 좋은 결혼은 저절로 되는 게 아니라 만들어가는 것 157
11 권력 이동의 틀에서 벗어나기 169
12 비밀 없이 친밀한 부부 되기 195
13 결혼의 두 가지 차원, 친밀함과 소외감 209
14 무관심한 배우자를 사랑하기 229
15 사랑을 잃은 결혼을 살려낸 어느 부부 249

Part 3 더 깊은 사랑을 추구하는 열정

16 결혼은 기회의 문이며 사랑의 학교 265
17 배우자에게 절대적 호의 베풀기 281
18 결혼은 가장 영광스러운 사랑의 여정 291
19 마르지 않는 사랑과 쉬 마르는 갈망 307
20 즐거운 갈망은 사랑과 치유의 촉매제 317
21 힘들여서 거창하게보다 작지만 꾸준하게! 339

에필로그 355
부록_ 하나님은 가정 폭력을 미워하신다 361
주 367

1

하나님이
설계하신
결혼은
경이로운
실체다

새로운 차원으로 도약하려는 위대한 집념

1

하나님이 설계하신 결혼은 만족을 가져다주는 경이로운 실체다. 결혼은 하나님의 은혜의 선물이요 자비의 징표다. 하나님은 결혼을 통해 친밀함과 가정생활의 즐거움을 누리도록 설계하셨다. 나는 백 번의 인생을 산다면 백 번 다 결혼하고 싶다.

그러나 결혼은 하나님을 위한 삶이라는 궁극적 실체를 대신하기에는 형편없는 대용품이다. 아무리 최고의 결혼이라도 마찬가지다. 이혼율을 보면 알 수 있듯이, 한때 서로에게 매료되어, 홀딱 빠져서 한시도 떨어져 있을 수 없던 배우자들조차도 결국은 서로 권태를 느껴 한집에 살 수조차 없게 되는 일이 흔하다. 이런 변화가 증언해 주는 사실이 있다. 우리 중 누구도 상대를 50~60년 동안 계속 매료할 만큼 매혹적인 사람은 없다. 아무도 없다. 대여섯 번의 데이트라면 문제없다. 5~6년이라면 도전이다. 하지만 50~60년이라면 행운을 빈다. 그러므로 똑같은 부부관계에 약간 권태를 느끼는 것은 당연하다.

영적으로 "시냇가에 심은 나무"가 되지 않으면 그렇다(시 1:3).

그런 나무가 되어야만 늘 잎사귀가 마르지 않을 수 있다. 내가 믿기로 우리에게는 "위대한 집념"이 필요하다. 그 궁극적 목적이 우리를 하나로 묶어 주고, 골짜기를 지날 때 위로해 주고, 고난 중에 앞으로 이끌어 주고, 봄철의 환희를 도드라지게 하고, 심지어 황홀경에도 맛을 들여 주어야 한다. 하나님이 그분께 기초한 결혼을 통해 공급하시는 것이 바로 이것이다. 이것은 무슨 추상적 이론이 아니라 매우 실제적인 개념이다. 결혼의 파경을 막아 주는 정도가 아니라 새로운 차원의 만족으로 도약하게 한다. 결국, 이기적인 삶은 아주 권태로운 삶이다.

유명한 청교도인 조나단 에드워즈(Jonathan Edwards)는 생애 최초의 설교에 이런 명언을 남겼다.

"하나님의 영광스러운 탁월함과 아름다움이 성도의 사고를 영원히 즐겁게 할 것이다. 하나님의 사랑이 그들의 영원한 잔치가 될 것이다. 물론 구원받은 백성은 다른 것들도 즐거워한다. 천사를 즐거워하고 서로를 즐거워한다. 그러나 그들에게 기쁨과 행복을 주는 천사나 서로나 기타 모든 것에서, 그들이 정작 즐거워하는 것은 그 대상 속에 보이는 하나님이다."[1]

마지막 문장이 핵심이다.

"그들이 정작 즐거워하는 것은 그 대상 속에 보이는 하나님이다."

하나님이 우리 마음을 사로잡으시면 우리는 점점 더 그분과 사랑에 빠진다. 그분이 우리의 모든 갈망이요 삶과 호흡 자체가 되신다. 그리

---

1 하나님이 설계하신 결혼은 경이로운 실체다

스도인의 삶이 일정한 성숙에 이르면 하나님을 대적하는 것들을 참으로 기뻐할 수 없게 된다. 고전에 늘 나오는 말이다. 영혼의 형성 과정을 보면 우리는 두려움 때문에 순종하는 단계에서, 사랑으로 순종하는 단계를 지나, 마침내 하나님이 우리 마음을 완전히 사로잡으셨기에 순종하는 단계에 이른다. 진정으로, 오직 선(즉 하나님)만을 갈망하기에 순종하게 된다. 그런 영혼에는 유혹이 엄습할 수 없다는 말이 아니라―얼마든지 엄습할 수 있다―설령 넘어져도 자신이 하는 행동을 그 행동을 하는 순간에도 미워한다는 말이다. 나중에는 그 행동에 몸서리를 친다.

다시 말해서 함께 그리스도를 사랑하는―즉 위대한 집념을 품은―부부는 시간이 갈수록 점점 더 관계가 깊어진다. 하나님은 우리 마음을 빚어 그분을 갈망하게 하실 뿐 아니라, 또한 이를 통해 서로를 갈망하고 즐거워하게 하신다. 하나님을 예배하는 마음으로 아내를 사랑할수록 그분은 내 마음을 늘 예배의 상태가 되게 하시고(계속 꾸준히 그렇게 하고 계신다) 나는 아내를 더 사랑하게 된다. 내가 하나님의 영원한 뜻을 기뻐함은 그분이 내게 그런 마음을 주시기 때문이다. 그분의 영원한 뜻은 그리스도께서 교회를 사랑하시듯 나도 아내를 사랑하는 것이다. 그래서 아내를 이런 식으로 사랑한다는 개념과 실천이 즐거워지기 시작한다. 결혼생활에서 아내를 사랑할 때 정작 사랑하는 것은 하나님의 임재이기 때문이다.

당신의 배우자가 비그리스도인이라면 어떨까? 그래도 결혼생활에서 하나님의 임재를 즐거워할 수 있다. 하나님의 말씀에 "믿지 아니하는 남편이 아내로 말미암아 거룩하게 되고 믿지 아니하는 아내가 남편으로 말미암아 거룩하게 되나니"(고전 7:14)라고 했다. 바울이 자못 충격적인 이 말씀에 담대히 선포했듯이, 하나님은 믿는 배우자 한 사람 안에 충분히 임재하셔서 결혼생활이 거룩해지는 데 필요한 모든 것을 공급해 주신다. 하나님의 능력은 그 정도다.

친구여, 이 말은 결혼의 장기적 만족이 무엇보다 먼저 예배에 있다는 뜻이다. 즉 우리 마음을 하나님께 먼저 드리고 그분의 은혜에 협력해야 한다. 그러면 그냥 옳은 행동만 하는 정도가 아니라 선하고 칭찬받을 만한 일을 참으로 갈망하게 된다. 계속 그렇게 할수록 우리는 결혼생활과 배우자를 더 소중히 여기게 된다. 백만 년이 지나도 그분께는 결코 싫증이 날 수 없기 때문이다. 게다가 본래 그분이 우리를 지으시기를 오직 그분에게서만 즐거움을 얻게 하셨다.

당신의 친밀함이 얼마나 풍성하고, 성생활이 얼마나 즐겁고 황홀하며, 자녀가 얼마나 성공 가도를 달리고 있는가는 관계없다. 그런 것들만으로는 공허한 영혼을 장장 수십 년씩 채울 수 없다. 한동안은 잘 달릴 수 있다. 하지만 평생사랑은 아니다. 우리는 하나님의 영원한 통치를 확장하는 드라마 속에 살도록 지음 받았다. 모험이 필요하다. 목적이 필요하다. 안전지대를 벗어나 나 자신의 행복보다 더 높은 목적을 추구할 동력이 필요하다. 이 모두가 절실히 필요하다. 한순간만 아니라 영원히 중요한 것이라야 한다. 은행 잔액이나 쾌락이나 명성 따위로는 안 된다. 90분쯤이야 로맨틱 코미디 속에 살아도 좋다. 모든 게 귀엽고 재미있다가 멋진 해결로 마무리된다. 그러나 90년 동안 로맨틱 코미디 속에 존재해야 한다면 죽도록 따분하지 않겠는가?

하나님 나라의 삶을 대체할 수 있는 것은 없다. 그분이 우리를 그렇게 창조하셨기 때문이다. 위대한 집념이 없는 결혼생활은 권태에 빠지게 되어 있다. 시간문제일 뿐이다.

그러므로 친밀한 관계, 대화, 웃음, 섹스, 자녀양육 등이 삶의 맛을 내줄 수는 있지만, 그런 놀라운 요소들이 삶의 목적이나 본질은 아니다. 자녀를 기르는 것만으로 부족하다. 자녀를 기르는 이유가 하나님이 경건한 자손을 바라시기 때문이어야 한다(말 2:15). 자녀양육에도 배후의 목적이 있다.

그리스도인들은 먼저 이 위대한 집념의 부분에서 자신의 삶을 고쳐야 할 필요성부터 인정해야 한다. 그러지 않고서 결혼생활을 "고치려" 한다면 그것은 부질없는 짓이다. 하나님의 일에 동참할 생각은 없이 기준 이하의 이기적 삶에 안주하는 사람에게 나는 결혼생활에 덜 비참해지는 5단계 따위를 제시할 마음은 없다. 그러나 확장 중인 하나님 나라의 흐름에 뛰어들도록 그리스도인들을 돕는 데는 아무리 시간을 많이 들여도 아깝지 않다.

한번은 어느 아시아 국가의 영향력 있는 인물이 내게 자기네 도시의 정부 행사에서 강연해 달라고 부탁한 적이 있다. "사례비는 정부에서 아주 두둑이 줄 겁니다." 그는 그렇게 약속했다. "거기서 교회들을 상대로 무보수로 강연하시면 됩니다."

나는 그 방식이 마음이 들었다. 하지만 그때 그가 이렇게 덧붙였다. "단 정부 행사인 만큼 하나님 얘기만 빼시면 됩니다."

"하나님 얘기"를 빼면 나는 남는 게 없다. 무슨 말을 하라는 것인가? 전에 《결혼, 영성에 눈뜨다》에 "하나님이 설계하신 결혼의 목적은 우리의 행복보다 거룩함에 있다"라는 부제를 달았는데,[2] 이제 대신 "정부에서 결혼을 승인하는 이유는 당신의 행복을 위해서가 아니라 당신을 더 나은 시민으로 만들기 위해서다"라고 말해야 한단 말인가? 말도 안 되는 비교가 아닌가?

내가 원하는 유일한 결혼은 속속들이 하나님과 함께하는 신성한 결혼이다. 결혼은 나를 그리스도 안의 한 자매와 맺어 준다. 나는 그녀와 동행하며 하나님을 섬기고 그녀와 함께 사랑의 능력을 키워나간다. 결혼은 내게 성적 쾌락을 누리고 즐기는 거룩한 장을 부여한다. 결혼은 자녀를 기를 수 있는 안정된 기초를 제공한다. 결혼은 우리 이웃에게 그리스도와 교회의 관계를 조금이나마 보여 준다. 내 평생 가장 깊은 우정은 결혼을 통해 주어졌다. 결혼생활은 내게 여러모로 치유를 가져다주었다. 하지만 결혼이 나의 존재 이유는 아니다. 우리의 존재 이유를 거기서 찾으려 하면 결혼의 숨통이 막혀 버린다. 마치 당신이 한없이 사랑하는 아기에게 저녁상을 차리라고 시키는 것만큼이나 황당한 주객전도다.

최고의 결혼을 이루려면 뭔가 다른 것을 위해 살아야 한다. 그 다른 것을 회복해 우리의 결혼을 격상시켜야 한다. 행복한 결혼이 날로 더 행복해지는 비결은 결혼 바깥의 것을 향한 위대한 집념에 있다.

1부에서는 결혼의 "영적 차원"을 살펴볼 것이다. 우리의 신앙은 어떻게 결혼을 지탱시키고 양육하고 초점을 잡아 주는가?

---

1 하나님이 설계하신 결혼은 경이로운 실체다

평생사랑 가꾸기

1 수많은 부부(전부는 아니다)가 시작은 잘하지만 끝이 아주 초라한 이유는, 영적 생명력이 결핍되어 있기 때문이다. 당신은 이 말에 동의하는가? 왜 그렇거나 그렇지 않은가?

2 그동안 함께 하나님을 추구하고 예배하는 삶이 당신의 부부관계에 얼마나 맛을 들여 주었는가?

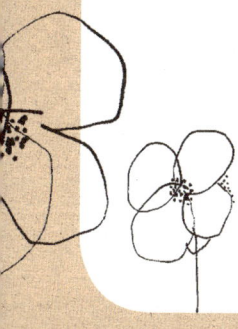

Prayer

하늘에 계신 우리 아버지여, 주께서 우리를 지으시기를 주님에게서 최고의 즐거움을 얻게 하셨습니다. 우리가 사람들을 가장 사랑하는 부분은 바로 주님을 가장 상기시켜 주는 면들입니다. 사람들에게 다가가려는 우리의 갈망과 힘은 삼위일체 하나님의 속성 자체에서 옵니다. 하나님이 한 분이시면서도 관계 속에 존재하시기 때문입니다. 이 여정을 시작하는 우리에게 새로운 갈급함을 주셔서 주님께 다가가게 하시고, 서로에게-그동안 어떤 고통을 겪었을지라도-다가가게 하시고, 사랑의 참된 의미를 더 성경적으로 표현하는 쪽으로 다가가게 하소서. 예수님의 이름으로 기도합니다. 아멘.

하나님의 손에서 박수가 나오게 하자

2

　　예배는 '나'의 한 부분이 된 지 오래다. 그런데 예배의 필요성은 해를 거듭할수록 더 깊어진다. 예배 안에 살려는 갈망도 간절해진다. 예배하면 할수록 더 예배하고 싶어진다. 하나님의 세계를 조금이나마 볼수록 더 그곳에 살고 싶다.

　　결혼생활도 예배와 연결될수록 그만큼 더 귀해진다. 지금 나의 결혼생활은 다른 덜 중요한 동기들을 뒤로한 채 우주선에 실려 하늘로 비상하고 있다. 배우자를 하나님이 보시듯 보기 시작하면 관계가 결코 이전과 같을 수 없다. 배우자를 향해 하나님이 이미 품고 계신 애정을 가꾸어 나가면 우리도 그렇게 된다.

　　우선 기초 작업으로 당신의 배우자가 정말 누구인지부터 알아보자.

나를 영광스럽게 망쳐 놓은 기도

그것은 거의 경고와 같았다. 솔직히 당시의 내게는 경고가 필요했다. 남편이 된 지 얼마 되지 않았을 무렵, 한번은 내가 간절히 기도하고 있는데 하나님이 내게 아주 직설적으로 말씀하시는 게 느껴졌다. 리자가 내 아내만이 아니라 그분의 딸이기도 하므로 그 신분에 합당하게 대해야 한다는 것이었다. 이것은 요한일서 3장 1절의 생생한 적용이었다. "보라, 아버지께서 어떠한 사랑을 우리에게 베푸사 하나님의 자녀라 일컬음을 받게 하셨는가."

나에게 그것은 계시의 순간이었다. 나중에 자녀들이 태어나면서 그 통찰은 더 위력을 발휘했다. 나에게서 좋은 평가를 받으려면 우리 아이들에게 잘해 주면 된다. 우리 딸 앨리슨(Allison)이 십대 초반이었을 때 우리 교회의 에이미(Amy)라는 훌륭한 아가씨가 앨리슨의 "언니"가 되어 주었다. 앨리슨을 데리고 나가 쥬스나 아이스크림을 사 주면서 전반적으로 좋은 영향을 미쳤다. 아내와 나는 우리 아이에게 그런 아량을 베풀어 준 에이미를 평생 사랑할 것이다.

반대로 나를 정말 화나게 하려는 사람은 내 아이를 괴롭히고 함부로 대하면 된다. 나는 그 사람의 이름만 들어도 혈압이 올라갈 것이다. 내 아이를 건드리느니 차라리 나를 건드리는 게 낫다.

이렇듯 내가 **하나님의 딸**과 결혼했음을 깨닫고 나서부터—마찬가지로 여자들은 하나님의 아들과 결혼했다—결혼을 보는 내 관점이 완전히 달라졌다. 하나님이 그분의 딸, 즉 내 아내를 대하시는 심정은 내가 내 딸들을 대하는 심정보다 더 거룩하고 열렬하다. 갑자기 결혼생활이 나와 상대방 둘만의 일이 아니라 제3의 열정적인 이해 당사자와의 관계로 변했다. 내 평생에 예배의 주된 형태 중 하나는 아내를 잘 돌봄으로써 하나님을 영화롭게 하는 것임을 깨달았다. 그분의 눈에는 내 아내가 언제나 "사랑스러운 우리 딸"일 테니 말이다.

우리는 하나님이 아버지시라는 설교를 자주 듣는다. 놀라운 진리의 교리다. 하지만 결혼생활의 변화를 원한다면 그 유비를 확대해 장인이나 시아버지이신 하나님을 묵상해 보라. 배우자가 그리스도인이라면 하나님은 정말 당신의 장인이나 시아버지시다!

우리와 하나님 아버지의 직접적 관계를 축소하려는 것이 아니다. 그것은 결코 타협해서는 안 될 관계다. 오히려 이것은 그 관계의 깊이를 줄이려는 게 아니라 기혼자들에게 그 폭을 넓히도록 돕는 것이다. 하나님은 아버지 이상으로 장인이나 시아버지시다.

아내를 무시하거나 고자세로 대하거나 어떤 식으로든 박대하면 나는 아내의 하늘 아버지를 상대로 화를 자초하는 셈이다. 그분은 내 아내가 잘되기를 간절히 바라신다. "외모로 보시지 않고 각 사람의 행위대로 심판하시는 이를 너희가 아버지라 부른즉 너희가 나그네로 있을 때를 두려움으로 지내라"(벧전 1:17). 반대로 아내를 적극적으로 돌보고 사랑하고 기회 있는 대로 아내의 아름다움을 사람들에게 드러내면 나는 거의 최고의 수준으로 하나님을 기쁘시게 하는 것이다.

"내 딸은 잘 지낼 거야!"

나의 실제 장인인 빌(Bill)은 7년간 백혈병으로 투병했다. 그는 본향의 주님께로 갈 준비가 되어 있었다. 전화로 내게 기도를 부탁할 때도 하나님이 정말 "오늘 당장" 집으로 불러 주셨으면 좋겠다고 하셨다.

그때 나는 리자를 떠올렸고 우리의 결혼식 예행연습 날의 저녁 식사도 생각났다. 그날 빌이 눈물을 흘리며 내게 말하기를 이튿날 있을 결혼식을 생각하니 참 행복하다고 했다. 딱히 감정적인 사람이 아닌 빌은 20년이 다 되어서야 그 눈물의 뒷이야기를 들려주었다.

"게리, 자네가 내 딸과 결혼할 때 나는 이런 생각을 했다네. '리자를 걱정할 필요가 없구나. 잘 지켜 줄 남자를 만났으니 내 딸은 잘 지낼 거야!'"

이제 나도 20대의 두 딸이 있다 보니 충분히 공감이 간다. 그래서 나는 마지막 대화 때 사담을 나누다가 빌에게 이렇게 말했다.

"저에게 리자를 주셔서 정말 감사합니다. 리자 걱정은 조금도 하지 않으셔도 됩니다. 제가 책임지고 잘 돌보겠습니다."

그렇게 말한 이유는, 나도 죽을 때 똑같은 말을 듣고 싶으리라는 게 상상이 되었기 때문이다. 내 영원한 운명에 대해서는 확신이 있으니(빌도 그랬다) 그다음으로 가장 큰 관심사는 두고 갈 사람들이다. 나 역시 내 딸들을 지켜 줄 사람들이 있음을 알고 싶다.

그날도 이 사실이 떠올랐다. 내가 장인에게 줄 수 있는 최고의 선물은 그의 사랑스러운 딸을 떠받들다시피 잘 돌보는 것이다. 하나님을 장인으로 보니 사도 베드로의 이 말이 더 잘 이해가 되었다. "남편들아, 이와 같이 지식을 따라 너희 아내와 동거하고 그를 더 연약한 그릇이요 또 생명의 은혜를 함께 이어받을 자로 알아 귀히 여기라. 이는 너희 기도가 막히지 아니하게 하려 함이라"(벧전 3:7).

한때 나는 그 순서를 반대로 알았다. 내 생각에는 결혼생활이 더 나아지도록 기도해야 할 것 같았다. 그런데 베드로는 결혼생활이 더 나아져야 기도할 수 있다고 말한다. 하나님을 장인으로 보면서 그 딜레마가 풀렸다. 어떤 젊은 남자가 내게 와서 나를 치켜세우고, 내 성품을 칭찬하고, 나에 대한 노래까지 부르고, 자기 수입의 10%를 나에게 준다고 하자. 하지만 그러는 내내 내 딸을 학대하거나 무시해 불행하게 만든다고 하자. 솔직히 내가 그에게 해 줄 말은 이것뿐이다. "이보게, 이제부터 내 딸을 더 잘 대하게. 그다음에 얘기하세. 자네 나를 존경한다고 했던가? 그럼 내 사랑스러운 딸에게 잘해 주게."

그가 찾아올 때마다 내가 첫째이자 유일하게 언급하고 싶은 일은 그것뿐이다. 그러므로 리자를 잘 대하지 않으면 내 기도 생활이 막힌다는 원리가 완전히 이해가 된다. 그러니 나는 아내를 하나님의 딸로 존중해야 하고 그 고귀한 신분에 수반되는 모든 특권을 누리게 해 주어야 한다.

편모슬하에서 자란 어느 아가씨가 거부의 집안으로 시집을 갔다. 시댁에서 결혼 예물로 그녀의 거액의 학비 융자금과 신용카드 빚을 전액 갚아 주었을 뿐 아니라 친정어머니에게 집까지 사 주었다. 그녀는 시부모에게 어떻게 보답할 수 있을지 막막해했다.

내가 해 준 대답은 간단했다. "그분들의 아들을 세상 최고의 사랑으로 사랑하시면 됩니다. 살아 있는 부모치고 자기 자식이 배우자에게 그렇게 사랑받는데 거의 전 재산이라도 내주지 않을 사람은 별로 없습니다."

나는 하나님이 내게 해 주신 일에 대해 가히 그분께 보답할 길이 없다. 하지만 그분의 딸을 잘 사랑할 수는 있다. 그녀를 잘 대해서 그분의 얼굴에 미소가 돌게 할 수는 있다. 그분의 미소야말로 내게 이 세상 무엇보다도 더 가치가 있다.

당신의 아들을 상상해 보라

다섯 자녀가 모두 여덟 살이 안 된 꼬맹이들이니 애나(Anna)가 피곤한 것은 당연하다. 그런 어린 자녀를 다섯이나 두고도 피곤하지 않기란 불가능하다. 그녀의 남편 마이클(Michael)은 성장일로에 있는 활동적인 변호사로서 유명 법률회사의 파트너로 뽑힐 것이 확실하다. 애나가 해결하고 싶은 문제는 흔한 것이다. 마이클은 성욕이 강했지만 애나는 거의 없다. 직장에서 남편의 주가가 올라가고 특히 젊은 동료들과 인턴들을 상대할 일이 많으니 자칫 성적 유혹에 빠지기 쉽다는 그녀의 우려는 이해할 만하다. 하지만 그녀는 남편이 원하는 횟수에 근접하게라도 섹스를 하려는 생각은 별로 없다.

"어떻게 하면 남편이 행복해 하겠습니까?" 내가 물었다.

"남편의 말로는 주 2회면 행복하겠고 3회면 황홀하겠답니다."

"그런데 현재는…"

"솔직히 한 달에 한 번쯤이나 될까요."

한 달에 한 번이면 "섹스 없는 결혼생활"에 해당한다(대부분의 결혼상담자들이 인정하는 "섹스 없는 결혼생활"은 연간 10회 이하로 정의된다).

물론 우리는 정상을 참작할 만한 상황에 관해서도 대화했다. 나중에 내가 마이클에게 따로 한 얘기도 있다. 하지만 나중에 애나의 말을 들어 보니 그녀의 눈이 번쩍 뜨인 계기는 이거였다. 나는 그녀에게 맏아들이 다 커서 결혼해 어린 자녀들을 둔 상태를 상상해 보게 했다. 그는 바쁜 직장에서 일하면서 포르노가 널려 있는 세상으로 출장을 다닌다. 직업상 주변에 젊고 활력적인 여자들이 많은데 그들 사이에서 인기도 좋다. 게다가 성욕도 왕성하다.

"그렇군요..." 애나가 말했다.

"아들이 충실한 남편이자 정직한 남자가 되기를 바라시겠지요?"

"물론이죠."

"당신이 잘 기른 덕분에 아들은 최선을 다하고 있습니다. 그런데 한 가지 생각해 보셔야 할 게 있습니다. 장래의 며느리가 아들을 대할 때 당신이 지금 남편을 대하는 것처럼 한다면, 며느리에게 속이 상하겠습니까 아니면 고맙겠습니까?"

애나는 질문을 소화하느라 한참 동안 말을 잃었다. 이윽고 대답할 때는 목소리가 한결 더 부드러워져 있었다. "아마도 기분이 좋지는 않겠네요."

당신이 하나님의 아들을 얼마나 잘 대하고 있는지 감을 잡고 싶다면 이것 하나만 생각해 보라. 며느리가 당신의 아들을 대할 때 지금 당신이 남편을 대하는 것처럼 한다면 당신의 기분이 어떻겠는가? 며느리로 인해 하나님께 감사하겠는가, 아니면 며느리의 잘못을 깨우쳐 주시고 마음을 부드럽게 해 달라고 하나님께 간절히 기도하겠는가?

이렇듯 하나님을 장인이나 시아버지로 보고 예배하면 우리 마음이 더 부드러워져 수많은 결혼을 파탄에 빠뜨리는 화근을 미리 막을 수 있다. 그 화근이란 바로 배우자를 당연시하는 태도다. 또한, 이에 힘입어 우리는 "검사"의 자리에서 내려와 "변호사"로 살아갈 수 있다.

검사에서 변호사로

진(Jean)이 시도 때도 없이 그를 찾아와 늘 똑같은 불평을 늘어놓았다. 영국의 한 작은 마을의 교구 목사는 그 말을 질리도록 들었다. 목사는 인내심이 한계에 달해 진에게 이렇게 권했다.

"당신이 이곳을 찾아온 지 어언 7주째입니다. 그동안 내가 들은 말이라고는 남편 레즈(Reg)가 아주 비열하고 성미가 까다로워서 결혼생활이 정말 끔찍하다는 푸념뿐이었어요. 매주 똑같은 소리를 듣는 게 지치네요. 상담을 계속하려면 우선 교회에서 하나님께 이렇게 구해 보세요. 그동안 레즈가 어떤 삶을 살아왔으며 왜 지금의 모습이 되었는지 보여 달라고 기도해 보십시오."

진은 기가 막혀 중얼거렸다.

"목사라는 사람이 어떻게 그렇게 비기독교적이고 둔감할 수 있을까? 하긴 그 사람도 남자니까! 남자들은 다 한통속이야! 늘 그렇듯이 이번에도 여자인 내 잘못이라고 생각하겠지!"

그래도 어쨌든 진은 교회에 들어가 기도했다.

처음에는 자기가 레즈에게 잘해 주고 있는 것들을 하나님께 낱낱이 늘어놓았다. 아내로서 식사도 늘 그의 입맛대로 차려 주었고, 옷도

빨아 다림질까지 해 주었고, 성적인 면에서도 의지를 보였다. 그 이상 무엇을 더 바란단 말인가?

"하나님, 도대체 그 사람은 뭐가 문제랍니까?"

진의 생각이 다 바닥나자 하나님의 생각이 가만히 흘러들었다. 하나님은 진에게 다음 사실을 상기시켜 주셨다. 진과 결혼한 지 두 달 만에 레즈네 광고회사 직원들이 공금을 유용해 회사가 파산하는 바람에 레즈까지 수입원을 잃었다. 그 뒤로 얼마 안 되어 진마저 장애를 입고 실직하면서 둘은 거의 길바닥에 나앉게 되었다.

그러던 차에 예기치 않게 레즈의 어머니가 갑자기 돌아가셨다. 슬퍼할 겨를은커녕 슬퍼할 자리도 마땅치 않은 상태에서 레즈는 가족들이 기거할 곳을 찾아야 했다. 그래서 콘월로 이사했다. 하지만 일이 잘 풀리지 않았다. 어쩔 수 없이 런던으로 되돌아와 레즈의 아버지 집으로 들어갔다.

지난 일들이 머릿속에 주마등처럼 스쳐 가자 진은 말을 잃었다. 목사 앞에서는 할 말이 그리도 많더니만 하나님 앞에서는 유구무언이었다.

"거기 교회에 앉아 지나간 일들을 돌아보노라니, 이 모든 일들이 남편에게 어떤 영향을 미쳤을지 그제야 서서히 느껴지더군요. 불과 두 달 만에 그의 꿈이 산산이 무너졌지요. 회사는 도산하고 어머니도 돌아가시고 집까지 잃었으니까요. 완전히 처음부터 다시 시작해야 했으니 지독한 패배감이 들었을 거예요. 그래서 그게 나하고 아들한테 터져 나왔던가 봐요. 우리한테라도 화풀이하지 않았다면 미쳐 버렸을지도 모르겠다는 생각이 들었어요."

마지막 문장을 옮겨 적으려니 내 마음이 아프다. 레즈는 가족들을 화풀이 상대로 삼을 필요까지는 없었다. 하지만 일단 진의 이야기를 끝까지 들어 보자. 그 속에 핵심 요지가 들어 있다.

"그때까지 저는 그 어떤 상황도 상대방의 관점에서 생각해 본 적이 없었어요. 남편이 느꼈을 상처를 그때 처음으로 경험해 보았지요. 거기에 비하면 나 자신의 상처와 미움과 좌절은 아무것도 아니다 싶었어요. 남편의 마음을 생각하니 두 뺨에 눈물만 흐르더군요. 분명 남편은 그 모든 감정을 어떻게 처리해야 할지 몰라 말로 표현하지 못했던 것 같아요."[1]

어찌 된 일인지 알겠는가? 기도 중에, 진의 성난 고발이 공감의 눈물로 변했다. 그녀는 검사가 아니라 남편의 변호사가 되었다.

결혼은 우리를 바로 그 여정으로 부른다. 배우자를 이해하고 공감하며, 법정(法庭)의 적이 아니라 구속(救贖)의 동지가 되도록 애써야 한다. 하나님의 아들이나 딸을 진정 사랑하기 원한다면 먼저 하나님의 아들이나 딸을 이해하려 힘써야 한다. **남편들과 아내들이여, 당신의 배우자가 왜 현재의 모습이 되었는지 하나님께 여쭈어 본 적이 있는가?** 당신에게 좌절감이 밀려올 때, 무엇이 배우자를 현재의 방향으로 "휘어지게" 했는지 하나님의 시각을 구한 적이 있는가?

하나님이 우리를 위하시는 것처럼 우리도 배우자를 위해야 한다(롬 8:31 참조). 그분은 우리가 죄 중에 있을 때도 우리를 위하셨다. 알고 있는가? 당신이 그분께 한창 반항할 때도 그분은 당신을 위하셨다.

당신을 구원할 계획을 이루고 계셨고, 당신의 마음을 부드럽게 하셨고, 당신을 그분의 나라 안으로 부르셨다. 당신이 착하거나 선행을 많이 해서 하나님이 당신을 용서해 주신 게 아니다. 당신이 지독히도 반항적이고 가장 이기적인 상태였을 때 하나님은 당신을 어둠에서 불러내 그분의 놀라운 빛 가운데 들어가게 하셨다.

그분은 당신을 바로 그렇게 대하셨다. 그렇다면 배우자—하나님의 아들이나 딸—를 대할 때 우리가 받은 같은 은혜로 대하라는 그분의 부탁이 너무 과한가?

배우자 안에 있는 악을 두둔할 수는 없다. 하지만 이해할 수는 있다. 어떤 아내도 남편의 학대 행위를 "두둔하려" 해서는 안 된다. 부디 내 말을 오해하지 말라. 그러나 하나님이 우리를 이해하시듯, 우리도 배우자가 힘들어하는 부분을 최소한 이해하려는 노력을 해야 한다. 그것이 결혼의 소명이다. 배우자의 문제를 분노와 원망과 심판의 눈으로 볼 게 아니라, 너그러운 아버지의 눈, 즉 하늘에 계신 사랑의 장인이나 시아버지의 눈으로 보도록 해보자.

사람의 행위를 배격하면서도 그 사람 자체를 향해서는 공감을 품을 수 있다. 상대의 **반응**에 전혀 수긍하지 않으면서도 상대의 **고통**은 함께 느낄 수 있다.

그것이 열쇠다.

우리가 죄를 짓거나 남을 해칠 때면 하나님은 그것을 참으로 미워하신다. 하지만 자녀인 우리를 향한 공감만은 절대 잃지 않으신다. 우리와 하나님의 관계에는 바로 그런 의미가 있다. 우리도 특히 배우자를 향해 공감을 잃어서는 안 된다. 레즈의 아내 진처럼 우리도 기도로 들어가 잘 듣는다면, 자신의 짐과 상처에 함몰되는 게 아니라, 하나님의 도움으로 다른 이면-배우자의 짐과 상처-을 볼 수 있다.

이렇게 해 보라. 며칠 중으로 시간을 내서 하나님을 만나는 것이다. 먼저 당신의 좌절과 비난을 쏟아내 머릿속을 비워야 한다면 얼마든지 그렇게 하라. 하나님은 마음이 넓으신 분이므로 다 받아 주신다. 다만 기도 시간이 충분해야 한다. 그래야 그분이 당신의 말을 다 들어 주신 후에 당신도 하나님이 말씀을 들을 수 있다. 그분은 당신의 사고의 방향을 틀어 배우자의 삶-상처, 고뇌, 실망, 상심 등-을 그분의 눈으로 보게 해 주실 것이다. 그렇다고 배우자의 행동에 따른 결과가 면제되는 것은 아니다. 하지만 그 결과를 대하는 당신의 심정이 달라질 것이다. 그리고 실제로 그 결과를 시행해야 할 때도 전혀 다른 동기-거룩한 동기-로 임하게 될 것이다.

하나님이 우리를 온전히 변화시켜 주셔서 우리가 거룩한 마음으로 악에 반응할 줄 알게 되기를 기도한다.

부족한 자녀도 여전히 자녀다

어느 해 여름, 아들이 대학에 입학해 집을 떠나기 직전 농담처럼 한 말이 있다. 그가 처음으로 부부 싸움하게 될 세 가지 문제를 내가 미리 점칠 수 있다고 말이다. 나는 그 정도로 아들을 잘 알았고, 그와 미래의 아내 사이에 긴장이 불거질 만한 부분을 정확히 알았다. 당시 아들은 여자 친구가 없었다. 하지만 여자 친구가 생겼을 때 처음으로 다

툰 문제는 내가 말한 그대로였다.

이렇듯 나는 내 아들이 넘어지기 쉬운 부분도 알고 있고, 내 딸들이 배우자의 인내심을 가장 시험할 만한 최고의 약점도 훤히 알고 있다. 그런데도 그들이 사랑받기를 간절히 원하는 내 마음은 차라리 무서울 정도다. 나를 가장 행복하게 해 줄 사람이 이 세상에 셋이 있다. 그들은 내 자녀들을 비범하게 사랑하기만 하면 된다. 내 아들이 만날 여자가 그의 약점과 죄에도 불구하고 그를 존경하고 존중하고 내조했으면 좋겠다. 내 딸들이 만날 남자가 때로 그들의 삐딱한 태도에도 불구하고 그들을 예뻐하고 사랑하고 든든히 지켜 주었으면 좋겠다. 세 자녀가 다 부족한 데가 있지만 그래도 변함없이 내 자녀다. 그래서 나는 그들을 사랑해 줄 세 사람을 늘 사랑할 것이다.

하늘에 계신 우리의 장인이나 시아버지도 다를 바 없다. 예레미야서에 하나님은 반항하는 자녀까지도 도로 품으시려는 애절한 심정을 이렇게 선포하신다. "에브라임은 나의 사랑하는 아들, 기뻐하는 자식이 아니냐. 내가 그를 책망하여 말할 때마다 깊이 생각하노라. 그러므로 그를 위하여 내 창자가 들끓으니 내가 반드시 그를 불쌍히 여기리라. 여호와의 말씀이니라"(렘 31:20).

하나님은 우리 배우자의 한계를 훤히 아시면서도 우리가 온유하고 배우자의 결점에 관대하기를 간절히 바라신다. 마치 우리 자녀가 실족할 때도 장래의 배우자가 관대하기를 바라는 우리 마음과 마찬가지다.

여자들이여, 당신은 결혼할 때 남편과 밤늦도록 긴 대화를 나누며 영혼이 충만해질 것을 꿈꾸었는지 모른다. 그런데 결혼 6개월 만에 알고 보니 남편은 감정에 코를 물어 뜯겨도 피가 나기 전에는 모르는 사람일 수 있다. 그렇다면 그 좌절감을 처리할 때 당신이 알아야 할 것이 있다. 당신이 하나님의 아들을 사랑하되 한계까지 다 품기로 서약했을 때 선하신 하나님은 아주 기뻐하셨다. 우리의 실제 장인, 장모를 떠올려 보자. 결혼식 전날 저녁 식사 자리에서 그는 딸이 이제 사위의 사랑 안에서 안전하다는 생각에 감격해 울었다. 그것을 생각하면 지금의 배우자가 **당신과 결혼하기로** 했을 때 하늘 아버지께서 얼마나 기뻐하셨는지 당신도 조금은 절실히 느껴질 것이다. 결혼생활이 혹 상상했던 바와 다르다면 당신의 실망은 충분히 이해가 된다. 그러나 그 속에서도 하나님을 예배하는 마음으로 남편을 사랑한다면 이는 **영원히 큰 상급을 받을 값진 일**일 뿐 아니라 이 **땅에서도** 당신의 삶에 지대한 영향을 미칠 것이다.

남자들이여, 당신은 결혼할 때 아내가 장차 유방암이나 알츠하이머병에 걸릴 것을 몰랐다. 그래서 "이런 걸 바라고 결혼한 건 아닌데"라고 혼잣말하고 싶을지 모른다. 그렇다면 역시 결혼식 날 하늘 아버지께서 당신으로 인해 얼마나 기뻐하셨을지 생각해 보라. 그분은 이렇게 말씀하셨을 수 있다.

"아무개(당신 아내의 이름)가 너같이 좋은 남자를 만났으니 나는 참 기쁘다. 네가 나를 공경하는 마음으로 늘 곁에서 그녀를 사랑해 줄 테니 말이다. 나는 그녀의 미래를 알고 있으며 너의 필요를 채워 줄 것이다. 그러니 내 사랑스러운 딸을 잘 돌보아 주기 바란다."

이런 개념을 내가 아주 좋아하는 이유가 또 있다. "세상적인" 사랑은 건강, 외모, 서로 좋아하는 마음, 환경 등 늘 변하는 것들에 근거한다. 그러나 하나님의 딸이라는 내 아내의 신분은 영영 변하지 않으며, 따라서 내가 아내를 사랑하는 주된 이유도 변하지 않는다. 80세가 되어 관절염과 치매에 걸린다 해도 아내는 지금과 똑같이 하나님의 딸이다. 그때도 나는 어떤 식으로든 아내를 구박하거나 홀대하거나 욕되게 해서는 안 된다. 사위에게 내 딸을 홀대하거나 바람을 피우지 않기를 바라는 것과 똑같다.

나의 모든 행동을 이 기준에 통과시켜 보면 좋겠다.

"내가 지금 아내를 대하듯이 사위가 내 딸을 대한다면 내 심정이 어떨까?"

남자들이여, 당신의 행위가 하나님께는 바로 그렇게 보인다. 여자들이여, 성별만 바꾸어 대입하면 된다. 당신이 남편에 대해 말하는 것과 똑같은 어조와 어휘로 (장래의) 며느리가 친구들에게 당신의 아들에 대해 말한다고 생각해 보라. 심정이 어떻겠는가?

해를 입은 배우자의 눈이 아니라 자애로운 부모의 눈으로 보면 실상이 훨씬 또렷해지고 악이 훨씬 명백해진다.

나는 하나님이 자랑스러워하실 만한 충실한 사위가 되고 싶다. 그분의 딸인 아내를 대하고 돌보는 내 모습을 보실 때 그분이 미소를 지으시며 흡족해하셨으면 좋겠다.

이런 태도를 품으면 결혼생활이 우리 예배의 중심이 된다. 우리는 부족한 사람을 사랑하는 법을 배운다. 완전하신 하나님을 경외하는 마음으로 상대를 섬기면 된다. 그분은 우리가 깨어진 모습일 때부터 우리를 사랑하셨다.

"우리가 사랑함은 그가 먼저 우리를 사랑하셨음이라"(요일 4:19).

우리는 모두 하나님께 다 알지도 못할 만큼 큰 빚을 졌다. 그분은 우리를 지으셨을 뿐 아니라 구원하셨다. 우리를 계속 용서하신다. 가르치시고 격려하시고 (우리도 모르게) 보호하신다. 우리에게 살아갈 이유를 주신다. 그분의 지혜는 놀랍기 그지없다. 그분이 받아 주시기에 우리는 감히 자신의 수치스러운 모습에 마주 설 수 있다. 이렇게 큰 빚을 진 대상이라면 그분은 내게 무엇이든 원하시는 대로 다 요구하셔도 된다. 나는 이 하나님을 향해 위대한 집념을 품고 있으며, 그분이 내게 무엇보다도 특히 바라시는 일 중 하나는 그분의 사랑스러운 딸을 돌보는 것이다.

하나님이 우리의 배우자를 참으로 얼마나 사랑하시는지 알려면 10년을 생각해도 아직 멀었다. 우리 배우자를 성경은 그냥 자녀가 아니라 "사랑을 받는 자녀"(엡 5:1)라 부른다. 배우자의 위안과 행복과 보호가 상당 부분 우리 손에 달려 있다. 이 권한을 어떻게 사용할 것인가?

그분을 슬프시게 해 드리지 않는 선에서 만족하지 말자. 하나님의 손에서 박수가 나오게 하자.

하나님의 손에서 박수가 나오게 하라

일전에 나는 어느 고등학교의 풋볼팀 연회에서 강연한 적이 있다. 어떤 아이들은 아직 소년티가 나는데 어떤 아이들은 제법 어른스러워

보일 때가 고등학생 나이다. CEO 같은 자태와 권위와 자신감을 풍기는 아이들이 있는가 하면 제 꼬리조차 두려워하는 강아지처럼 늘 얻어맞고 다닐 것 같은 아이들도 있다.

그런데 이 아이들이 호명되어 상을 받을 때면 누구나 자기 부모가 앉아 있는 자리를 찾아낸다. 박수 소리가 약간 과하고 대개 함성도 떠들썩하다. 가족끼리 모여 앉은 식탁이 폭발할 것만 같다.

왜 그럴까? 부모들은 자녀가 상 받고 인정받는 것을 아주 좋아한다. 하나님의 심정도 똑같다는 것을 우리가 알 수만 있다면 얼마나 좋으랴. 그분도 자기 아들이나 딸인 우리의 배우자가 상을 받기를 간절히 원하신다. 우리의 배우자를 칭찬하는 사람을 한없이 기뻐하신다.

멸시하지 않는 것만으로 부족함을 우리가 알 수 있다면 얼마나 좋으랴. 우리 그리스도인이 추구하는 결혼은 단지 조롱이나 학대를 삼가는 문제가 아니다. 믿지 않는 배우자들과 똑같이 "하지 않는" 게 관건이 아니다. 그보다 훨씬 차원이 높다. 하나님은 우리가 사람들 앞에서나 천국 앞에서나 단둘이 있을 때나 배우자를 높여 주기를 간절히 원하신다. 우리가 그것을 알 수만 있다면 얼마나 좋으랴!

그 연회에서 내게 특히 흥미로웠던 점이 무엇인지 아는가? MVP 수상자도 가족들의 박수를 받았고 가장 얌전하고 몸이 부실해 보이는 아이도 박수를 받았는데, 박수 소리의 크기가 양쪽 다 똑같았다. 후자는 단상에 올라갈 때도 눈을 아래로 내리깔고 있어 코치가 악수하려고 내민 손을 (정말!) 그냥 지나칠 뻔했다. 그런데도 박수 소리가 똑같이 컸다. 얌전해 보이는 아이도 그의 부모에게는 똑같은 자식이다. 상의 종류가 최우수 선수이든 가장 용감한 선수이든 가장 실력이 향상된 선수이든 "철인"이든 그런 것은 부모에게 중요하지 않았다. 그 부모에게 중요한 건 그가 자기 자식이라는 사실이었다. 자기네 아들이 상을 받고 있었다. 그래서 그들은 아들의 이름이 불릴 때 손뼉 치며 함성을 질렀다.

당신의 배우자는 MVP가 아닐 수 있다. 아내가 용기 상을 받거나 남편이 코치 상을 받지 못할 수도 있다. 그러나 당신의 배우자는 하나님의 아들이나 딸이다. 그분도 자신의 자녀가 상을 받을 때 박수를 치신다.

오늘 하나님의 손에서 박수가 나오게 하자. 그분의 아들이나 딸인 배우자에게 우리도 상을 주자.

평생사랑 가꾸기

1 하나님이 당신에게 해 주신 일, 영원히 감사할 일을 적어도 열 가지 적어 보라. 그동안 당신에게 베푸신 사랑, 당신이 존재한다는 사실 자체, 당신을 신앙으로 불러 주신 은혜 등으로 인해 그분을 찬양하라.

2 미래의 사위나 며느리가 당신의 자녀에게 일관되게 보여 주었으면 하는 모습이나 행동을 세 가지만 적어 보라(자녀가 없다면 있다고 상상하고 해 보라). 현재 당신은 하나님의 아들이나 딸인 배우자에게 그 세 가지를 실천하고 있는가?

3 당신의 배우자가 왜 지금의 모습이 되었다고 생각하는가? 남편이나 아내의 삶의 여정을 되돌아보면서 관계 면에서 가장 큰 상처가 무엇이었는지 찾아보라. 배우자가 가장 크게 실망했던 일은 무엇인가? 혹시 정서적으로 배우자가 감추려 하는 불안한 부분이 있다면 무엇이라고 보는가?

4 배우자가 지금의 모습이 된 이유를 이해하는 일과 배우자의 행동을 변명하는 일은 어떻게 다른가? 부모들은 자녀를 사랑하면서도 잘못을 지적하고 훈육한다. 그와 똑같은 사랑으로 임한다면 부부관계 내에서 배우자의 죄를 다루는 방식이 어떻게 달라지겠는가?

5 오늘 하나님의 손에서 박수가 나오도록 당신이 그분의 아들이나 딸인 배우자에게 상을 줄 수 있는 한 가지 방법은 무엇인가?

Prayer

하늘에 계신 우리 장인(시아버지)이시여, 담대히 구하오니 주께서 주님의 아들과 딸인 우리 둘을 얼마나 뜨겁게 사랑하시는지 더 잘 알도록 계시해 주소서. 서로를 보는 눈이 새로워지게 하소서. 주님의 선하심을 일깨워 주소서. 우리는 주님의 선하심을 당연시할 때가 너무 많습니다. 그런 주님이 고마워서 우리도 사랑받은 대로 사랑하려는 각오를 새롭게 다지게 하소서. 예배나 기도로 주님께 나아갈 때마다 주님을 기쁘시게 하는 최고의 방법 중 하나에 다시금 민감해지게 하소서. 그것은 바로 주님의 아들이나 딸인 우리의 배우자를 잘 돌보는 일입니다. 예수님의 이름으로 기도합니다. 아멘.

장차 올 천국을
기대하는
결혼생활

3

      신대륙의 첫 이주자들이 왜 자신을 "순례자"라 불렀는지 아는가?

  그들이 유럽을 떠나 미국으로 온 순례자여서가 아니다. 그들이 생각한 순례자는 그보다 훨씬 차원이 높았다. 그들이 순례자로 자처한 이유는 (현 상태의) 이 세상이 자신들의 집이 아님을 (첫 지도자인) 윌리엄 브래드포드(William Bradford)의 말대로 인정했기 때문이다. "우리가 여기에는 영구한 도성이 없으므로 장차 올 것을 찾나니"(히 13:14).

  그들이 순례자였던 이유는 유럽을 떠났기 때문이 아니다. 아직 이 땅에 있으면서 장차 올 천국을 기다렸기 때문이다.

  결혼에 관한 책들의 절대다수는 관점이 확연히 단기적이다. 심지어 주말까지 "남편이 달라진다"고 말하는 저자도 있다. 그런 많은 책을 나도 아주 즐겁게 읽었다. 우리가 알고 싶은 것은 오늘 결혼생활을 고치는 방법이다. 나는 그걸 잘 안다. 결혼생활이 당장 크게 달라질 수 있다는 생각만으로도 선뜻 책값을 치를 충분한 이유가 된다.

그런 측면에서, 책에 이런 장을 넣어서는 안 되며, 특히 책의 앞부분에는 더더욱 안 된다는 점을 너무 잘 알고 있다. 어느 여론조사 기관에서 교사들에게 경고하기를 천국과 내세에 대한 말을 꺼내면 젊은 세대를 완전히 잃는다고까지 말했을 정도다.

그런데도 내가 기꺼이 모험에 나서는 이유는 다음과 같은 나의 확신이 그동안 줄어든 게 아니라 더 깊어졌기 때문이다. 즉 지금 여기서 결혼의 의미를 찾으려면 영원한 관점이 절대적으로 중요하다. 하나님을 영화롭게 하는 탁월한 사랑으로 아내를 사랑하고 싶다면 내가 여기서 순례자임을 기억해야 한다. 그래야 결혼의 진정한 의미를 심도 있게 이해하고, 결혼이라는 현세적 관계의 배후에 깔린 영광을 알 수 있다. 당신이 젊은 세대라면 세간의 예측이 틀렸음을 부디 입증해 주기 바란다. 내가 요지를 정확히 밝히는 동안 잘 경청해 주기 바란다.

잘하였도다

순례자들이 늘 염두에 두고 살았던 영광스러운 진리가 있다.

"이는 우리가 다 반드시 그리스도의 심판대 앞에 나타나게 되어 각각 선악 간에 그 몸으로 행한 것을 따라 받으려 함이라"(고후 5:10).

우리도 마땅히 그래야 한다.

바울은 지금 "그리스도의 심판대"를 말한다. 영원의 먼동이 트면 모든 그리스도인이 그날을 맞이한다. 이것은 우리가 영원을 하나님과 함께 보낼지를 가리는 심판이 아니다. 그거라면 예수께서 십자가에서 다 이루신 일로 이미 확실히 보장되었다. 이 구절의 심판은 전혀 다른 의미다.

그리스도의 심판대란 우리 삶 속에 허락된 하나님의 은혜와 공급으로 우리가 평생 어떻게 살아왔는지를 분명히 보여주는 자리다. "선악 간에"라는 표현을 "선하든 무익하든"으로 번역해도 무방하다(정확히 "악하다"는 의미로 말하고 싶었다면 바울이 선택했을 만한 다른 단어도 있었다). 그날 우리는 이런 질문을 받을 것이다. 하나님은 자비로 우리 죄를 깨끗이 씻어 주셨는데, 우리는 수수방관 그분의 복만 누리며 무익한 추구와 이기적 집착으로 세월을 다 보냈는가? 아니면 바울처럼 우리도 장차 하늘 아버지께 인생을 결산해야 함을 알고 힘써 일했는가?

이는 천국에 들어가는 문제가 아니라 천국 안에서 우리에게 무엇이 주어질 것이냐의 문제다. 그날 내려질 판결이 우리의 영원을 특징지을 것이고, 그날 내려질 판결은 지금 이 땅에서 어떻게 사느냐에 따라 결정된다.

바울이 로마서 2장에 상세히 입증했듯이, 이것은 초대 교회를 향한 그의 가르침에서(그리하여 하나님의 계시에서) 하나의 중심 주제였다. "하나님께서 각 사람에게 그 행한 대로 보응하시되 참고 선을 행하여 영광과 존귀와 썩지 아니함을 구하는 자에게는 영생으로 하시고 오직 당을 지어 진리를 따르지 아니하고 불의를 따르는 자에게는 진노와 분노로 하시리라 … 이는 하나님께서 외모로 사람을 취하지 아니하심이라"(롬 2:6~8,11).

영광과 존귀를 구하는 것은 부끄러운 일이 아니다. 다만 엉뚱한 때에 엉뚱한 사람에게서 영광과 존귀를 구하는 게 부끄러울 뿐이다.

마지막 위대한 청교도였던 조나단 에드워즈가 18세기에 한 말은 지난 2천년 동안 거의 모든 기독교 고전에 제시된 내용과 일치한다. 그런데 현 세대에는 이 가르침이 심히 경시되고 있다. "우리는 오직 천국을 향한 여정 내지 순례로서 이생을 보내야 한다."[1]

대개 우리가 바라보는 것은 지금 당장 결혼생활을 더 즐겁거나 만족스럽게 고치는 법이다. 그러나 성경은 우리의 시선을 훨씬 높은 데 둘 것을 촉구한다. 지금 결혼생활을 어떻게 하느냐가 우리의 영원에 영원히 영향을 미친다.

에드워즈만 그렇게 생각한 게 아니다. 그를 비롯한 수많은 작가가 히브리서 11장에 똑같이 반응했다. 거기에 열거된 많은 모범적 성도들은 약속된 것을 다 받지는 못하였으나 자신들이 "땅에서는 외국인과 나그네임을 증언하였으니 그들이 이같이 말하는 것은 자기들이 본향 찾는 자임을 나타냄이라 … 그들이 이제는 더 나은 본향을 사모하니 곧 하늘에 있는 것이라. 이러므로 하나님이 그들의 하나님이라 일컬음 받으심을 부끄러워하지 아니하시고 그들을 위하여 한 성을 예비하셨느니라"(히 11:13~14,16).

부르심을 받은 대로 새 하늘과 새 땅에 맞게 준비하면서 이생을 살고 있는가(계 21:1)? 아니면 결혼생활과 기타 모든 관계에서 하나님께 이번 주, 이번 달, 늦어도 올해 안으로 모든 것을 고쳐 달라고 떼쓰고 있는가? 배우자에게 친절을 베풀고 나면 그 친절의 열매를 당장 먹기를 기대한다. 인내로 견디려는 의식이 없다. 현세의 보상이 없이는 사랑할 줄 모르고, 종말에 모든 일을 정산해 주실 하나님을 기다릴 줄 모른다. 이번 주말에 남편이 달라지기를 바라고, 설교 한 편으로 아내가 달라지기를 원한다!

노력을 쏟은 만큼 당연히 보상이 따라야 하지 않겠는가? 그야 그렇다. 하지만 반드시 이 땅에서는 아니다.

지금 여기서의 행복을 주로 구하면서 이 땅의 보상을 위해 산다면, 장차 올 것에 대한 하나님의 모든 약속을 도외시하는 것이다. 물론 경건하게 살면 이생에서도 많은 보상을 거둔다. 당연히 우리는 그런 보상과 복을 즐거워하며 감사한다. 하지만 하나님이 말씀하셨듯이 그분은 더 나은 곳을 준비하고 계시다. 또 이 좋은 땅에도 우리가 감사로 받을 수 있는 복이 많다. 하지만 우리의 궁극적 보상은 이곳에 없다. 그것은 새 하늘과 새 땅에서 우리를 기다리고 있다. 그러므로 우리는 이곳의 삶을 살아갈 때 적어도 그곳의 삶을 준비하는 일의 중요성을 잊어서는 안 된다.

새 하늘과 새 땅을 잊으면 우리의 방향을 늘 바르게 유지해 줄 확실한 기준점을 놓친다. 하나님이 워낙 좋으신 창조주이시다 보니 자칫 웃음, 우정, 좋은 식사, 예술, 섹스, 대화 같은 이 땅의 낙들이 우리를 유혹해 이런 생각에 빠뜨릴 수 있다. '삶이 이보다 더 나아질 수는 없겠지.' 하지만 하나님은 더 나아진다고 말씀하신다. 그것도 비교할 수 없을 정도로 말이다!

에드워즈의 말을 들어 보라.

비록 우리가 외적인 즐거움에 에워싸여 있고 가족들이나 좋은 친구들과의 관계 속에 안정되어 있을지라도, 사람들과 나누는 교제가 즐겁고, 장래성 있는 자질이 많이 보이는 자녀들로 인해 기쁠지라도, 주변에 좋은 이웃들이 살고, 우리를 아는 사람들로부터 많은 사랑을 받고 있을지라도, 이런 것들이 유업인 양 우리의 안식을 거기에 두어서는 안 된다. 거기에 안주하지 않고, 오히려 하나님의 때에 그런 것들을 떠날 각오가 되어 있어야 한다. 그것을 소유하고 누리고 활용하되 언제든지 하나님이 명하시면 당장 끊을 수 있다는 관점을 가져야 한다. 또한, 기꺼이 즐겁게 그것을 천국을 위해 변화시켜야 한다.[2]

이어 에드워즈는 우리가 "이생의 안락과 즐거움보다 천국을 더 사모해야" 한다고 덧붙였다.

이 모든 덜 중요한 것들은 좋은 집념의 대상이지만 위대한 집념의 대상은 못 된다. "외국인과 나그네"로 살고 있는가, 아니면 지상의 시민으로 살고 있는가? 우리가 방문자일 뿐임을 혹 잊었는가?

좋은 식사, 놀라운 친교 시간, 자녀에 대한 긍지, 황홀한 성적 친밀함 등을 가지는 게 무슨 문제가 있다는 말은 물론 아니다! 다행히 우리는 하나님의 많은 복을 누리며 이로 인해 감사와 예배를 드릴 수 있다. 양쪽의 실체가 서로 대립할 필요는 없다. 일시적 복이 영원한 복을 우리에게 상기시킨다는 말까지도 가능하다.

그러나 그런 것들을 누리되 자신의 목적지와 삶의 이유를 망각한다면, 우리는 즉각적 보상이 없을 때 영원히 유익한 선택을 내릴 능력과 의지와 관점을 잃고 만다(알츠하이머병 말기의 남편이나 아내를 돌보는 배우자에게 무슨 친밀한 대화가 보상으로 기다리고 있겠는가?). 당신이 배우자를 사랑해도 돌아오는 건 냉대뿐이라 하자. 희생적으로 베풀어도 상대가 고마워하지도 않는다 하자. 헌신을 지킨 "보상"이 배우자의 무관심이나 심지어 외도라 하자. 그렇다면 하나님의 말씀이 틀렸다는 뜻인가? 하나님이 역부족이라서 구원하실 수 없다는 뜻인가?

어떤 여성이 내게 이렇게 물은 적이 있다. "거룩한 결혼을 위한 우리의 노력이 통하지 않으면 어떻게 해야 하나요?" 이런 부류의 질문에 대한 나의 반응은 간단하다. 배우자가 바람직하게 변하지 않았다는 이유만으로 우리의 노력이 "통하지" 않은 것은 아니다. 당신 자신이 바람직하게 변했다면 말이다. 하나님은 일을 정산하실 것을 약속하셨고 그 약속을 지키실 것이다. 그러나 하나님은 그 일을 우리의 때가 아닌 그분의 때에 하실 권리가 있다. 우리의 사후(死後)일 수도 있다. 이생에서 실망한 독자들은 그 사실에서 큰 인내를 얻을 수 있다. 결혼에 관한 많은 인기있는 서적에 약속된 것과는 달리, 당신이 끝없이 주고 또 주어도 배우자에게서 아무런 반응도 없는 것처럼 느껴질 수 있다.

새 하늘과 새 땅의 삶을 위해 살면, 우리를 기다리고 있는 영적 부요함 덕분에 영적 우선순위를 바르게 유지할 수 있다.

◆ 우리는 당장의 즐거움을 얻는 길보다 거룩한 길을 선택할 것이다.

◆ 우리는 쉬운 길보다 순종의 길을 선택할 것이다.
◆ 우리는 방종의 길보다 청지기의 길을 선택할 것이다.
◆ 우리는 초점을 상실한 길보다 근면한 길을 선택할 것이다.

우리 딸의 이사를 위해 휴스턴에서 오리건 주 포틀랜드까지 딸의 차를 운전해서 집을 구하러 다닐 때, 나는 날마다 진척을 이루었다. 콜로라도스프링스에서 헤매지 않았고, 와이오밍 주 롤린즈에 주택을 구입하지 않았고, 유타 주 오그든도 곧장 통과했다. 도달해야 할 목적지가 있음을 알았기에 날마다 진도를 나갔고, 마침내 포틀랜드에 도달했다. 영원한 관점의 급진적 가르침은 곧 우리가 모두 이생을 최종 목적지가 아니라 여정으로 보아야 한다는 것이다. 그렇지 않으면 우리는 자꾸 형편없는 선택을 내리게 된다. 당신이 신앙적으로 방황하고 있다면 최종 목적지를 잊었을 소지가 크다. 당신이 별로 근면하지 못하다면 위대한 집념을 품지 않고 살고 있는 것이다.

좋은 식사, 풍성한 교제 시간, 휴가, 데이트의 밤 등을 계획하거나 즐기지 말아야 한다는 말이 아니다. 먼 길을 갈 때면 나는 일부러 가끔 멈추어 휴식을 취한다. 하나님이 이 땅에서도 우리에게 놀라운 시간을 많이 주시니 얼마나 감사한가. 훈련 중인 올림픽 선수도 극장에 가거나 책을 읽거나 박물관을 거닐거나 친구들과 함께 저녁을 먹는다. 하지만 자신이 훈련 중임을 절대 잊지 않으며 훈련에 지장이 될 만한 일은 일절 삼간다. 정말 금메달을 딸 생각이 있다면 말이다. 올림픽 예선이 있기 전날, 지역의 기금 마련을 위한 5km 달리기에서 우승하려고 진력을 빼는 일은 결코 없다. 올림픽 선수는 덜 중요한 일에 한눈팔지 않고 더 중요한 일을 위해 최고의 기량을 남겨 둔다. 가장 치열한 열정을 쏟아낼 일이 따로 있기 때문이다.

자신에게 물어보라. 알고 보면 정말 사소한 문제 때문에 부부 싸움을 벌일 때가 얼마나 많은가? 부부가 한 달에 한 번씩 산상수훈(마 5~7장)을 함께 읽기만 해도 결혼생활의 얼마나 많은 문제가 해결되겠는가?

이는 땅의 것들을 멸시하는 게 아니라—그럴 필요가 없다—하늘의 것들을 높이는 일이다. 에드워즈는 시인처럼 이렇게 썼다.

"아버지와 어머니와 남편과 아내와 자녀와 이 땅의 많은 친구는 다 그림자에 불과하며 실체는 하나님을 즐거워하는 것이다. 그들은 부서지는 광선일 뿐이지만 하나님은 태양이시다. 그들은 실개천일 뿐이지만 하나님은 수원이시다. 그들은 물 한 방울일 뿐이지만 하나님은 바다이시다."[3]

그들은 물 한 방울일 뿐이지만 하나님은 바다이시다.

그러므로 우리는 초점과 위대한 집념을 잃지 않도록 노력해야 한다. 그렇지 않으면 소통을 개선하고, 재정을 잘 관리하고, 로맨스를 참신하고 재미있게 유지하는 등의 (중요하긴 하지만) 부수적인 목표들에 온통 매달릴 수 있다. 그것들이 삶의 본질이나 최종 목표가 아님을 잊어서는 안 된다. 결국, 에드워즈가 일깨워 주듯이 "우리 삶은 천국을 향한 여정이 아니면 지옥으로 가는 여정이 될 것이다."[4]

정말 순례자로 살고 싶다면 매달 좋은 친구들과 함께 모여 서로 이렇게 물어보라. "천국의 소망은 우리가 서로 사랑하는 방식, 자녀를 기르는 방식, 돈을 쓰는 방식, 시간을 투자하는 방식에 어떤 영향을 미치고 있는가?"

지금 하려는 말은 일부 독자들에게 완전히 해괴하게 들릴 수 있다. 그래도 잠깐 참아 주기 바란다. 성경적 열정과 성경적 우선순위로 아내를 사랑하고 싶다면 나는 아내의 사망일이 극도로 행복해지도록 힘써 도와야 한다. 매번의 행복한 생일도 좋지만, 그보다 이게 더 중요하다.

행복한 사망일

> 그의 경건한 자들의 죽음은 여호와께서 보시기에 귀중한 것이로다
>
> (시 116:15)

자기 자녀의 죽음을 고대하시는 하나님은 도대체 어떤 분인가? 답은 그들을 기다리고 있는 하늘의 보화가 무엇인지 그분이 아신다는 것이다.

성경에 나타난 하나님은 성탄절 아침 자녀에게 푸짐한 선물을 줄 생각에 전날 밤부터 마음이 들뜨고 설레는 부모와 아주 흡사하다. 그분이 우리의 심판 날을 고대하시는 이유는 그리스도께서 다 이루신 일로 우리 죄가 사해졌음을 아시기 때문이고, 드디어 우리를 위해 예비하신 선물로 우리를 맞이하실 수 있기 때문이다.

못마땅하게 여길 독자도 있겠지만, 예수는 천국의 평등을 말씀하지

않으신다. 오히려 천국에도 큰 자와 작은 자가 있고(마 5:19) 큰 상을 받을 사람과 작은 상을 받을 사람이 있다고 말씀하신다(마 5:12). 부정적인 쪽으로도 비슷해 지옥에도 "많이 맞을" 사람과 "적게 맞을" 사람이 있다(눅 12:47~48).

제자들을 더 차원 높은 생활방식으로 부르실 때 예수는 서슴없이 보상의 용어를 써서 동기를 불러일으키신다. "오직 너희를 위하여 보물을 하늘에 쌓아 두라"(마 6:20, 참조 마 6:4, 6:6, 6:18).

히브리서의 저자는 천국의 상을 사실로 받아들이지 않으면 우리의 신앙에 비참한 결과가 미친다고 역설한다. "하나님께 나아가는 자는 반드시 그가 계신 것과 **또한 그가 자기를 찾는 자들에게 상 주시는 이심을 믿어야**" 한다(히 11:6). 바울도 에베소서 6장 8절에 똑같이 말한다. "이는 각 사람이 무슨 선을 행하든지 … 주께로부터 그대로 받을 줄을 앎이라."

이 모든 보상이 정확히 무엇인지 우리도 모른다. 그러나 70명의 처녀(이슬람교의 가르침-역주)가 아닌 것만은 거의 확실하다. "하나님, 제발 그건 아닙니다!" 하나님은 어떤 상이 가장 적절하고 의미 있는지 아신다. 그런 확신이 있기에 우리는 안식할 수 있다. 하나님이 이 부분에 침묵하신 것은 성탄절 아침에 줄 깜짝 선물을 미리 들키지 않으려는 부모와 비슷하다.

그날에 있을 그 대화

보다시피 바울은 "각 사람이 무슨 선을 **받든지**"가 아니라 "무슨 선을 행하든지" 주께로부터 그대로 받으리라고 했다.* 이것만 바로 알아도 하루하루 결혼생활에 임하는 자세가 근본적으로 혁신될 수 있다.

신학자들이 그리스도의 심판 날이라 부르는 그날 하나님은 우리 각자와 대화하실 것이다. 그때 우리는 자신이 살아온 삶-결혼생활도 포함해-을 전혀 다른 관점에서 보게 될 것이다. 지금 우리 대부분이 결혼생활을 보는 관점과는 사실상 정반대일 것이다. 내가 상을 받는 근거는 아내가 나를 어떻게 사랑했는가가 아니라 내가 아내(하나님의 딸)를 어떻게 사랑했는가에 있다. 하나님은 이렇게 묻지 않으실 것이다. "게리야, 리자가 너의 사랑 언어를 알고 실천하더냐? 네가 존중받아야 함을 알고 너를 존중해 주더냐? 네가 원하는 횟수만큼 성관계에 응하더냐? 너의 여러 가지 필요를 알고 그것을 채워 주려고 애쓰더냐?"

대신 그분은 이렇게 물으실 것이며, 이에 대한 답변이 나의 영원을 특징지을 것이다. "게리야, 너는 리자의 사랑 언어를 알고 그대로 넉넉하게 베풀었느냐? 아내에게 애정과 수용이 필요함을 알고 그것을 아낌없이 주며 사랑했느냐? 침실을 서로 섬기는 축복의 자리로 만들었느냐? 내가 창조한 본연의 모습이 되도록 아내를 힘써 도왔느냐?

---

* 구원의 근거는 **전적으로 우리가 받는 것**-그리스도의 대속으로부터 흘러나오는 은혜-에 있으며, 바울은 지금 그 사실을 부인하는 게 아니다. 여기서 그의 주제는 구원이 아니라 상급이다.

아니면 너 자신의 필요와 욕구를 채우려고 아내를 종처럼 대했느냐?"

오늘을 위해서 산다면 "좋은 날"이란 리자가 나를 보아 주고 알아주고 섬겨 주고 내 삶을 더 즐겁게 해 주는 날이다. 다년간 나는 그것을 "좋은 날"의 정의로 알고 결혼생활을 했었다. 그러나 영원을 위해서 살면 "좋은 날"이란 내가 리자를 보아 주고 알아주고 섬겨 주고 그녀의 삶을 더 즐겁게 해 주는 날이다. 바로 그것이 그리스도의 심판대에서 상을 받을 근거다.

누가복음 6장 32~35절에 기록된 예수의 급진적인 말씀을 생각해 보라. 그분이 사랑의 의미를 설명하시면서 어떻게 보상의 약속을 동기로 제시하시는지 잘 보라.

> 너희가 만일 너희를 사랑하는 자만을 사랑하면 칭찬 받을 것이 무엇이냐. 죄인들도 사랑하는 자는 사랑하느니라. 너희가 만일 선대하는 자만을 선대하면 칭찬 받을 것이 무엇이냐. 죄인들도 이렇게 하느니라. 너희가 받기를 바라고 사람들에게 꾸어 주면 칭찬 받을 것이 무엇이냐. 죄인들도 그만큼 받고자 하여 죄인에게 꾸어 주느니라. 오직 너희는 원수를 사랑하고 선대하며 아무 것도 바라지 말고 꾸어 주라. 그리하면 너희 상이 클 것이요 또 지극히 높으신 이의 아들이 되리니 그는 은혜를 모르는 자와 악한 자에게도 인자하시니라.

언제 우리의 상이 크다고 하셨는가? 사랑으로 갚을 사람들을 사랑할 때가 아니라 그분처럼 우리도 "은혜를 모르는 자와 악한 자"를 사랑할 때다.

당신의 배우자가 사상 최고로 경건하고 친절하고 잘 베풀고 사려 깊은 사람이라면 당신의 상은 그것이다. 대다수 사람들보다 쉬운 결혼 생활을 누린 데 대해 천국에서 따로 더 상은 없을 것이다. 남들이 영원을 위해 쌓아 두는 동안 당신은 수십 년을 아주 즐겁게 보낸 셈이다.

예컨대 배우자가 당신을 당연시한다면 당신은 이 땅에서는 인정받지 못할 것이다. 그러나 하늘의 장인이나 시아버지를 대면하는 그날이 오면-예수께서 그날을 약속하셨다!-그분은 당신에게 이렇게 말씀하실 것이다. "너는 내 아들(또는 딸)을 사랑하는 일을 아주 잘했다. 너와 결혼한 것이 얼마나 큰 복인지 상대가 통 몰라주었음에도 말이다. 내 이름으로 사랑을 베푸는 사람들에게 내가 영원토록 어떻게 상을 주는지 이제부터 보여 주겠다. 네 상을 받고 안식에 들어가라!"

이렇듯 장차 올 그날을 믿으면 좋은 날에 대한 정의가 지금부터 달라진다. 이제 우리는 배우자가 나를 얼마나 잘 사랑하고 섬기고 보아 주고 격려하고 알아주는지에 집착하기보다 내 쪽에서 배우자를 사랑하고 섬기고 보아 주고 격려하고 알아줄 기회를 찾을 것이다. 당신이 배우자에게 당연시되고 있다면 여기서 격려를 얻을 수 있다. 솔직해지자. 일부 독자들은 미련한 사람과 결혼했다. 무례하게 말할 생각은 없다. 하지만 성경에 미련한 사람들이 있다고 하지 않았는가? 그렇다면 그들과 결혼한 사람들도 있게 마련이다. 어쩌면 당신도 그중 하나일지 모른다. 이 땅의 관점에서 보면 인생의 낭비다. 하지만 영원한 관점에서 보면 그리스도의 심판대에서 심히 감격스럽고 만족스러운

"사망일"을 맞이할 수 있는 준비의 기회가 당신에게 주어진 것이다.

배우자는 당신에게 한 번도 감사하지 않을 수 있다. 하지만 훗날 하늘에 계신 장인이나 시아버지께서 뜨거운 마음으로 당신에게 이렇게 말씀하실 것이다. 당신의 섬김의 행위를 하나도 놓치지 않으셨으며, 그 사랑을 갚아 주시고자 당신의 사망일이 오기를 학수고대하셨다고 말이다.

이 진리에서 인내와 바른 시각이 생겨난다. 고린도후서 4장 16~18절에 나오는 사도 바울의 말을 생각해 보라. "그러므로 우리가 낙심하지 아니하노니 우리의 겉사람은 낡아지나 우리의 속사람은 날로 새로워지도다. 우리가 잠시 받는 환난의 경한 것이 지극히 크고 영원한 영광의 중한 것을 우리에게 이루게 함이니 우리가 주목하는 것은 보이는 것이 아니요 보이지 않는 것이니 보이는 것은 잠깐이요 보이지 않는 것은 영원함이라."

골로새서에서는 바울이 심판 날의 상을 결혼생활과 가정생활에 아예 직결시킨다. 그는 아내들에게는 남편을 "주 안에서 마땅하"게 대하고(골 3:18) 남편들에게는 아내를 사랑하며 괴롭게 하지 말라고 명했다(19절). 그러고 나서 이렇게 설명했다. "무슨 일을 하든지 마음을 다하여 주께 하듯 하고 … 이는 기업의 상을 주께 받을 줄 아나니 너희는 주 그리스도를 섬기느니라"(골 3:23~24절).

상호 동반의 관계

경건한 배우자와 결혼한 독자들은 이런 생각이 들지 모른다. '나는 상을 놓치는 건가? 나의 배우자는 아주 훌륭해서 함께 살기가 비교적 쉽다. 그렇다면 나는 어떻게 해야 하늘의 상을 받는가?'

결혼은 영원한 복에 이르는 유일한 길이 아니다. 천만의 말이다. 예수는 결혼하지 않으셨지만 그 누구보다도 칭송받으실 것이다. 세례 요한과 (적어도 회심 이후의) 사도 바울 등 기타 많은 이들이 칭찬받을 근거도 배우자를 잘 사랑했기 때문이 아니라 독신으로서 충실했기 때문이다.

그리스도의 심판 날을 기준으로 오늘을 살아가는 행복한 부부들은 히브리서 10장 24절을 주제 구절로 삼을 수 있다. "서로 돌아보아 사랑과 선행을 격려하며."

하나님은 사랑의 행위와 선행에 보상해 주신다. 그렇다면 우리는 어떻게 서로 선행을 권하고 격려하며 서로를 위해 기도할 것인가?

오해의 소지가 없도록 다시 말하거니와 지금 우리는 구원을 말하는 게 아니다. 여기서 관건은 하나님의 궁극적 수용을 얻어내는 게 아니다. 그것은 그리스도의 죽음과 부활을 통해 이미 해결되었다. 그러나 성경에는 그리스도인들에게 풍성한 선행을 독려하는 구절이 아주 많다. 바람직한 부부라면 하늘에 상을 쌓아 두도록 서로 힘써 감화를 끼치게 마련이다.

내가 아내에게 줄 수 있는 선물 중에 천국에서 상 받을 일을 하도록 도와주는 것보다 더 좋은 선물이 무엇이겠는가? 내가 아내를 위해 기도하고 뭔가를 제안하고 지원하고 격려함으로써 아내가 독신으로 살 경우보다 더 나은 사람이 된다면 얼마나 좋겠는가? 아내는 이생에서 순종의 복을 누릴 뿐만 아니라 정말 나의 도움으로 내세에도 여러 가지 복을 누리게 될 것이다. 얼마나 엄청난 선물인가!

이렇듯 종말을 위한 삶은 종교적 형태의 도피가 아니다. 이 땅에서 벗어나려는 게 아니라 오히려 세상으로 들어가되 열의와 초점이 새로워진다는 뜻이다. 그래서 하나님의 구원 사역이 우리를 통해 나타나고, 그 결과로 우리는 영원한 상을 받는다.

잊지 말라. 그날 우리가 답해야 할 물음은 사랑을 얼마나 잘 받았는가가 아니다. 그분은 이렇게 물으실 것이다.

"너는 얼마나 잘 사랑하였느냐?"

결혼생활이 끝나는 날

"다 이루었다." 예수께서 십자가에서 마지막으로 외치신 이 유명한 말씀은 치열한 사명이 마침내 완수되었다는 영광스러운 선언이다. 이 한마디 말씀으로 그분은 자신이 더할 나위 없는 순종의 삶, 의미 있는 삶, 승리의 삶을 사셨음을 선포하셨다.

우리도 다 언젠가는 죽음의 문턱에 설 것이다. 기혼자인 우리는 하나님의 아들이나 딸인 배우자를 인간이 할 수 있는 최고의 사랑으로 사랑하겠다고 그분께 약속했다. 남자들은 아내의 살아 있는 순교자가 되기로 서약했고(엡 5:25~26) 여자들은 남편을 사랑하는 법을 배우고 훈련하라는 권면까지 받았다(딛 2:4). 훈련의 필요성을 느낄 정도로 결혼을 신중하게 대하도록 부름 받았다. 이런 본문들을 보면 정신이 번쩍 들어, 많이 묵상하고 부지런히 실천하고 끝없이 기도하고 조언을 구할 수밖에 없다. 배우자가 "다 실수가 많으니"(약 3:2) 우리 쪽에서 그런 헌신을 지키기란 쉽지 않다. 그렇게 사랑하기가 때로는 어렵다 못해 불가능하게 느껴질 수도 있다.

그러나 결승선이 있다! 어느 날 경주가 끝나고 이 땅의 삶도 끝날 것이다. 그날까지 이루어야 할 우리의 목표를 예수께서 친히 그 입으로 들려주셨다. "다 이루었다."

그렇다고 우리가 이를 악물고 결혼생활을 간신히 버텨야 한다는 말은 결코 아니다. 마치 트레이너가 호각을 불어 고된 훈련의 종료를 알림으로써 드디어 우리도 쉼을 얻는다는 듯이 말이다. 오히려 이것은 현세의 모든 제약이 벗겨질 때까지 최선을 다해 서로를 사랑한다는 뜻이다. 치매에 걸린 배우자를 간호하거나 가끔 한눈파는 배우자에게 충실해야 할지라도 말이다. 그리고 나면 여기서 50~70년 동안 나눈 그 사랑을 거기서 더 키워 나갈 수 있다. 비록 천국에 결혼은 없지만, 우리의 친밀함은 영원히 계속된다. 더 깊고 더 기쁘게 서로를 알고 또 알려질 수 있다.

잠시 당신이 누구인지조차 망각했던 그 배우자가 그날 이렇게 말할 것이다. "당신은 나한테 한없이 잘해 주었어요!" 부도덕한 행실로 당신을 인내심의 한계로 몰아갔던 그 배우자가 그날 영화롭게 되어 이렇게 당신의 사랑을 극찬할 것이다. "그런 나를 어떻게 참아 주었는지 정말 당신 대단해요!" 가장 좋은 친구여서 함께 웃음의 계절은 많았지만 눈물 흘릴 일은 비교적 적었던 그 배우자는 그냥 웃으며 말할 것이다. "좋은 삶이었어요, 그렇죠? 그런데 이 정도로까지 더 좋아질 줄 누가 알았겠어요? 당신을 그때보다 더 사랑할 수 있을 줄은 몰랐는데 지금 보니 당신은 더 아름다워요."

배우자의 몸이 영면하게 될 그날을 미리 생각해 보라. 또는 당신이 죽음을 목전에 두어 영혼이 현세에서 내세로 옮겨질 때를 기다리고 있다고 상상해 보라. 당신도 어느 정도나마 예수처럼 "다 이루었다"고 단언할 수 있겠는가?

"나는 아내를 뜨겁게 사랑했다. 날마다 하나님의 능력에 의지해 끝까지 사랑했다."

"우리는 결혼을 지켜냈을 뿐 아니라 최대한 잘 누렸다. 오늘은 우리가 함께 살면서 이루어 온 일을 축하할 날이다."

"나는 아주 많은 시간을 들여 남편을 주님께로 더 가까이 이끌었다. 마침내 남편은 본향으로 갔다. 재회할 때까지 남편이 몹시 그립겠지만, 우리가 이루어 낸 여정을 생각하면 이보다 더 기쁠 수가 없다."

친구여, 이 결혼생활도 끝날 날이 있다. 그날 하나님은 우리가 그분의 아들이나 딸인 배우자를 어떻게 사랑했는지를 보시고 그에 따라 우리를 심판하실 것이다. 영원한 상을 풍성히 받을 독자들도 있을 것이다. 하나님은 그분의 자녀를 충실하게 섬기는 사람들에게 인색하지 않게 상을 베푸시는 분이다.

평생사랑 가꾸기

1 그리스도의 심판대는 생소한 개념이었는가? 이 가르침을 이해하면 어떻게 초점을 잃지 않고 사랑할 수 있겠는가? 어떻게 사랑에 인내할 수 있겠는가?

2 이 땅에서 결혼생활을 향상하기를 바라는 것은 잘못인가? 어떻게 하면 그리스도의 심판대에 대한 가르침을 균형 잡힌 시각으로 볼 수 있겠는가?

3 이전까지 당신은 결혼생활의 "좋은 날"을 어떻게 정의했는가? 앞으로는 좋은 날을 어떻게 정의하겠는가?

4 많은 그리스도인이 거룩함을 뭔가를 하지 않는 것 - 특정한 말을 하지 않는 것, 훔치지 않는 것, 성적으로 문란해지지 않는 것 등 - 으로 정의한다. 그리스도의 심판대를 생각하면 어떻게 거룩함을 보는 관점이 긍정적으로 - 즉 예수와 바울의 권면처럼 선을 행하는 삶으로 - 바뀌는가?

5 히브리서의 가르침대로 부부 간에 어떻게 서로 선행을 격려할 수 있겠는가?

6 당신의 결혼생활이 끝날 날을 생각해 보라. 그날 부부관계를 되돌아볼 때 당신이 배우자를 얼마나 잘 사랑했기를 원하는가? 그렇게 되기 위해 오늘부터 당신이 시작할 수 있는 일은 무엇인가?

Prayer

영원하신 우리 아버지여, 주께서 세상을 어찌나 놀랍게 창조하셨는지 우리는 타락한 상태의 세상에마저 자칫 속아 잠에 빠져들 수 있습니다. 우리가 순례자에 지나지 않음을 망각할 수 있습니다. 우리의 참 시민권이 어디에 있는지 기억하게 하소서. 더는 상을 여기서 받으려고 애쓰지 말고 주님으로부터 영원한 상을 받을 날을 믿음과 인내로 기다리게 하소서. 결혼생활의 "좋은 날"을 믿음으로 정의하게 하소서. 배우자를 보아 주고 격려하고 섬길 기회가 있다면 영원의 관점에서는 그것이 아주 좋은 날임을 알게 하소서. 기도하오니 이 땅의 결혼생활이 끝날 날이 있음을 잊지 말게 하시고, 그에 따라 오늘을 살아가게 하소서. 예수님의 이름으로 기도합니다. 아멘.

평생사랑을 도우시는 성령 기대하기

 예수는 삼위일체 하나님의 능력과 충족성에 대한 자신의 믿음을 여러 가지로 보여 주셨는데, 그중 압권으로 그분의 요절(夭折)을 빼놓을 수 없다. 생각해 보라. 예수는 육신을 입은 하나님이셨다. 그런 그분이 활동적인 성육신의 사역을 3년이 아니라 30년을 더 하셨다면 이 땅에서 얼마나 더 많은 일을 이루셨겠는가? 생각해 보면 정말 굉장한 일이다. 그분은 치유와 기적을 훨씬 많이 행하셨을 것이고, 그러면 그분이 죽으실 때 몇백 명에 불과했던 그리스도인들이 족히 수십만으로 늘어났을 것이다. 그분은 마태와 바울과 요한과 베드로처럼 유한한 중개자들을 감화해 거기에 의존하시기보다 직접 수십 권의 책을 쓰실 수도 있었다(그러면 어떤 책들이 권위 있는 책인지 논란의 여지도 없었을 것이다). 그분은 또 교회들을 세우고 자신의 권위 아래 지도자들을 배치하실 수도 있었다. 그러면 아무도 그들을 의심하지 못했을 것이고, 2천 년도 넘게 교회에서 논란이 되어 온 교회 구조와 지도 체제와 실행에 대해서도 벌써 정답이 나왔을 것이다.

예수는 왜 그렇게 금방 떠나셨는가? 왜 교회를 그토록 준비되지 않은 모습으로 남겨 두셨는가?

답은 분명하다. 그분은 교회를 그냥 두고 가신 게 아니다. 예수는 성령을 철석같이 믿으셨고, 그래서 이 보혜사 겸 위로자의 인도로 제자들이 예수 자신이 하신 것보다 더 큰 일들도 할 것이라 말씀하셨다. 요컨대 그분은 자신이 물리적으로 부재하더라도 꼭 이루어져야 할 일은 다 이루어지리라는 철저한 확신을 품고 떠나셨다.

우리도 결혼생활과 가정에서 그렇게 성령을 확신하며 살고 있는가? 예수처럼 우리도 성령을 신뢰하는 법을 배우자. 이 말을 하는 이유는 이 책의 처음 몇 장이 약간 이상주의적으로 보일 수 있기 때문이다. 우리 힘으로 "당위"에만 이끌린다면 그렇게 보이는 게 맞다. 그러나 성령은 막강한 능력이시다. 성령은 이기심과 좁은 속과 나약한 사랑으로부터 우리를 번쩍 들어올려 하나님의 영광스러운 힘으로 충만하게 하신다. 그러면 하나님이 우리를 통해 사랑하실 수 있다. 결혼생활이 힘들어서 자꾸 하나님을 의지하게 된다면 이는 바람직하다. 저명한 시인 존 밀턴(John Milton)은 눈이 먼 후에 친구에게 이렇게 썼다. "나는 시력을 잃었지만 조금도 불만이 없어. 이렇게 밤에 둘러싸여 있으니 하나님의 임재의 빛이 더욱 찬란한 광채를 발한다네."[1]

밀턴은 하나님이 자신을 눈멀게 하심으로써 그분의 빛을 온전히 보게 해 주셨다고 믿었다. 마찬가지로 때로 하나님은 결혼생활에서 우리의 힘이 바닥나게 두심으로써 마침내 그분의 힘을 의지하게 하신다.

1 하나님이 설계하신 결혼은 경이로운 실체다

당신의 부부관계와 가정이 부질없게 느껴지거나 통제 불능처럼 보인다면 명심해야 할 것이 있다. 하나님이 당신의 사정을 보지 못하신 것도 아니고 구속(救贖)하실 능력이 없는 것도 아니다. 오늘날 기독교의 가르침은 다분히 "우리의" 은사를 개발하고 "우리의" 재능을 키우고 "우리의" 잠재력을 실현해야 한다는 식이다. 그러나 예수의 가르침과 모본은 다분히 성령의 역사에 순복하라는 것이다. 우리도 결혼생활을 계기로 성령을 신뢰하는 법을 배우자. 그분은 이미 자신을 검증해 보이셨다. 그분은 은퇴는커녕 휴가도 가지 않으신다. 경험이 없다든지 능력이나 지혜나 이해가 부족하신 분도 아니다. 그분은 우리가 얼마든지 신뢰할 수 있는 분이다. 참으로 결혼생활의 변화를 원한다면 우리는 하나님을 의지하는 영광을 배워야 한다.

하나님이 우리에게 어떤 일을 맡기실 때는 반드시 그 일을 이루는 데 필요한 자원도 다 주신다. 우리가 **필요하다고 생각하는** 대로는 아닐지라도 우리에게 **정말 필요한** 것은 다 주신다. 그렇다고 일이 쉽게 느껴진다는 뜻은 아니다. 하지만 하나님이 이사야를 통해 주신 약속이 있다. "피곤한 자에게는 능력을 주시며 무능한 자에게는 힘을 더하시나니"(사 40:29). 이 구절에 우리의 피곤함이 전제된 만큼 우리가 때로 피곤해지는 것은 당연하다. 또 하나 이 구절에 전제된 것은, 우리에게 맡겨진 어떤 일을 우리 스스로는 무능해 해낼 수 없다.

이 개념을 그냥 지나치지 말라. 정말 중요하다. **이사야 40장 29절에 전제되어 있듯이 하나님이 맡기시는 여러 가지 일을 우리 스스로는 무능해 해낼 수 없다.**

그렇다면 참으로 신성한 결혼에 이르는 "비결"은 바로 하나님이 약속하신 성령이라는 인격체에 있다. 하나님은 철저히 관계적인 분이시므로(우리에게 필요한 구원도 아들을 보내 이루어 주셨다) 우리에게 필요한 변화도 자신의 성령을 보내 이루어 주심은 놀랄 일이 아니다. "오직 성령이 너희에게 임하시면 너희가 권능을 받고"(행 1:8).

이것은 오순절 계통이나 은사 운동의 진리가 아니라 기독교의 진리다. 능력을 주시는 성령의 역사는 우리 모두에게 필요하다. "우리가 세상의 영을 받지 아니하고 오직 하나님으로부터 온 영을 받았으니 이는 우리로 하여금 하나님께서 우리에게 은혜로 주신 것들을 알게 하려 하심이라. 우리가 이것을 말하거니와 사람의 지혜가 가르친 말로 아니하고 오직 성령께서 가르치신 것으로 하니"(고전 2:12~13).

결혼생활은 두 그리스도인이 공유할 수 있는 가장 심오한 예배 행위 중 하나다. 따라서 성령께서 우리 삶 속에 활동하지 않으시는 한 신성한 방식의 결혼생활은 불가능하다. 성령께서 우리에게 사랑의 의미를 깨우쳐 주시고, 사랑할 능력을 주시고, 사랑하지 못할 때 지적해 주시고, 사랑하다 지칠 때 마음을 새롭게 해 주시고, 사랑에 낙심될 때 희망을 부어 주셔야 한다. 랍 리나우(Rob Rienow)는 "당신 스스로 경건한 남편이 될 수 있다고 생각한다면 당신은 하나님이 무엇을 원하시는지 모르거나 기준을 너무 낮게 잡았거나 둘 중 하나다"[2]라고 썼다.

결혼생활의 도전 덕분에 우리는 결혼의 영광을 향해 나아갈 수 있다. 그 영광이란 바로 날마다 힘써 하나님께 의존하는 삶이다. 결혼생활을 하나님이 명하신 대로 하려면 그분이 우리를 붙들어 주시고 능력을 주시고 무장시켜 주셔야만 한다. 그게 없이 단 하루라도 결혼생활을 할 수 있다고 생각하는 남편이나 아내는, 결혼의 고차원적 소명을 모르는 것이다. 그러나 여기 짐 속에 숨어 있는 복이 있다. 새로운 도전과 시련은 새로운 의존을 부른다. 새로운 능력의 필요성을 새삼 일깨워 준다. 결혼생활이 힘들어서 하나님의 품에 안길 수밖에 없다면 사탄은 패하고 우리는 대승을 거둔다.

위대한 침례교 설교자 찰스 스펄전(Charles Spurgeon)은 젊은 후학들에게 강의할 때 이렇게 말했다. "날마다 성령을 의지하지 못하도록 막는 것이라면 무엇이든 조심해야 합니다."[3] 그런데도 성경적 결혼생활이 우리 힘으로는 불가능하다는 사실을 인정하지 않는 결혼 서적이 얼마나 많은가? 이 책을 통해서 우리가 자신의 힘보다 더 큰 다른 힘을 만났으면 좋겠다. 바로 우리의 결혼생활을 붙들어 주시는 성령이시다.

이것은 단지 신학적 이론이 아니라 엄청난 실제적 의미가 함축되어 있다.

누구에게 구하는가?

많은 이들이 결혼생활에 좌절하는 까닭은 방정식에서 삼위일체 하나님을 빼놓고 살아가기 때문이다. 당신은 계속 배우자에게 뭔가를 구하지만 좀처럼 얻지 못한다.

"내 말을 더 들어 주시오."

"당신은 너무 말이 없어요."

"집안일 좀 더 도와주면 안 돼요?"

"성관계를 더 자주 했으면 좋겠소."

당신이 마지막으로 성령께 뭔가를 구한 적은 언제인가? "더 사랑하도록 도와주세요. 더 잘 듣도록 도와주십시오. 제 마음을 새롭게 해 주세요. 저에게 힘을 주십시오. 용서하도록 도와주소서."

이제부터 하나님께 더 많이 구하고 배우자에게 구하는 걸 줄이면 결혼생활의 성공도와 만족도가 훨씬 높아질 것이다.

예수가 가르치신 대로 우리는 성령께서 우리를 채우시고 깨닫게 하시고 능력을 주시고 인도하시고 새롭게 하시도록 기도해야 한다(눅 11:13). 바울의 에베소서 5장 18절에 따르면 우리는 계속 성령으로 "충만함을 받아야" 한다. 헬라어로 이 문장은 현재시제 수동태 명령문이라는 보기 드문 구조로 되어 있다. 즉 지속적으로 뭔가가 우리에게 행해지게 하라는 명령이다("너희 자신을 성령으로 계속 충만해지게 하라").

나는 월요일에 기름을 넣은 차에 금요일에 또 주유해야 한다 해서 자동차 제조업자를 욕하지는 않는다. 다시 주유하지 않아도 계속 달리는 차는 세상에 없다. 마찬가지로 하나님의 임재와 능력에 날마다 의지하지 **않고도** 계속 신성한 친밀함이 깊어지는 결혼은 세상에 없다. 나는 이런 점에서 결혼이 참 좋다. 이 부분에서 하나님은 결혼을 설계하신 특별한 혜안을 보여 주신다. 즉 가장 중요한 인간관계 때문에 우리는 가장 중요한 하나님과의 관계에 날마다 의존하지 않을 수 없다.

게다가 하나님은 우리가 그분의 성령을 더 많이 구할수록 아주 좋아하신다. 그분은 그런 기도에 거하게 응답하실 것을 약속하셨다. "내가 내 영을 … 부어 주리니"(행 2:18). 보다시피 그분은 "내가 내 영을 한 방울씩 똑똑 떨어뜨려 주리니"라고 하지 않으셨다. 자신의 영을 부어 주시겠다고 하셨다.

하나님이 자신의 사람들을 다루시는 방식이 있다. 그분은 우리가 그분께 의존하는 법을 배울 때까지 계속 실패와 좌절을 허용하실 때가 많다. 바로 그것이 결혼의 기적이다. 결혼생활을 하려면 하나님께 의존할 수밖에 없고, 그분께 의존하며 살아가면 삶 전체가 변화된다. 그야말로 노력하는 일마다 성공할 준비가 되는 셈이다. 우리는 더는 자연적 재능과 자원(그것도 창조주에게서 오지만)에 구애받지 않고 초자연적 임재를 통해 용기와 능력을 얻는다.

우리는 계속 마른 우물에서 물을 길으려 할 수 있다. 고집스럽거나 무정한 배우자에게 구해 나의 필요를 채우고 결혼생활을 변화시키려 할 수 있다. 반대로 우리는 성령을 "부어 주리니"라고 약속하신 하나님께 구할 수도 있다. 그분 자신을 구하면 우리의 모든 필요를 그분이 채워 주신다.

누구에게 구하는 게 우리의 에너지와 노력을 더 잘 선용하는 길이겠는가? 당신은 결혼생활이 대화를 통해 바뀔 것 같아 배우자에게 "우리, 대화 좀 합시다"라고 말한 적이 얼마나 많은가? 반면에 하늘 아버지 앞에 무릎을 꿇고 "주님의 음성을 들어야겠습니다"라고 아뢴 적은 얼마나 적은가? 하나님과 함께 기도로 풀기 전에 무조건 배우자와 함께 대화로 풀려고 하지 않도록 조심하라.

의존이 답이다. 친구여, 하나님께 의존하라!

간병인이 된 변호사

내 친구 레트(Rett)는 아내 크리스티(Kristy)에게 특별한 수술이 필요하다는 의사의 말을 듣고 눈앞이 아찔했다. 그 수술을 받으면 아내가 며칠 동안 누워 있어야 하고 그 후로도 몇 주 동안 특별한 간호가 필요했기 때문이다.

레트는 똑똑한 변호사에다 이지적인 사람이다. 그러다 보니 그 뛰어난 기지로 늘 추상적인 개념과 논리 속에 살아가는 경향이 있다. 생활이 윤택해서 본인이 하기 싫은 일은 남을 고용해 시킬 수도 있다. 이제 한동안 아내의 간호사 노릇을 해야 할 텐데 그는 그런 데 익숙하지 못했다.

"내가 잘해낼 수 있을지 모르겠소!" 병원에서 집으로 돌아가는 길에 레트가 불쑥 말했다.

"그게 무슨 말이에요?" 크리스티가 물었다.

"수술은 내가 받는데!"

"내가 일들을 다 감당할 수 있을지 모르겠소. 내가 본래 꽤 까다로운 편이잖소. 우리 탱크(Tank)도 손이 많이 가는 애완견이고. 우리가 부부로 잘 살아가고 있는 것도 순전히 당신이 수더분한 성격으로 모든 일을 잘 감당해 주었기 때문이었잖소!"

결혼은 긴 여정이다. 아주 길다 보니 아무리 자기 처신을 잘하는 사람도 한동안이나마 깔끔한 수발을 받아야 할 일이 생기게 마련이다. 이것을 피치 못할 재앙으로 볼 사람들이 많다. 하지만 선물로 볼 수도 있다. 평소에 까다롭던 배우자 쪽에서 이때를 기회 삼아 스스로 나서서 역할을 바꾸어 배우자를 보살펴 주면 된다.

궁금할까 봐 말이지만, 크리스티는 그렇게 나서 준 남편에게 후한 점수를 주었다. 비록 나중에 타지방에서 그녀의 친척이 와서 그 일을 넘겨받았을 때 레트가 안도하기는 했지만 말이다.

요지는 이것이다. 결혼생활 덕분에 레트는 자기 스스로는 절대 선택하지 않았을 상황에 맞닥뜨렸다. 그는 간병인이 되는 법을 배우려고 결혼한 것은 아니다. 그가 크리스티에게 끌렸던 데는 그녀의 수더분한 성격도 한몫했다. 그런 그가 이제 아내의 병간호를 맡아야 했다. 결혼의 소명 때문에 그는 스스로 나서서 자신의 한계를 벗어났고, 그리스도께 의존했고, 그 과정에서 좀 더 그분을 닮아 갔다.

레트는 그리스도를 가르침의 대가(大家)로 인정하고 따랐다. 그러나 예수는 가르치기만 하신 게 아니다. 그분은 나병 환자들을 만져 주셨고, 오랜 세월 혈루증을 앓던 여인을 고쳐 주셨고, 바쁘신 일정 중에도 늘 시간을 내서 사랑하시는 이들의 물리적 필요를 채워 주셨다. 레트가 비로소 이해하게 된 어법으로 말하자면 그리스도는 이 땅에서 이지적이셨을 뿐만 아니라 남을 돌보셨다. 레트도 그분을 닮으려면 그 부분에서 성장해야 했다. 이지적인 면은 이미 잘 갖추어져 있었다. 아무도 거짓 교리로 그를 속일 수 없었다. 그러나 그는 남을 돌보는 법도 배울 것인가?

당신 스스로는 할 수 없을 것만 같지만, 오늘 이 순간 결혼의 소명 때문에 꼭 해야 할 일은 무엇인가? 무조건 "너무 힘들다"든지 "내 은사나 사명이 아니다"라고 말할 게 아니라 하나님의 약속을 붙들면 어떨까? "주님, 피곤한 자에게 능력을 주신다고 약속하셨는데 저는 지금 완전히 지쳤습니다. 무능한 자에게 힘을 더하신다고 약속하셨는데 저는 지금 무력감이 듭니다. 무지한 자에게 지혜를 주신다고 약속하셨는데 저는 지금 어찌해야 할지 막막합니다." 결혼생활이 힘들 때 이를 계기로 하나님께 영적으로 의존하는 영광을 배우자. 우리의 바깥에 존재하는 영광스럽고 막강한 능력을 받아 누리자.

결혼생활에 베푸시는 막강한 능력

결혼생활에서 좋은 시절을 충분히 누린 사람들이 우리 중에 많다. 그러나 아무리 금실 좋은 부부라도 결혼생활 고유의 어려움 때문에 하나님을 의지하는 법을 완전히 새로 배워야 할 순간들이 있다. 성숙은 인내의 열매인데(약 1:4 참조) 인내는 뭔가 불쾌한 상황을 전제로 한다. 하나님이 결혼을 설계하신 데는 우리의 성품을 빚으시려는 목적도 일부 있다. 따라서 우리는 결혼생활에서 "순탄한" 시절을 귀히 여기는 것만큼이나 영혼을 정화하고 성품을 가꾸는 작업도 귀히 여겨야 한다.

물론 하나님이 나에게 "게리야, 내가 너에게 사상 최고로 순탄한 결혼생활과 가장 쉬운 삶을 주겠다"고 하신다면 나는 실망하지 않을 것이다. 하지만 그런 관계가 때로 쾌적한 삶처럼 느껴질지라도 동시에 나는 전혀 다른 차원을 놓치게 될 것이다. 그리스도의 능력에 의지해야만 할 상황이 없어질 것이다.

고린도후서 12장 1~10절에 바울은 기독교의 기본 진리를 하나 제시했다. "내 은혜가 네게 족하도다. 이는 내 능력이 약한 데서 온전하여짐이라." 바울은 "내 육체에 가시"를 없애 달라고 하나님께 세 번 간구했으나 그때마다 그분은 "내 은혜가 네게 족하도다. 이는 내 능력이 약한 데서 온전하여짐이라"고 말씀하셨다.

바울도 결국 그 뜻을 깨닫고 이렇게 고백했다. "그러므로 도리어 크게 기뻐함으로 나의 여러 약한 것들에 대하여 자랑하리니 이는 그리스도의 능력이 내게 머물게 하려 함이라. 그러므로 내가 그리스도를 위하여 약한 것들과 능욕과 궁핍과 박해와 곤고를 기뻐하노니 이는 내가 약한 그때에 강함이라."

모든 사람에게 우리의 결혼생활에서 좋은 모습만 보이기보다 진솔하게 하나님의 은혜를 증언하면 어떨까?

"우리는 정말 서로 극과 극인데 하나님이 그런 차이를 통해 우리 안에 겸손을 빚어 오셨다. 그분이 아니었으면 불가능했을 것이다."

"우리는 재정적으로 넉넉했던 적이 없는데 그 덕분에 늘 기도의 무릎을 꿇을 수 있었다."

"우리는 젊어서 결혼했고 사실 삶에서 원하는 게 서로 다르다. 그러나 하나님이 날마다 은혜와 능력을 주셔서 우리를 늘 한마음으로 묶어 주신다."

"기존의 두 가정이 합쳤기 때문에 몹시 힘들 때도 있었다. 우리 둘

다 모두 인정하거니와 하나님이 날마다 힘을 주지 않으셨다면 견뎌내지 못했을 것이다."

당신의 부부관계에 "가시"가 있어 하나님께 그것을 없애 달라고 여러 번 간구한 적이 있는가? 치유해 주셨으면 좋겠는데 그분이 치유해 주지 않으신 부분이 있는가?

"하나님, 정말입니까? 저희가 이 문제를 또 겪어야 합니까?"

결혼생활에 힘든 상황이 닥칠 때 우리가 구하는 것은 해결인가 아니면 그리스도의 능력인가? 더 순탄한 삶의 길인가 아니면 초자연적 삶의 길인가? 우리는 하나님이 영적 의존의 필요성을 가르치시고자 우리 삶 속에 가시를 남겨 두실 수도 있음을 받아들일 것인가?

그리스도의 능력이 임하여 우리 위에 머무를 때는 우리가—개인적으로나 어쩌면 부부로서도—연약할 때다. 우리가 한계에 이르러야만 하나님이 들어서실 길이 열릴 때가 많다. 우리가 처음 기도를 올리는 족족 하나님이 모든 이슈, 모든 자녀의 문제, 모든 배우자의 단점을 해결해 주신다면 우리는 더 나약한 성도가 될 것이다. 더 나약한 부부가 될 것이다. 우리를 통해 그리스도의 능력이 나타날 수 없을 것이며, 나타난다 해도 그 정도가 훨씬 미미해질 것이다.

당신은 늘 기도의 무릎을 꿇게 하는 그 자녀로 인해 하나님께 감사할 수 있는가? 하나님은 당신 부부를 늘 그분께 의존하며 살게 하시려고 일부러 중독 증세가 재발될 가능성을 열어 두실 수도 있다. 당신은 그 취지를 인정하겠는가? 하나님은 그리스도의 초자연적 능력을 아주 좋아하셔서 당신이 거기에 의지하기를 원하신다. 그래서 당신이 싫어하는 역경을 없애 주지 않으실 수도 있다. 이 원리가 이해가 되는가?

이제부터 우리는 무조건 모든 문제가 해결되기를 바랄 게 아니라 약한 그때 곧 강하다는 바울의 비밀을 그 모든 역경을 통해 배워야 한다.

"내 은혜가 네게 족하도다. 이는 내 능력이 약한 데서 온전하여짐이라"(고후 12:9).

평생사랑 가꾸기

1 현재 당신의 결혼생활에서 가장 큰 도전은 무엇인가? 그동안을 돌아보면 그 도전 때문에 하나님을 더 의지하게 되는가, 아니면 그분을 원망하는 마음이 드는가?

2 그리스도인들이 어떻게 하면 에베소서 5장 18절의 현재시제 수동태 명령문에 순종할 수 있겠는가? 어떻게 우리 자신을 성령으로 계속 충만해지게 할 수 있겠는가? 결혼생활은 어떻게 우리에게 이 명령을 환기해 줄 수 있는가?

3 성령을 의지하면 의견 차이에 접근하는 방식, 배우자의 잘못을 지적하는 방식, 가정의 지속적 위기에 대처하는 방식 등이 어떻게 달라지겠는가? 이 성경적 가르침을 구체적으로 실천하려면 거기에 어떻게 "살을 입혀야" 할까?

4 당신도 결혼생활에서 레트와 비슷한 도전에 부딪쳐 자신이 잘하지 못하는 일을 해야만 했던 적이 있는가? 이런 도전을 늘 받아들이기 위해 어떻게 성령을 의지하겠는가?

5 하나님은 당신의 삶에서 어느 특정한 도전을 없애 주지 않으실 수도 있다. 이를 통해 당신이 영원히 더 강해질 수 있기 때문이다. 지금 당신의 삶에 그런 도전이 있다면 무엇인가? 그것이 영영 끝나지 않더라도 괜찮겠는가?

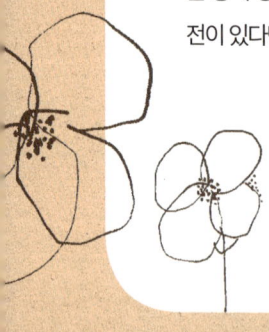

Prayer

성령을 주시는 은혜로우신 아버지여, 부부관계를 이렇게 영광스러우면서도 우리 힘으로는 가히 살아낼 수 없도록 어렵게 지으신 주님께 감사합니다. 일이 내 마음대로 즉각 "해결되지" 않는다고 원망만 더 늘어놓을 게 아니라 날이 갈수록 더 주님께 의존하도록 은혜를 베풀어 주소서. 성령으로 계속 충만해지지 못하게 막는 무엇—행동, 태도, 잘못된 신념, 반항심 등—이 우리 안에 있다면 그것을 허물어 주소서. 안락이나 순탄함을 구하여 우리의 이기심만 증언할 게 아니라 우리의 연약함을 자랑하여 주님의 공급을 증언하게 하소서. 예수님의 이름으로 기도합니다. 아멘.

목적 있는
열정
공유하기

5

　케빈 밀러(Kevin Miller)가 현재의 아내인 캐런(Karen)에게 청혼했을 때 그녀의 대답은 거의 자동이었다. 나중에야 캐런은 인생의 그런 중대한 결정 앞에서 어쩌면 좀 더 깊이 생각했어야 함을 시인했다. "케빈이 '나와 결혼해 줄래요?'라는 질문을 던졌을 때 아무도 우리에게 '당신들은 왜 결혼하려 하는가?'라는 더 큰 질문을 던지지 않았다. 당시 누가 그렇게 물었다면 모욕에 가까웠을 것이다. 케빈과 내가 서로 사랑하는 사이임을 만인이 알았으니까 말이다. 우리는 또 둘 다 그리스도께 헌신한 상태였다. 이 두 가지보다 더 좋은 이유가 무엇이겠는가?"[1]

　《당신과 나 그 이상》(*More Than You and Me*)의 공동 저자인 밀러 부부는 많은 그리스도인 부부들이 결혼한 지 몇 년쯤 지나서 겪는 일을 처음부터 이미 경험했다. 바로 불안하게 관계 속에 함몰되는 현상이다. 충격적이거나 근본을 뒤흔드는 일은 아니다. 그냥 이런 말 없는 의문이다. "삶에 뭔가 이 이상이 있지 않을까? 물론 우리는 서로를 사랑한다. 하지만 이제 서로를 만났으니 정말 이게 전부인가?"

이것은 위대한 집념이 없이 사는 삶이다. 어떤 부부들은 이렇게 관계에 함몰되는 정체(停滯)의 원인을 배우자를 잘못 고른 탓으로 돌린다. 다른 사람과 결혼했더라면 결혼생활이 더 만족스러우리라는 것이다. 그러나 밀러 부부는 두 사람 중 어느 한쪽에 뭔가가 부족해서가 아니라 부부로서 목적의식이 부족해서 그렇다는 것을 깨달았다. 목적이 없으면 심장 질환에 걸린 것처럼 계속 몸놀림이 둔해진다. 그러나 공동의 목적이 있으면 심장박동을 정상화하는 기기를 부착한 것처럼 다시 기회가 주어진다.

이들 부부는 목사의 요청으로 교회 중고등부를 맡게 되었다. 통제 불능의 사춘기 아이들이 모여 있는 곳이었다. 그때의 일을 캐런은 이렇게 회고한다. "그 아이들 때문에 우리는 말 그대로 무릎을 꿇지 않을 수 없었다. 모임이 있을 때마다 미리 아이들과 우리 자신을 위해 기도했다. 또 중고등부 덕분에 케빈과 나는 연애 시절 이후로 어느 때보다도 대화가 많아졌다. 함께 계획해야 했고 아이들 앞에서 연합 전선을 펼쳐야 했다. 그 과정에서 우리 서로를 많이 알게 되었다."[2]

내가 공동 사역을 좋아하는 데는 다음과 같은 이유도 있다. 당신은 상대를 다 안다고 생각한다. 몇 년의 연애 끝에 결혼해서 다시 5년이 지났으니 알 만한 건 다 안다고 생각하기 쉽다. 더는 나눌 것도 없고 알아 갈 것도 없고 대화할 것도 없다. 그러나 종류 여하를 막론하고 의미 있는 사역에 함께 임하다 보면 다른 이슈들이 수없이 많이 제기된다. 여태 존재하는지조차 몰랐던 자신과 상대의 다른 면이 보이기 시작한다. 어떤 때는 거기서 감화를 얻기도 한다. 하지만 어떤 때는 섬뜩하게 무서울 수도 있다. 밀러 부부는 여러 도전에 부딪쳤고 때로 최선의 방책에 대해 견해차도 컸는데, 마치 그것이 부부 사이를 갈라놓을 것처럼 느껴졌다고 고백한다. 그러나 그런 도전 덕분에 그들은 대화했고, 함께 기도할 새로운 이유를 얻었으며, 그러면서 새로운 친밀함이 싹텄다. 목적 때문에 결혼생활에 충격이 가해졌지만, 결국은 그 목적이 둘의 관계를 살려냈다.

"가장 뜻밖의 일은 그 과정을 통해 우리 부부관계에 뭔가 좋은 일이 벌어지고 있었다는 점이다. 우리는 함께 일하고 있었다. 어쨌든 실패해도 우리의 실패였고 성공해도 우리의 성공이었다. 평일에는 각자 떨어져 일했지만, 중고등부를 이끌 때만은 손을 맞잡고 마음을 터놓아야 했다."

케빈과 캐런은 서로의 은사가 활용되는 것을 보며 서로를 새삼 존중하게 되었다. 그러면서 우연히 깨우친 놀라운 사실이 있다. "얼마나 신기한 일인가! 그 중고등부 사역은 우리 사이를 갈라놓았어야 정상이다. 그런데 그 덕분에 오히려 서로의 유대가 깊어지고 새로운 차원의 친밀함에 이르렀다. 아무런 의도적 노력이 없었는데도 결혼생활이 더 풍부하고 깊어졌다."[3]

제3의 갈망

바로 그런 맥락에서 밀러 부부는 그들의 표현으로 "제3의 갈망"을 발견했다. 창세기에 보면 결혼의 세 가지 측면이 나온다.

1 동반 (창 2:18, "사람이 혼자 사는 것이 좋지 아니하니 내가 그를 위하여 돕는 배필을 지으리라.")

2 자녀 (창 1:28, "생육하고 번성하여.")

3 기여 (창 1:28, "땅에 충만하라, 땅을 정복하라 ... 다스리라.")

어떤 의미에서 창세기의 이 세 번째 측면을 우리는 "공동으로 수행하는 섬김"이라 지칭할 수 있다. 구약의 마태복음 6장 33절에 해당한다 하겠다. "너희는 먼저 [하나님]의 나라[를] ... 구하라."

"먼저 하나님의 나라를 구하는" 것이 우리가 그리스도께로부터 받은 사명인데 하나님을 영화롭게 하는 성공적 결혼의 특징이 어찌 사명에 있지 않겠는가? 그분은 우리에게 친밀한 부부관계, 행복한 삶, 순종하는 자녀, 기타 무엇을 먼저 구하라고 하지 않으셨다. 예수께서 우리에게 먼저 구하라고 명하신 것은 딱 하나뿐이니 바로 하나님의 나라와 그분의 의다(이 두 단어는 서로를 정의하고 보완하여 하나의 공통된 추구를 이룬다). 결혼생활에 성공하려면 부부가 함께 하나님 나라를 추구해야 한다. 그뿐 아니라 여러모로 이 추구는 밀월기 이후 친밀함을 가꾸는 데도 전제 조건이 된다.

밀러 부부가 깨달았고 나도 깨닫게 되었듯이 이런 목표가 없는 삶, 이런 목적이 없는 결혼생활은 초라하게 빛이 바랠 수밖에 없다.

"오늘도 우리는 그런 갈망이 있다. 등반팀처럼 한데 어울려 협력하고 수고하여 꿈의 정상에 오르고 싶고, 다 끝난 후에는 서로를 붙들어 주고 싶다. 하나님은 모든 부부의 내면 깊은 곳에 이런 갈망을 심어 놓으셨다. 이것은 동반을 향한 갈망 이상이고, 새 생명을 낳으려는 갈망 이상이다. 뭔가 의미 있는 일을 함께하려는 제3의 갈망이다. 하나님의 말씀에 따르면 우리가 연합한 것은 변화를 낳기 위해서다. 우리는 사명을 위해 결혼했다."[4]

궁합이 맞지 않아 고생이라는 부부가 많이 있지만 "사명을 위한 결혼생활"은 그런 결혼생활에 활력을 되찾아 줄 수 있다. 내 생각에 그런 부부 중에는 목적이 없어 고생인 경우가 많다. 예수께서 개인에게 주신 마태복음 6장 33절 말씀이 부부에게는 더 진리인지도 모른다. 목숨을 버리면 목숨을 얻는다. 부부관계 바깥에 초점을 맞추면 결국 부부관계가 더 돈독해진다.

한 여성이 결혼 전문지에 이런 글을 쓴 적이 있다. "지난 10년의 결혼생활을 통해 깨달은 사실이 있다. 남편과 내가 우리 자신의 필요와 그것이 채워지는지 아닌지에 초점을 맞추면 그때부터 우리 부부관계는 자멸로 치닫는다. 그러나 함께 사역하면 '둘이 한 몸을 이룰지로다'라는 원리를 최고의 경지로 경험하게 된다."[5]

누구를 위해 결혼했는가?

바울이 빌립보서에 여담처럼 짧게 삽입한 흥미로운 말이 있다. 그는 많은 사람이 "자기 일을 구하고 그리스도 예수의 일을 구하지 아니"한다고 경고했다(빌 2:21). 바울이 만일 당신의 결혼생활을 평가한다면 결과가 자기 일을 구하는 쪽으로 나올까, 아니면 그리스도 예수의 일을 구하는 쪽으로 나올까?

결혼생활에서 예수의 일을 구하기보다 자기 일을 도모하려 한다면, 필시 당신은 결혼생활을 통해 덜 거룩해질 것이다. 그뿐 아니라 내가 보는 견지에서는 결국 행복도 덜해질 것이다.

당신의 삶에서 먼저 구하고 있는 것은 솔직히 무엇인가? 당신은 누구의 일에 몰두하고 있는가? 밀러 부부가 1990년대 초 어느 서점에서 수많은 기독교 결혼 서적을 쭉 훑어보면서 도달한 결론이 있는데 나도 거기에 전적으로 공감한다. "마치 그리스도인들에게 독신 생활은 주님을 위한 것이지만 결혼생활은 우리 자신을 위한 것이라고 말하는 듯하다."[6] 우리가 추구하는 신성한 결혼은 주님을 위한 결혼생활로 우리를 부른다.

가장 중요한 기도

그리스도인 부부라면 누구나 결국 하나님 나라를 가장 중요한 사명으로 힘써 구해야 하지만, 그 사명이 표현되는 방식은 부부마다 다르다. 자녀를 양육 중인 부부에게는 과연 그 일이 가장 중요하고도 가장 오래 걸리는 사명일 수 있다. 그러나 사명 중심의 부부는 단지 자녀를 기르기 위해서 기르지 않는다. 이기적이고 자아에 도취한 소비 지향적 인간을 몇 명 더 세상에 내보내려고 자녀를 기르지도 않는다. 사명 중심의 부부는 하나님을 경외하는 자녀, 마태복음 6장 33절에 순종하여 위대한 집념을 따라 살아가는 자녀를 기르는 데 초점을 맞춘다.*

입양을 실천하고 홍보하는 부부가 많다. 그들은 입만 열면 입양 얘기이고 가정마다 다 입양을 해야 한다는 주의다. 한번은 우리 부부가 다른 부부와 대화하다가 입양이라는 단어를 그냥 언급했을 뿐인데 우리 친구 애니(Annie)가 그것을 우연히 들었다. 다섯 자녀를 입양한 애니는 거의 장내를 가로지르다시피 달려와서 이렇게 말했다. "정말 잘됐네요. 당신네도 꼭 하셔야 돼요. 우리 언제 만나는 게 좋을까요? 서류는 제가 준비해 올게요!" (약간 과장이지만 거의 그와 비슷했다.)

어떤 부부들은 사업체를 일구어 가정들을 고용하고 창의적인 방식들로 섬긴다. 사업을 통로로 하나님 나라를 섬긴다. 어떤 부부들은 지역 교회나 예술계에서 두드러지게 활동하거나 스포츠 광(狂)들에게 다가가기도 한다. 이런 부부들의 공통점은 사명 덕분에 여러모로 결혼생활의 활력이 유지된다는 점이다. 관건은 언제나 하나님 나라다.

예수가 말씀하시는 삶은 매사에 단순명료하다. 우리가 결혼생활에서 예수를 따르고자 힘쓰면 그분은 우리에게 기도하는 법까지 가르쳐 주신다. 당연히 기억하겠지만, 제자들이 예수께 기도를 가르쳐 달라고 했을 때 그분은 이렇게 대답하셨다.

---

* 우리 자녀들이 전원 다 그런 사명을 받아들이리라는 보장은 없다. 예수의 제자 중에도 한 명은 결국 그분을 배반했다. 하지만 우리는 이 목적과 초점에 충실할 수 있으며, 그 과정에서 부딪치는 고생도 "성공" 못지않게 우리를 확실히 연합시켜 줄 것이다.

"너희는 기도할 때에 이렇게 하라. 아버지여, 이름이 거룩히 여김을 받으시오며 나라가 임하시오며"(눅 11:2).

"아버지여, 주님의 이름을 영화롭게 하소서. 제 마음과 결혼생활과 우리 집에 하나님 나라의 통치가 임하게 하소서." 이것이 늘 우리의 가장 중요한 기도가 된다면 얼마나 많은 부부간의 문제가 해결되겠는가? 또는 문제의 진단 자체가 확 달라지겠는가?

정말 그것을 우리의 첫 번째 관심사, 가장 중요한 기도, 해결의 출발점으로 삼는다면 모든 것을 보는 눈이 달라지지 않겠는가?

보다시피 예수는 이것이 우리의 첫 번째 기도가 되어야 한다고 말씀하셨다. 그런데 두 번째나 열 번째나 맨 마지막으로라도 정말 이 기도를 해 본 적이 없는 부부들이 얼마나 많은가? 우리는 이 가장 중요한 관심사-하나님의 영광과 하나님 나라의 확장-를 건너뛴 채 한심하리만치 사소한 우리의 관심사들로 넘어갈 때가 얼마나 많은가? 우리의 첫 번째 기도는 이런 것들일 소지가 훨씬 크다. "주님, 남편이 더 자상해지게 해 주세요!" "주님, 아내가 저를 더 인정하게 해 주십시오!" "주님, 남편을 변화시켜 주세요!" "아 참, 그다음에 주님의 나라도 임하게 하소서."

우리 심령 속에 하나님의 통치가 확장되는 게 정말 우리의 가장 중요한 관심사라면 그리하여 모든 기도가 그 간구로 시작된다면, 웬만한 부부간의 갈등을 처리하는 방식이 평소와는 180도로 달라질 것이다. 우리가 구하는 해답도 전혀 다른 목표로 바뀔 것이고, 대화의 성격도 기적처럼 그 초점이 달라질 것이다.

지금부터 그대로 해 보면 어떨까? 다음번에 당신 부부가 의견 차이로 격앙될 때면 둘이 손잡고 이런 말로 기도를 시작하면 어떨까? "아버지여, 이 상황 속에서 주님의 이름을 영화롭게 하소서. 우리 마음속에 하나님 나라의 통치가 임하게 하소서. 어떻게 해야 주님께 가장 영광이 되겠으며, 우리 마음이 주님께 순복한다는 증거는 무엇이겠습니까? 그런 관점에서 이번 일을 보게 하소서." 그러고 나서 서로 말하고 듣는 동안 당신 부부가 계속 그 기도를 목표로 삼는다면 어떻게 될까? "어떻게 하면 우리가 이 상황 속에서 하나님의 통치에 순복할 수 있을까? 그분을 가장 영화롭게 할 태도와 결정과 행동은 무엇일까?"

더 나아가 갈등을 해결할 때만 아니라 평소에도 우리가 늘 그렇게 기도한다면 어떻게 될까? 더 진취적으로 이렇게 기도하는 건 어떨까? "주님, 저희가 혹시 주님의 뜻과 목적을 놓치고 있습니까? 주님이 정말 저희 둘을 통해 하시려는 일이 있는데 저희 눈이 멀어 그것을 보지 못하고 있습니까? 낮에는 둘이서 협력하여 일하고 밤에는 서로를 붙들어 주어야 할 그런 일이 있습니까?"

자녀들이 이미 다 커서 집을 떠났는데 당신 부부 사이가 점점 멀어지고 있는 것 같다면 이렇게 자문해 보라. "사명을 중심으로 우리 부부가 다시 연합할 수는 없을까?* 하나님이 우리를 불러 사랑하게 하시는 사람들이 있는데, 그들을 사랑함으로써 둘의 마음이 다시 하나가 될 수 있을까? 그렇게 함께 섬기는 사이에 우리 서로를 향한 사랑도 새로워질 수 있지 않을까?"

어떤 독자들은 틀림없이 이렇게 외칠 것이다. "하지만 바로 그게 문제다! 우리는 이미 너무 바쁜데 당신은 이 이상 더 하라는 말이 아닌가?" 정말 당신 부부는 너무 바쁠 수도 있다. 하지만 마땅히 바빠야 할 일들로 바쁜가? 사소한 집념으로 바쁜가, 아니면 위대한 집념으로 바쁜가? 목적이 없는 가정에 하나님이 어떻게 복을 주실 수 있겠는가? 그분이 당신 부부를 어디로 "밀어주셔야" 하는가? 더 편하고 안락한 삶, 더 자기중심적이고 주위에 무관심한 행복을 향해 밀어주셔야 하는가?

목적이 있는 열정

당신 부부의 사명을 어떻게 알아낼 수 있을까? 여기 한 가지 연습이 있다. 인생의 끝을 미리 내다보며 이렇게 자문해 보라. 당신이 잠시 후에 하나님을 대면한다면 그분의 발치에 가장 놓아 드리고 싶은 것은 무엇인가? 그분이 당신을 독특하게 지으실 때 무엇을 하도록 지

---

* 여기서 이런 질문이 나올 수 있다. "부부 중 한 명만 사명에 관심이 있거나 서로의 사명이 완전히 다르다면 어떻게 해야 하는가?" 질문의 앞부분에 대해서는, 정죄하지 않는 사랑의 마음으로 일단 혼자라도 할 수 있는 만큼 하면 된다. 동참하지 않는 배우자를 은근히 벌할 게 아니라 단호하고도 기쁨에 찬 결로로 권유해야 한다. 질문의 뒷부분에 대해 답하자면, 성경에 부부가 똑같은 사명과 비전을 공유해야 한다는 법은 없다. 다만 성경에 부부가 서로를 격려하고 지원해야 한다는 가르침은 있으므로 거기에 초점을 맞추면 된다.

으신 것 같은가? 이어 이렇게 물어보라. 바로 그 일을 하기 위해 현재 당신이 취하고 있는 조치가 있는가?

부부가 그 일의 동업자인 경우도 있다. 우리가 아는 한 부부는 몇 년째 영화 제작을 위해 협력하고 있다. 그런가 하면 당신 쪽에서 그 비전의 조연 역할을 맡을 수도 있다. 내가 아는 한 남편은 아내의 사업 관리인, 서적 판매대 책임자, 비범한 조수로 섬겼다. 덕분에 그 아내는 수많은 사람에게 하나님의 복을 끼치는 통로로 쓰임 받았다. 어쨌든 부부로서 헌신할 수 있는 일이면 된다.

거의 5백 년 전에 윌리엄 틴데일(William Tyndale)은 성경을 읽기 쉬운 언어로 번역했다는 이유만으로 화형에 처해졌다. 그를 가장 맹렬하게 대적한 사람 중 하나는 이교의 수장이 아니라 영국의 왕이었다. 요란한 박해 끝에 그는 결국 투옥되어 죽임을 당했는데, 그 시기에 그가 한 성직자에게 담대히 한 말이 있다. "하나님이 내 목숨을 살려 두신다면 나는 쟁기를 모는 소년이 당신보다 성경을 더 많이 알게 할 것이오."

성직자라면 마땅히 그런 말을 기뻐할 것 같다. 하지만 당시에는 그렇지 않았다. 그때는 그것이 괘씸한 일이다 못해 사형에 처할 죄로 통했다. 비록 틴데일의 생은 단축되었다. 하지만 그가 가꾼 씨앗의 결실로 그의 사명은 성취되었다. 읽기 쉬운 성경 역본들은 오래지 않아 유럽 대륙을 가득 덮었고, 영국 종교개혁의 기초가 되었다.

그 모두가 하나의 사명으로 시작되었다. 틴데일은 그것을 미리 보고 느꼈고 머릿속에 그렸다. 성경을 읽기 쉬운 언어로 옮기면 평범한 소년도 성경을 성직자만큼이나 알 수 있게 된다. 바로 그 사명을 이루기 위해 틴데일은 말 그대로 목숨을 버렸다.

여기 데이트의 밤에 할 수 있는 좋은 일이 있다. 당신 부부는 틴데일의 말을 어떻게 끝맺음하겠는가? "하나님이 내 목숨을 살려 두신다면 …" 당신은 문장의 뒷부분을 무엇으로 채우겠는가? 당신이 가장 이루고 싶은 일은 무엇인가?

그 답이야말로 당신의 사명이 무엇일지 보여 주는 좋은 지표다. 공동의 사명은 부부를 친밀하게 해 주는 강력한 도구다. 해 보면 알겠지만, 목적이 있는 영적 갈등이 많을수록 부부가 사소한 갈등 때문에 곁길로 빠질 일은 그만큼 줄어든다. 예수께서 "그런즉 너희는 먼저 그의 나라와 그의 의를 구하라. 그리하면 이 모든 것을 너희에게 더하시리라"(마 6:33)고 말씀하신 데는 다 그만한 이유가 있다. 당신도 시도해 보라. 그럼 알게 된다.

평생사랑 가꾸기

1 "우리는 왜 결혼했는가?" 캐런 밀러가 자신에게 던졌던 질문이다. 당신도 자신에게 그렇게 물어본 적이 있는가? 당신은 왜 결혼했다고 생각하는가?

2 지금까지 당신 부부의 가장 중요한 사명은 무엇이었는가? 그런 사명이 있기는 한가?

3 바울이 빌립보 교인들에게 말했듯이 어떤 사람들은 자기 일을 구하고 그리스도 예수의 일을 구하지 않는다. 당신은 결혼생활에서 누구의 일을 가장 많이 구하는가?

4 당신의 가장 중요한 기도는 예수의 가장 중요한 기도와 대체로 일치하는가? 이제부터 당신의 기도를 그분이 가르치신 기도대로 시작할 마음이 있는가?

5 하루 데이트의 밤을 정하여 무엇을 "부부의 사명"-장기적 사명과 단기적 사명-으로 삼을지 의논해 보라. "하나님이 우리의 목숨을 살려 두신다면 …" 당신 부부가 이 말을 어떻게 끝맺음할 것인지에 대해 기도하라.

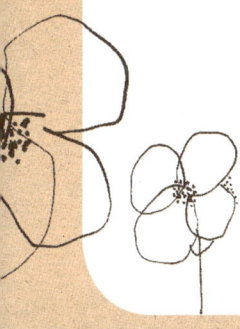

Prayer

하늘에 계신 아버지여, 기도하오니 우리가 왜 결혼했든 관계없이 이제부터 남은 평생은 주님의 계획대로 결혼 생활을 하게 하소서. 기도할 때 예수께서 가르치신 대로 하나님의 나라를 먼저 구하게 하소서. 저희 각자와 부부를 향해 품고 계신 주님의 독특한 목적을 알게 하시고, 충실히 그 목적을 이루어 가게 하소서. 기도하오니 이제부터 우리의 일보다 주님의 일을 늘 염두에 두고 살아가게 하소서. 공동의 영적 목적을 중심으로 연합하게 하시고, 그 감격으로 우리의 관계가 새로워지게 하소서. 주께서 바로 그 일을 위해 우리를 지으셨으니 우리에게 은혜를 베푸셔서 그 부르심에 순복하게 하소서. 예수님의 이름으로 기도합니다. 아멘.

기대를 낮출수록 샘솟는 애정

6

프랑스로 휴가를 갔을 때 우리 부부는 12세기에 지어진 어느 성(城)을 따로 구경할 기회가 있었다. 대대손손 전수되어 온 성이었다. 여든을 족히 넘긴 공작이 내 아내를 잘 보았던지 굳이 직접 안내를 맡아 주어 우리는 무척 기뻤다. 공작 부부는 성 주위의 호수를 복원할 필요성에 대해 드러내놓고 입씨름을 벌였다. 공작은 성에는 호수가 적당히 있어야 한다는 의견이었으나 그의 부인은 고개를 저으며 모기떼가 꼬인다고 잘라 말했다.

가족 예배실에 들어가자 공작이 내 아내를 한쪽으로 잡아끌며 "우리 조상님들을 보시겠소?"라고 말했다.

리자는 무슨 말인지 어리둥절했지만 "그럼요"라고 대답했다.

그는 리자가 서 있던 자리 옆쪽 기다란 상자의 뚜껑을 열고는 해골로 들어찬 세 벌의 유골을 보여 주었다.

공작의 한 조상은 프랑스 혁명 때 암살을 면했으나 성벽에는 반항의 상흔이 고스란히 남아 있었다. 공작은 군중의 분노를 이렇게 설명했다. 혁명이 나기 전까지만 해도 공작들은 각자의 영지에 대해 절대 권력을 행사했다. 아무에게나 사형을 선고할 수 있었고 상소란 존재하지 않았다. 그야말로 고삐 풀린 폭정이었다. 그런 한 사람의 자의적 통치로부터 일단 자유를 맛본 백성을 다시 과거로 되돌릴 길은 없었다.

이와 비슷하게 시편이 기록될 무렵에는 누가 살고 누가 죽을 것인지, 어느 성읍이 건설되고 어느 성읍이 파괴될 것인지, 누가 포식하고 누가 굶주릴 것인지 등을 왕들이 결정했다. 왕은 누구의 전토나 아내나 남편이나 딸이나 아들도 징발할 권한이 있었다. 예컨대 다니엘은 느부갓네살 왕에 대해 이렇게 말했다. "백성들과 나라들과 언어가 다른 모든 사람들이 그의 앞에서 떨며 두려워하였으며 그는 임의로 죽이며 임의로 살리며 임의로 높이며 임의로 낮추었더니"(단 5:19). 그래서 시편 146편의 가르침은 보기 드물게 급진적이다(또한, 결혼에 대해 많은 것을 함축적으로 말해 준다).

이 시의 저자는 "귀인들을 의지하지 말며 도울 힘이 없는 인생도 의지하지 말지니"(3절)라고 단도직입적으로 말한다. 우리에게는 이 말이 충격으로 다가오지 않지만, 이 시가 기록될 당시의 대다수 사람은 귀인의 은총을 입을 수만 있다면 어떤 일도 마다치 않았을 것이다. 귀인들은 여러모로 도울 힘이 있거나 적어도 그렇게 보였다. 이 구절을 요즘 식으로 바꾸면 이쯤 될 것이다. "법적인 문제에 봉착했거든 경찰이나 판사나 입법자를 걱정하기보다 먼저 하나님께 기도해라."

시편의 저자가 백성들에게 일깨워 주듯이 왕도 결국은 죽을 인생에 불과하며(4절), 왕이 죽으면 그의 모든 권력과 백성들이 입으려던 은총도 함께 죽는다. 그러면 그들은 어떻게 되겠는가? 반면에 저자는 "야곱의 하나님을 자기의 도움으로 삼으며 여호와 자기 하나님에게 자기의 소망을 두는 자는 복이 있도다"(5절)라고 말한다.

왜 그럴까? 그 이유를 보자. 하나님은 만물을 지으신 분이다(6절). 그분은 억눌린 자들에게 정의를, 굶주린 자들에게 양식을, 갇힌 자들에게 자유를, 병든 자들에게 치유를, 낙심한 자들에게 격려를 베푸신다(7~8절). "악인들의 길은 굽게 하시는" 그분의 통치는 죽음으로 끝나기는커녕 "영원히 ... 대대로" 미친다(9~10절).

이 시를 이해하려면 반드시 알아야 할 사실이 있다. 당시의 사람들에게는 눈에 보이지 않는 신을 의지하기보다 눈에 보이는 이 세상의 왕을 의지하는 게 지극히 당연해 보였다는 점이다. 따라서 이 말씀대로 살려면 신뢰와 의존을 근본적으로 재조정해야 했다.

오늘날에도 많은 이들이 눈에 보이지 않는 하나님보다는 눈에 보이는 배우자를 의지하는 쪽을 택한다. 내가 외로운데 배우자는 왜 더 관계에 신경을 쓰지 않는가? 내가 가난한데 배우자는 왜 더 열심히 일하거나 더 보태지 않는가? 내가 아픈데 배우자는 왜 더 잘 간호하지 않는가? 내가 낙심되어 있는데 배우자는 왜 더 공감하지 않는가? 배우자를 먼저 바라보는 게 우리에게는 지극히 당연해 보인다. 그러나 불멸의 하나님보다 죽을 인생을 의지하는 것은, 천지를 다스리시는 분을 밀쳐내는 대신 머잖아 몸이 흙으로 변할 존재를 붙드는 것이다.

우리는 배우자를 사랑해야 한다. 하지만 배우자를 의존하는 것과는 전혀 다르다. 설령 직관에 어긋날지라도 우리가 신뢰해야 할 대상은 눈에 보이지 않는 하나님이다. 눈에 보이지만 능력(과 성품)이 심히 제한되어 있는 인간을 신뢰하는 것보다 그것이 훨씬 지혜롭기 때문이다. "하지만 내 배우자는 **당연히** 이러이러해야 한다." 그렇게 말하고 싶다면 다음을 생각해 보라. 당신의 배우자가 심한 뇌졸중을 일으켜 끝내 완전히 회복되지 않는다면 어떻게 하겠는가? 그래도 배우자에게 그런 것을 바라겠는가? 그때는 당신도 어쩔 수 없이 하나님을 의지하지 않겠는가? 이 시편의 저자가 하는 말이 바로 그것이다. 죽을 인생을 의지해 봐야 당신이 신뢰하는 그 대상은 살날도 제한되어 있고 영향력도 스러진다. 어떤 식으로든 결국 당신은 배우자 없이 살아야 한다. 그러니 지금부터 하나님을 신뢰하는 법을 배우라. 설명을 듣기 전까지는 괴상한 말처럼 들리겠지만, 우리 기혼자들도 수도사의 마음을 품어야 한다.

결혼생활, 수도사처럼 하라

14세기에 어거스틴 수도회의 참사회원이었던 월터 힐턴(Walter Hilton)은 많은 고전 작가의 뒤를 이어 그리스도인들에게 초연한 마음을 기를 것을 촉구했다. 말 그대로 "세상 재물의 소유라든지 세상 친구의 도움이나 호의를 일체 의지하지 말고 먼저 전적으로 하나님만 신뢰할" 정도가 되어야지 "그렇지 않으면 스스로 세상에 속박되어 하나님을 자유로이 생각할 수 없다"고 말했다.*

결혼생활에서는 그것이 약간 어려워 보일 수 있다. 심지어 신학적으로 이를 기독교 공동체와 교제에 대한 공격으로 볼 수도 있다(어떤 면에서는 맞는 말이다). 그러나 여기에 결혼생활에 대한 유익하고 심오한 조언이 들어 있는 것만은 분명하다.

사실 많은 부부 싸움이 배우자에 대한 실망에서 비롯되지 않는가? 우리는 배우자에게 어떤 모습이나 행동이나 이해를 기대하고, 그러다가 배우자가 거기에 못 미치면 자기연민에 빠진다. 정말 우리는 하나님이 나를 사랑하시듯 배우자도 나를 사랑해 주기를 바란다. 내가 힘든 하루를 보냈다면 배우자가 그것도 그냥 알아야 한다. "별일 아니니 걱정하지 말아요. 특별히 필요한 건 없어요"라는 내 말이 거짓이라는 것도 배우자는 알아야 한다. 배우자는 그때그때 내 마음을 간파해서 강하거나 유해져야 하고 물러나거나 버텨야 한다. 단지 내 쪽에서 그것을 원한다는 이유만으로 말이다. 나를 진정으로 사랑하는 배우자라면 당연히 알아야 하는 것 아닌가?

솔직히 당신도 그렇게 생각하거나 느낄 때가 있지 않은가?

게다가 배우자가 인간이기에 그 짐을 능히 감당할 수 없음도 당신은 알고 있지 않은가?

---

* 초연함이라는 영적 훈련에 대해서는 나의 이전 저서 《일상 영성》(CUP)에 한 장을 할애하여 설명한 바 있다.

그렇다면 "수도사의 결혼"을 추구하면 어떻게 될까? 배우자에게 아무것도 기대하지 않고 하나님만 의지하기로, 즉 정서적 필요와 관계적 필요까지 포함해 나의 모든 필요를 전적으로 하나님께만 의지하기로 결단하면 어떻게 될까?

그러면 우리는 배우자가 뭔가를 해 주지 않는다고 서운해 하는 게 아니라 작은 일 하나만 해 주어도 매번 감격할 것이다. 원망 대신 감사가 넘쳐날 것이다. 나는 15년간 프리랜서로 일하다가 2010년에 텍사스 주 휴스턴 제이침례교회 주재 작가로 임용되었다. 첫날 교회 직원이 "당신에게 새 전화기와 새 노트북컴퓨터가 지급됩니다"라는 말로 나를 깜짝 놀라게 했다. 프리랜서로 일할 때는 10년이 넘도록 아무도 내게 아무것도 사 준 적이 없다. 그런데 이 교회는 이미 내게 월급을 주면서 왜 이런 것까지 주는 것일까? 알고 보니 보안상의 이유가 있었다. 교회의 민감한 정보가 혹시라도 새어 나가지 않도록 컴퓨터와 전화기를 특별하게 설정할 필요가 있었다. 아울러 나의 소프트웨어 환경이 나머지 교역자들과의 사이에 호환성을 갖추어야 했다. 그래도 나는 자꾸 이런 생각이 들었다. '와, 월급만 주는 게 아니라 장비까지 무료로 지급하는구나!'

그런데 그냥 상상이지만 시간이 지나면 슬슬 이런 생각이 들 수도 있다. '새 컴퓨터가 언제 또 지급되지? 지금 쓰는 이것은 꽤 오래됐는데. 이 휴대폰도 이제 하루에 세 번씩 충전해야 하고!'

그렇게 생각하는 순간 나는 감사에서 원망으로 넘어간다. 한때 내게 기쁨을 주던 일을 이제 당연히 기대하기 때문이다.

결혼생활에서 벌어지는 일도 바로 그렇지 않은가? 연애할 때 남자가 자상하게 챙겨 주면 여자는 '와, 정말 멋있다!'라고 생각한다. 하지만 막상 결혼해 남자의 선물이 일정 기준에 도달하지 못하면 여자의 생각이 바뀐다. '나한테 줄 게 이것뿐이야? 정말?'

그래서 나는 "수도사의 결혼"을 원한다. 경건한 여자의 남편이 된 유익을 누리되 수도사의 마음가짐으로 아내에게 아무것도 바라지 않고 하나님만 의지하는 것이다. 그러면 아내가 자진해서 내게 복을 베풀 때마다 내 안에 진심으로 감사가 솟는다.

물론 이것을 너무 무리하게 적용해서는 안 된다. 당신의 남편이 스포츠 중계를 보는 동안 하나님이 텃밭에 비료를 대신 주지는 않으신다. 우리의 성적 욕구도 하나님이 채워 주지 않으신다. 배우자에게 무난히 기대할 만한 일이 얼마든지 있다. 하지만 또 다른 맥락에서 생각해 보라. 남편의 허리가 부러졌어도 당신은 그가 텃밭에 비료를 주기를 바라겠는가? 아내가 중증 알츠하이머병에 걸렸어도 당신은 그녀가 당신의 성적 욕구를 채워 주기를 바라겠는가? 아무리 "정당한" 필요라 해도 배우자가 도저히 그것을 채워 줄 수 없는 시점이 올 수도 있다. 그럴 때 당신은 어찌할 것인가?

이번에는 이렇게 물어보라. 어차피 나의 사명은 배우자를 사랑하는 것인데, 배우자가 나의 욕구를 "채워 주지 못하든" 아니면 "채워 주지 않든" 그게 그렇게 중요한가? 둘 중 어느 경우이든 나의 자족(自足)을 스스로 거기에 저당 잡히고 있는 것은 아닌가?

물론 이게 너무 "영적일" 수 있겠지만, 그래도 우리가 이러한 관점을 적절히 추구하면 큰 자유를 누릴 수 있다. 어떻게 그런지 동방의 옛 작가들을 통해 살펴보자. 아직 우리가 탐색할 부분이 더 있다.

교만한 마음과 칭찬받으려는 마음

당신이 서구인이며 지금 살아서 이 책을 읽고 있다면《필로칼리아》(은성)는 다른 시대에 다른 세상에서 온 책이다. 그 책의 청중은 동방 세계였고 주요 저자들은 사막의 독신 수도사들, 은자들, 금욕가들, 더 깊은 삶에 천착한 동방정교 영성의 옹호자들이었다. 내가 복음주의 바깥의 자료를 자꾸 인용하는 게 일부 독자들의 인내심에 시험이 될 수도 있다는 것을 알고 있다. 그러나 이 경우, 자료의 출처 대신 내용을 생각해 주기 바란다. 《필로칼리아》의 도전을 통해 나는 나의 교만-특히 결혼생활에서-을 전혀 새로운 눈으로 보게 되었다.

《필로칼리아》는 인간의 칭찬과 존중을 탐하지 말 것을 집요하게-거의 강박적으로-경고한다. 이 욕심을 영적으로 최악의 중병의 하나, 다른 모든 죄의 통로가 되는 세 가지 해로운 갈망의 하나로 칭한다. 저자들은 많은 성경 구절을 근거로 제시한다. "또한 우리는 너희에게서든지 다른 이에게서든지 사람에게서는 영광을 구하지 아니하였노라"(살전 2:6). "이제 내가 사람들에게 좋게 하랴 하나님께 좋게 하랴. 사람들에게 기쁨을 구하랴. 내가 지금까지 사람들의 기쁨을 구하였다면 그리스도의 종이 아니니라"(갈 1:10). 그 밖에도 비슷한 구절이 얼마든지 많이 있다.

그런데 내게 결혼 상담을 청하는 사람들을 보면 자신이 원하는 것을 배우자로부터 얻지 못해서 고민이라는 경우가 많다. 수도사들이 이 부분에서 핵심을 꿰뚫고 있을 수 있다. 그들의 경고는 결혼생활에서 더 진가를 발휘할지도 모른다. 칭찬받으려는 욕심이야말로 수많은 결혼의 만족을 망쳐 놓는 영적 성향이 아닌가?

"나에게 주목해 주세요!"

"나를 인정해 주시오!"

"나한테 고마워하세요!"

"나를 당연시하지 마시오!"

"남편은 이제는 나를 쳐다보지도 않는다."

"아내가 내게 마지막으로 애정을 보인 게 언제인지 모르겠다!"

이런 감정을 우리는 유혹이 아니라 "권리"로 여긴다. 그래서 결혼 서적을 읽고 결혼 세미나에 갈 때도 이번에는 제발 배우자가 "알아차리기"를 바라는 마음으로 간다. 그러나 《필로칼리아》에서 그런 영적 요구는 아직 우리 마음을 하나님께 두어 그분으로 자족하지 못하고 우상숭배에 빠져 있다는 증거다. 하나님과의 관계에서만 얻을 수 있는 것을 세상에 바라고 있다는 증거다.

그리스도의 심판대를 믿는다면 나는 가장 영광스러운 그날에 하나님께 기쁨이 될 만한 삶을 살 것이다. 앞서 말했듯이 중요한 것은 배우자가 나를 보아 주었느냐가 아니라 내가 배우자를 보아 주었는지 여부다. 내 쪽에서 격려를 받았느냐가 아니라 격려를 베풀었는지가 중요하다.

칭찬을 탐하는 마음은 죄다. 인간의 주목과 인정을 받으려는 욕심은 헛수고일 뿐만 아니라(충분히 인정받는다는 게 가능하기나 한가?) 우리 마음의 초점이 엉뚱한 데 가 있다는 증거일 수 있다. 이 사실을 받아들이면 우리의 결혼생활이 달라질 것이다. 초점을 하나님께 둘 것이고, 사랑받으려는 욕심에 굴하기보다 사랑하라는 영적 계명 쪽으로 마음을 돌릴 것이다.

지금 하려는 말은 일부 독자들에게 너무 혁명적이라서 싸움을 유발할 수도 있으나, 바라기는 오히려 건강한 대화의 시발점이 되었으면 좋겠다. 《필로칼리아》의 관점에서 보면 정욕이란 남편이 머릿속으로 다른 여자의 옷을 벗길 때만이 아니다. 남편이 자신의 고된 수고에 대해 아내의 감사를 받아 본 지 오래되었다는 이유로 속으로 원망을 곱씹을 때, 그것도 정욕이다. 정욕이란 아내가 셔츠를 벗는 미남 배우를 보며 탄식을 발할 때만이 아니다. 아내가 남편에게 다른 모든 여자보다 자기를 더 아름답게 여겨야 한다고 요구할 때, 그것도 정욕이다. 칭찬과 감사와 주목을 탐할 뿐 아니라 마구 요구하는 정욕이다.

나는 인간을 기쁘게 하고 인간의 주목과 인정을 받으려고 살아가는가? 아니면 하나님을 기쁘시게 하려고 살아가는가? 갈라디아서 1장 10절을 다시 읽으며 이것이 얼마나 중요한지 보라. 우리는 배우자가 둔하고 무정하고 심지어 냉혹한 게 문제라고 생각한다. 그러나 성경과 기독교 고전은 결혼생활을 망치고 그리스도를 닮지 못하게 방해하는 진짜 적이 우리의 교만이라고 거듭 지적한다.

생각해 보고 실제로 시도해 보라. 참으로 만족스러운 결혼생활에 이르려면 어느 쪽이 더 확실한 길이겠는가? 타락한 배우자의 습성을 뜯어고치는 쪽이겠는가, 아니면 당신 자신의 초점을 고쳐 하나님으로부터 인정을 얻는 쪽이겠는가? 하나님은 결코 당신을 거부하거나 실망시키지 않으신다.

빨간색 방

프랑스의 그 공작 부부는 우리를 "빨간색 방"으로 안내했다. 모든 정식 성에는 빨간색으로 꾸며진 왕의 전용실이 있어야만 했다. 왕이 지방으로 행차를 나오면 가장 인근의 성으로 가서 자신의 것으로 지정된 빨간색 방에 묵게 되어 있었다.

나는 우리들의 집에 왕이신 하나님의 방을 지정해 둔다는 은유가 참 좋다. 여태까지 우리가 한 얘기는 결국 하나님을 우리의 행동과 사고와 애정—특히 애정—을 다스리실 왕으로 삼자는 것이다. 배우자의 애정만 바라다가 애정이 없음을 확인하기보다는 우리 마음속에 왕이신 그분을 모실 방을 준비하는 데 시간을 더 많이 들이면 어떨까? 물론 그 둘은 상반되는 추구가 아니므로 양쪽 다 할 수도 있다. 그러나 전자에 모든 희망을 걸기보다 후자에 좀 더 초점을 맞추면 어떨까?

당신도 해 보면 알겠지만 나는 이런 면에서 아내를 향한 기대치를 낮출수록 아내가 더 고마워진다. 이런 실천을 통해 나의 애정이 무한히 깊어졌다. 아내가 인색하다고 느껴질 때마다 지독한 원망을 품기보다, 반대로 아내에게 친절한 대우를 받을 때마다 거기에 새삼 민감해진다. 빨간색 방을 갖추고 당신의 마음의 집에 왕이신 그분을 모셔 들이라.

평생사랑 가꾸기

1 우리의 애정, 수용 받는다는 느낌, 삶의 만족 등에 대한 권한을 타락한 인간-상대가 배우자일지라도-에게 지나치게 부여하는 것은 위험한 일이다. 여기에 대해 시편 146편이 우리에게 가르쳐 주는 바는 무엇인가?

2 한쪽에는 부부간의 건강한 갈망과 상호 의존이 있고 다른 한쪽에는 주목받고 인정받으려는 욕심이 있다. 이 둘을 어떻게 구분할 수 있는가?

3 연애 시절에는 상대가 작은 일만 해 주어도 그렇게 고마웠는데 지금은 배우자가 해 주는 일이 별로 고맙게 느껴지지 않는 이유가 무엇인가? 어떻게 하면 배우자를 당연시하지 않을 수 있겠는가?

4 물론 부부간에 필요와 갈망에 관해 대화하는 것은 여전히 정당한 일이다. 초연함의 훈련은 그런 대화의 정신과 태도에 어떤 영향을 미칠 수 있겠는가?

5 하나님의 인정을 더 많이 받고 배우자를 향한 요구를 줄이기 위해 지금부터 당신이 할 수 있는 일은 무엇인가?

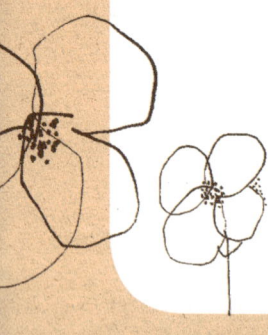

Prayer

우리의 기쁨이신 하나님이여, 주님의 사랑과 수용과 인정이라는 보배에 새삼 민감해지게 하소서. 주님의 사랑이 얼마나 넉넉하게 우리 영혼을 채워 주고 우리 마음을 위로해 주는지를 깨달아 알고 감격하게 하소서. 필요한 게 있을 때 인간을 의지하지 않기가 우리로서는 불가능해 보일 수 있으나, 부디 우리를 시편 146편의 여정으로 인도하여 주소서. 그리하여 날이 갈수록 점점 더 주님을 신뢰하고 의지하게 하소서. 결혼생활의 기쁨과 친밀함을 알게 하시되 또한 초연함의 영적 즐거움도 누리게 하소서. 예수님의 이름으로 기도합니다. 아멘.

부르심에 합당한 결혼 가꾸기

7

"게리, 핸드백을 정말 새로 사야 하거든요. 저쪽에 좀 가서 봐도 될까요?"

나는 재고 정리라고 써 붙인 안내판을 보며 말했다.

"물론이지. 가 봅시다."

그때까지 나는 핸드백을 사 본 적이 없었다. 여자들만의 그 은밀한 세계에 대해서라면 내 삶은 온통 무지에 싸여 있었다.

배경부터 설명하자면 이렇다.

나는 한 항공사(불행히도 〈포브스〉지에서 대개 최악의 항공사로 평가되는 곳)의 비행기로만 1백3십만 마일 이상을 여행한 사람이다 보니 해마다 짐 가방을 몇 개씩 산다. 내 경험상 더 비싼 브랜드라 해서 일반 소매점에서 염가에 살 수 있는 "보통" 브랜드보다 썩 오래가지도 못한다. 흔히 100달러 안팎을 주면 접이식 손잡이, 바퀴, 지퍼 달린 여러 주머니에 대개 속주머니까지 갖춘 28인치 크기의 여행 가방을 구할 수 있다.

그래서 나는 재고 정리용 핸드백들을 쌓아 놓은 탁자 쪽으로 가면서 당연히 값이 여행 가방의 10분의 1쯤 되려니 생각했다. 핸드백마다 내 짐 가방의 10분 1밖에 내용물을 담을 수 없는 데다가 쇠붙이나 금속 손잡이나 바퀴도 없고 지퍼도 훨씬 적거나 아예 없었기 때문이다.

틀려도 너무 틀린 생각이었다.

600달러나 800달러는 보통이고 1,500달러짜리도 있었다!

그나마 재고 정리가 그 정도였다.

남자들은 알아야 한다. 핸드백을 새로 사야 한다는 아내의 말은 이런 물음과 같다. "은행 융자를 한 번 더 받아도 될까요?"

리자가 치른 값은 그 정도는 아니었지만 어쨌든 내 짐 가방보다는 비쌌다. 여행 가방 하나에 열 개쯤은 들어갈 수 있는 핸드백인데도 말이다.

핸드백이 귀중품으로 분류되는 것은 이렇게 값이 비싸서이기도 하다. 이쪽 업계에 아주 잘 통하는 마케팅 수법이다. 핸드백이 여행 가방보다 비싼 이유를 나로서는 알 길이 없지만, 어차피 나는 패션 쪽에는 문외한이다.

어떤 여자들은 자신의 신분에 "합당한" 핸드백이 없이는 절대로 밖에 나다닐 마음이 없다. 나도 가끔 비싼 물건(육상 장비)을 사기 때문에 거기에 시비를 걸고 싶지는 않다. 다만 신분에 합당한 핸드백이나 옷가지를 원하는 것 이상으로, 우리가 힘써 부르심에 합당한 결혼을 가꾸었으면 좋겠다.

에베소서 4장 1~3절 말씀을 생각해 보라.

> 그러므로 주 안에서 갇힌 내가 너희를 권하노니 너희가 부르심을 받은 일에 합당하게 행하여 모든 겸손과 온유로 하고 오래 참음으로 사랑 가운데서 서로 용납하고 평안의 매는 줄로 성령이 하나 되게 하신 것을 힘써 지키라.

본문의 한 대목에만 집중하여 이렇게 읽어 보면 어떨까?

> 내가 너희를 권하노니 너희가 부르심에 합당한 **결혼을 가꾸어** 모든 겸손과 온유로 하고 오래 참음으로 사랑 가운데서 서로 용납하고 평안의 매는 줄로 성령이 하나 되게 하신 것을 힘써 지키라.

"부르심에 합당한" 결혼을 가꾼다는 개념에서, 부르심이란 우리가 세상 최고의 영광스러운 일, 즉 하나님 나라를 확장하는 일에 징발되었다는 뜻이다. 앞에서 그 일을 "위대한 집념"이라 칭한 바 있다. 이것은 우리의 결혼에 존엄성을 부여할 뿐 아니라 결혼의 목표이기도 하다. 행복도 좋은 것이고 무난한 목표다. 그런데 위대한 집념은 그보다 더 크다(행복과 대치되는 것은 아니고 그냥 더 크다). "부르심에 합당한" 결혼을 가꾸겠다는 동기가 있으면 아주 특정한 목적에 바쳐진 특정한 종류의 결혼을 창출하기 위해 노력할 수 있다.

부르심에 합당한 결혼을 이루려면 우리는 에베소서 4장의 바울의 말대로 겸손하고 온유해져야 한다. 여기서 잠시 멈추어 생각해 보라. 마태복음 11장 29절에 예수가 자신을 어떻게 묘사하셨던가? 그분이 덕목으로 자신을 묘사하신 적이 거의 없음을 명심하라. 대신 그분은 은유(세상의 빛, 문, 선한 목자 등)를 선호하셨다. 그런데 딱 한 번 덕목을 언급하신 대목에서 그분은 "나는 마음이 온유하고 겸손하니"라고 말씀하셨다.

그러므로 부르심에 합당한 결혼을 가꾼다는 것은 곧 예수의 성품이 만인 앞에 드러나는 결혼을 창출한다는 뜻이다. 우리는 내가 원하는 결혼을 가꾸려 하기보다 우리의 부르심에 도움이 되는 결혼을 가꾸려 해야 한다. 그러려면 결혼생활에서 배우자를 온유하게 대해야 한다. 예수가 교회를 온유하게 대하시기 때문이다. 또 그분이 겸손하시니 우리도 겸손해야 한다.

이런 가르침이 없다면 우리는 평생 온유나 겸손을 동경하지 않을지도 모른다. 궁합이나 안전이나 심지어 멋진 웃음을 선호할지도 모른다. 그것도 잘못은 아니다. 하지만 온유와 겸손이 없다면 심각한 잘못이다. 그런데도 나는 이메일을 통해서든 사무실에 찾아와서든 내게 이렇게 묻는 부부를 한 번도 본 적이 없다. "어떻게 하면 부부관계에서 우리가 더 온유하고 겸손해질 수 있을까요?"

부르심에 합당한 결혼을 동경하는 부부는 서로 모질게 말하거나 행동하지 않는다. 서로를 "임의로 주관"하여 나의 기대나 꿈으로 상대를 잠식하지 않는다. 우리는 서로를 돌보는 종이며, 우리의 부르심은 그 모델로 가장 잘 표현된다. 사람들은 우리가 서로를 대하는 모습을 보며 예수를 떠올린다.

이방인 청중에게 그 말을 쓸 때 바울은 겸손을 멸시하는 문화를 잘 알았다. 그런데도 겸손을 칭송한 데는 이유가 있다. 예수께서 겸손을 보이셨으므로 우리도 세상에 예수를 선포하려면 겸손을 보여야 한다. 교만은 관계를 죽이고 결혼생활을 피폐하게 한다. "자기를 비워 종의 형체를 가지"신(빌 2:7) 구주를 전하는 게 우리의 부르심일진대 교만은 그 부르심에 합당하지 못하다.

양쪽의 차이가 보이는가? 위대한 집념 덕분에 우리는 내가 원하는 결혼을 가꾸려 하는 게 아니라 예수를 세상에 드러내는 결혼을 힘써 가꿀 수 있다.

바울은 또 우리가 "오래 참음으로 사랑 가운데서 서로 용납"해야 한다고 말한다. 앞서 야고보서 3장 2절("우리가 다 실수가 많으니")에서 보았듯이 우리의 배우자는 때로 비틀거릴 것이다. 그러나 성령으로 말미암아 우리 안에 사랑이 있기에 우리는 서로를 비판하기보다 용납한다. 그리스도인 부부들은 죄를 은혜로 처리함을 세상에 보여 준다. "용납한다"는 말은 서로의 약점과 개성에 대해 민감하게 격려한다는 뜻이다. 때로는 성격상의 괴벽도 품어 주어야 한다. 우리는 이 일을 좋은 마음으로 기쁘게 한다. 배우자를 지으신 분이 하나님이시기에 그분의 비범한 창의성이 독특하게 표현된 배우자를 즐거워하는 것도 그분께 드리는 기쁨의 예배가 된다.

우리는 공격하는 결혼이 아니라 양육하는 결혼으로 부름 받았다. 배우자의 온갖 실패와 이를 참아야 하는 자신의 신세에 집착하는 부부들이 수없이 많다. 우리는 배우자에게 응분의 대가를 치르게 하려는 검사의 의욕이 아니라 배우자를 낫게 하려는 의사의 심정을 품어야 한다. 물론 주사약을 놓아 주면 배우자는 우리에게 토하거나 피를 흘리거나 아파서 비명을 지를 수도 있다. 그래도 우리는 상대를 비판하기보다 늘 용납해야 한다. 그래야 삶이 더 편해져서가 아니라, 그것이 우리의 부르심에 합당한 결혼이기 때문이다.

존 스토트(John Stott)는 에베소서 4장 1~3절에 나오는 겸손, 온유, 오래 참음, 사랑, 용납 등의 태도를 그리스도인의 연합의 "5대 초석"이라 불렀다. 이는 우리의 결혼을 "부르심에 합당하게" 해 주는 표지다. 때로는 이것을 일방적으로(배우자의 협조 없이) 적용해야 할 수도 있다.

또 하나 아주 중요하게 눈여겨볼 것이 있다. 우리의 부르심 때문에 바울은 성령이 하나 되게 하신 것을 힘써 지키라고 명한다. **힘쓰**라는 말을 생각해 보라. 우리는 화목하게 하는 사역으로 부름 받았다. 하나님이 세상을 자기와 화목하게 하셨기에 우리도 서로 화목해짐으로써 그것을 실증한다. 그래서 우리는 성령의 능력을 의지하는 가운데 성령이 하나 되게 하신 것을 전심전력으로 지킨다. 차근차근 대화한다. 용서한다. 벽을 치지 않는다. 화해와 이해를 도모한다. 역시 그게 쉬운 삶이어서가 아니라 이것만이 우리의 부르심에 합당한 삶이기 때문이다.

그렇다면 거기에는 어떤 의미가 있는가? 나는 내 결혼의 연합을 지키기로 헌신했다. 단지 내 행복과 자녀의 안전을 위해서가 아니라 그리스도 안에서 나의 부르심 때문이다. 나는 내 결혼을 지키고 잘 가꾸어 나갈 것이다. 이슈들을 헤쳐 나갈 것이다. 우리의 연합을 위협하는 게 있다면 필요에 따라 그것을 지적할 것이다. 연합을 지키기 위해 열심히 용서할 것이다. 원한이 우리의 연합을 공격하지 못하게 온유해질 것이다. 지난 일을 자꾸 우려먹지 않도록 인내심을 품고 살아갈 것이다. 딴 사람에게 마음을 빼앗기지 않도록 늘 방심하지 않을 것은 물론이다.

    수많은 사람이 "행복한" 결혼을 가꾸려 애쓴다. 그것도 좋다. 하나님도 행복을 중시하신다. 그러나 그 이상으로 나는 "부르심에 합당한" 결혼을 가꾸고 싶다. 사람들에게 예수를 연상시키는 결혼, 그런 결혼을 가꾸지 않을 이유가 없지 않은가?

평생사랑 가꾸기

1 그동안 당신의 결혼생활을 변화시키고 싶었던 동기는 무엇인가? 당신 자신의 행복인가 아니면 부르심에 합당한 결혼을 가꾸려는 열망인가?

2 우리는 온유와 겸손과 인내를 성경이 명하는 것만큼 중시하지 않는 경향이 있다. 그 이유가 무엇일까? 대개 부부들이 이런 성품보다 더 초점을 맞추는 것들은 무엇인가?

3 예수를 세상에 정확히 드러내는 결혼을 가꾸려면 부부에게 겸손, 온유, 오래참음, 사랑, 용납이 필요하다. 이중 당신 부부가 가장 노력해야 할 부분은 무엇인가? 딱 하나만 골라야 한다면 무엇인가?

4 당신의 결혼은 공격하는 결혼인가, 양육하는 결혼인가?

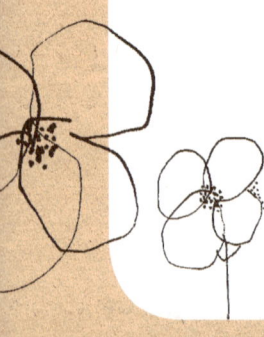

Prayer

지극히 합당하신 우리 하나님이여, 우리를 자녀 삼아 주시고 주님이 이 땅에서 하시는 일에 동참시켜 주시니 얼마나 큰 복인지요. 이 고귀한 부르심에 합당한 결혼을 가꾸려는 의욕을 주소서. 주님을 모르는 사람들에게 주님을 더 정확히 드러내는 결혼을 사모하게 하소서. 눈먼 우리를 눈뜨게 하셔서 각자의 부족한 부분을 보게 하소서. 주께서 중시하시는 것들(겸손, 온유, 인내, 사랑)을 새롭게 열망하게 하시고, 수많은 사람이 중시하는 부차적인 것들에 대해서는 욕심을 버리게 하소서. 예수님의 이름으로 기도합니다. 아멘.

결혼, 참된 행복을 향한 뜻밖의 부르심

지금까지 1부에서 배운 내용을 모두 정리해 보자.

- ◆ 우리의 결혼생활에는 위대한 집념이 필요하다.
- ◆ 하나님이 하늘에 계신 우리의 장인이나 시아버지이심을 인식한다.
- ◆ 하나님의 손에서 박수가 나오게 하라.
- ◆ 영적으로 하나님께 의존하는 상태에서 살아가는 법을 배운다.
- ◆ 부부가 목적이 있는 열정을 공유한다.
- ◆ 심판 날이 오늘의 삶에 어떤 영향을 미쳐야 하는지 기억한다.
- ◆ 초연함의 영적 훈련을 실천하여 만족을 누린다.
- ◆ 부르심에 합당한 결혼을 가꾼다.

이 모두는 결국 하나의 핵심 요지로 수렴된다. **평생사랑이란 실망**

만 더해 가는 게 아니라 사랑이 깊어지는 결혼, 갈수록 소원해지는 게 아니라 날로 더 친밀해지는 결혼, 정체되는 게 아니라 전진하는 결혼이다. 이런 사랑을 원한다면 결혼생활에서 우리 행동의 뿌리를 뭔가 반석처럼 견고한 것에 두어야 한다. 그래야 위와 같은 소중하고 영원한 진리들을 놓치지 않을 수 있다. 그 뭔가를 바울이 에베소서 5장 21절에 제시했다. 서로를 대할 때 "그리스도를 경외함으로" 대해야 한다는 것이다.

여기서 우리는 다시 위대한 집념의 핵심인 예배로 돌아온다.

그리스도를 경외함으로 남을 대하라는 말이야말로 바울이 생각할 수 있는 가장 강력한 권고다. 그리스도는 항상 마땅히 경외를 받으셔야 할 분이다. 이 우주에서 예수가 만왕의 왕, 정복의 영웅, 승리의 구주가 아니신 때는 단 한 순간도 없다. 그러므로 우리의 사랑의 동기가 항상 하나님을 경외하는 마음에 있다면 그 동기는 결코 약해질 수 없다. 그분은 매 순간 의당 경외를 받으셔야 한다. 그야말로 확고부동한 동기다.

따라서 그리스도께서 교회를 사랑하시듯 남편들도 아내를 사랑해야 한다는 바울의 이어지는 말(엡 5:25)은 남편의 사랑이 특전이 아니라 의무라는 뜻이다. 사랑이란 받는 자의 공로로 얻어내는 게 아니다. 아내는 사랑받을 "자격"을 갖출 필요가 없다. 그리스도인 남편은 아내가 사랑스러울 때만 사랑하는 게 아니다. 그리스도께서 마땅히 경외를 받으셔야 하는 한—물론 그분은 항상 그렇다—남편도 아내를 사랑해야 한다.*

바울은 여자들에게도 똑같이 대담하게 말한다. "아내도 자기 남편을 존경하라"(33절). 보다시피 이것은 명령이다. 권고로도 모자라서 명령이다. 아내가 남편을 대하는 근거는 남편의 성품이 아니라 그리스도와 교회의 관계에 있어야 한다(22~33절).

그래서 초대 교회의 교부 요한 크리소스톰(John Chrysostom)은 우리의 모든 반론을 물리치며 이렇게 썼다. "각자의 본분을 다하라. 아내는 남편이 사랑해 주지 않아도 남편을 존경해야 하고, 남편은 아내가 존경해 주지 않아도 아내를 사랑해야 한다."[1]

배우자의 몫은 내 소관이 아니다. 따라서 배우자가 본분을 다하네 마네 내 쪽에서 안달해 봐야 시간 낭비다. 크리소스톰의 말처럼 각자의 본분을 다하는 데 주력하면 된다. 그리스도를 경외하면 그렇게 될 수밖에 없다. 우리가 헌신하고 실천하는 결혼생활이 죄 많은 세상(죄인인 배우자도 포함해)의 조변석개에서 벗어나 그리스도를 경외함이라는 불변의 기초 위에 놓이기 때문이다.

이 원칙대로 살기로 단호히 결단한 뒤로 그것이 내게 더없이 큰 도움이 되고 있다. 다시 따져 볼 것도 없고 합리화도 없다. 이번만은 예

---

[*] 물론 하나님의 사랑은 때로 가혹해 보이는 결과를 낳을 수도 있다. 여기서 **사랑**이라는 말을 무조건 잘해 준다는 말과 혼동해서는 안 된다. 때로는 남편이 나서서 고집 센 아내에게 도전해야 하며, 아내도 적극적으로 나서서 고집 센 남편에게 도전해야 할 때가 있다.

외라며 구실을 찾지도 않는다. 내가 그리스도인이라면 아내에게 일정한 의무를 다해야 한다. 아내조차도 나를 그런 의무로부터 면제시킬 수 없다. 나는 아내를 사랑하되 아내의 자격에 따라서가 아니라 그리스도께서 교회를 사랑하시듯 사랑해야 한다(엡 5:25). 여자들도 남편에게 복종하되 남편이 자상하게 잘해 주어서가 아니라 "교회가 그리스도에게 [복종]하듯"(24절) 해야 한다("복종"을 어떻게 정의하고 적용할 것인지는 따로 논할 주제다).

그러므로 우리가 본분을 다함은 결혼의 궁극적 관건이 우리가 아니라 그리스도와 교회이기 때문이다. 결혼은 행복의 통로이기 이전에 복음의 화신이다. 결혼은 로맨스의 장이기 이전에 예언적 소명이자 의무다. 결혼은 일시적 기분에서 난 감상적 행위가 아니라 진지한 사업에 가깝다.

바울이 부부들에게 준 말을 이해하려면 그의 근본 동기를 알아야 한다. 즉 관건은 행복이나 만족이 아니라 복음의 선포다. 그것이 디도서에 아주 분명히 나와 있다. "[늙은 여자]로 젊은 여자들을 교훈하되 그 남편과 자녀를 사랑하며 신중하며 순전하며 집안일을 하며 선하며 자기 남편에게 복종하게 하라. 이는 하나님의 말씀이 비방을 받지 않게 하려 함이라"(딛 2:4~5). 우리는 바울이 "복종"이라는 말을 어떤 의미로 썼고 어떤 의미로 쓰지 않았는지에 너무 집착한 나머지 "이는 하나님의 말씀이 비방을 받지 않게 하려 함이라"라는 전체 요지를 놓친다. 바울의 열정적 가르침의 배후에 깔린 위대한 집념을 완전히 놓친다. 바울의 동기를 모르고는 그의 교훈을 결코 이해할 수 없다. 이는 마치 미식축구의 와이드리시버에게 경로대로 달리라고만 시킬 뿐 정작 공을 잡는 게 목표임을 설명해 주지 않는 것과 같다.

"감독님, 그런데 저는 왜 방향을 바꾸면서 돌진해야 합니까? 그 말이 무슨 뜻입니까? 왜 이렇게 감독님은 거기에 신경을 쓰십니까? 그냥 사이드라인 쪽으로 천천히 빠지면 안 됩니까?" 이럴 때 코치라면 분명히 이렇게 외치고 싶을 것이다.

"그냥 주위를 물리치고 공만 잘 받아라."

바울이 생각한 결혼의 관건은 권리가 아니라 계시(啓示)다.

본분을 다한다 해서 결혼생활의 로맨스나 즐거움이 밀려나는 게 아니다. 오히려 더 잘 수호된다. 본분을 다할 때 우리는 쩨쩨한 죄성을 뛰어넘게 되고, 결혼의 성공이 배우자의 부실한 행위가 아니라 온전하신 예수께 달려 있게 된다. 인간의 행동처럼 피상적인 헌신에 기초한 결혼은 배우자의 기분과 일시적 결정에 따라 기복을 탈 수밖에 없다. 그러나 그리스도와 교회의 영원한 관계에 기초한 결혼은 그리스도와 교회가 서로로 인해 누리는 (감미로울 만큼 진한) 즐거움과 기쁨을 똑같이 함께 누린다. 이런 의미에서 결혼의 "본분을 다하는" 사명은 거룩함을 향한 부름만이 아니라 역설적으로 참된 행복을 향한 부름이기도 하다.

뒤따라오는 참된 행복

최근에 우리 부부는 어느 기독교 기관의 시설을 견학했다. 곧 열릴 자선 만찬에서 말씀을 전해 달라고 내게 부탁한 기관이었다. 우리는 그들의 모든 사역과 그것이 사람들의 삶에 미치는 영향을 보았다. 만찬의 목표에 관한 대화도 나누었다. 임박한 만찬과 실무 직원들을 위해 기도한 뒤 리자와 나는 각기 다른 차를 타고 다른 곳으로 향했다.

그전에 나는 리자가 연회 준비를 아주 꼼꼼히 챙겨 주었다며 실무 책임자가 리자를 칭찬하는 소리를 들었다. 또한, 사역의 현장에서 나를 바라보는 리자의 눈빛에 존경이 담겨 있었다. 우리는 부부 사이만이 아니라 그리스도 안의 형제자매였고 하나님이 부르신 일의 동역자였다.

우리가 탈 두 대의 차가 주차장에 나란히 서 있었다. 리자가 조수석 쪽의 창문을 내리기에 나도 똑같이 했다. 아내는 뭐라고 좋은 말을 해 준 뒤 내게 키스를 보냈다. 나도 똑같이 키스를 보냈다.

결혼한 지 29년이 지났는데도 그렇다. 우리가 함께해 온 세월이 어언 30주년을 앞두고 있다. 공동의 소명이 우리의 애정을 늘 새롭게 해 준다. 그 소명이 우리의 행복, 안락, 재정 상황, 그 밖에 어떤 것보다 더 크기 때문이다. 우리는 함께 만왕의 왕을 섬기고 있으며, 그것이 우리의 결혼생활에 엄청난 유익을 끼쳐 왔다. 우리가 가장 행복할 때는 가장 집중해서 함께 하나님을 섬길 때다.

그게 우리가 왕이신 그분을 섬기는 이유는 아니다. 반대로 이것은 함께 왕을 섬기는 결과다. 결혼의 영적 요소는 자동차의 도색 작업이 아니라 차를 움직이게 하는 엔진이다. 결혼의 영적 측면에 아주 많은 시간을 들이는 것이 현실과 동떨어진 듯 보일 수 있다. 하지만 이거야말로 우리가 붙들 수 있는 가장 실제적인 진리다. 결혼생활에서 하나님을 높이는 데 우선순위를 두면 일상의 모든 실무적 결정은 쉬워진다. "남편이 또 수건을 바닥에 어질러 놓았군. 내일 아침에는 커피를 타 주지 않을까 보다." 하나님을 높이기로 헌신하면 그런 생각이 아예 문젯거리가 못 된다. 항상 배우자를 섬겨야 하기 때문이다.

그리스도인의 결혼이라는 부르심에 합당하게 사는 것, 그것이 우리의 최고 우선순위다. 부부가 참된 행복과 만족에 이르려면 환경이나 배우자의 반응과 관계없이 "각자의 본분"을 다하는 길밖에 없다.

그렇다고 이것으로 얘기가 끝났다는 말은 아니다. 앞서 말했듯이 위대한 집념은 삼각의자의 한 다리일 뿐이다. 그다음 다리는 부부가 계속 함께 성장해 점점 더 친밀해지는 방법을 배우는 것이다. 그것이 2부의 주제다.

평생사랑 가꾸기

1 이번 장 서두에 열거한 요점 중 당신에게 가장 도움이 된 것들은 무엇인가? 당신이 가장 성장하고 싶은 부분들은 무엇인가?

2 우리가 결혼에 헌신하는 근거가 그리스도를 경외함에 있다면 이것은 예배의 중심성에 대해 무엇을 말해 주는가? 당신은 이 부분에서 어떻게 하고 있는가?

3 결혼의 관건은 누군가의 권리라기보다 계시다. 당신은 이 말을 어떻게 생각하는가? 거기에 동의하는가 그렇지 않은가? 왜 그런가?

4 당신은 자신의 본분을 다하고 있는가? 배우자의 반응과 무관하게 이것이 결혼생활에 참된 만족을 가져다줄 수 있다고 믿는가?

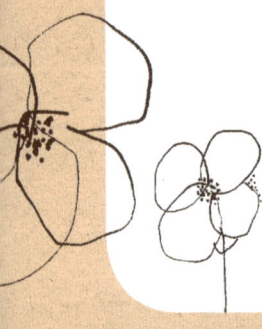

Prayer

주 예수님, 주님을 경외함으로 살아갈 수 있음은 우리에게 더할 나위 없는 영광이요 기쁨입니다. 새로운 눈과 새로운 깨우침을 주셔서 주님이 정말 얼마나 영광스러운 분인지 보게 하소서. 존귀하고 영화로우신 주님을 심령으로 경외하며 살아가게 하소서. 그 경외함의 힘으로 사랑하려는 의지를 주시고, 그 경외함이라는 목적으로 우리의 태도를 정화해 주시며, 그 경외함을 보호하고 선포하고 지키며 살아가게 하소서. 예수님의 이름으로 기도합니다. 아멘.

2

더 친밀한 연합으로 세우는 결혼생활

더 친밀한 연합

"다른 사람이 되도록 부름 받은 사람은 없다. 하나님께는 사람의 숫자만큼이나 각 사람을 향한 계획이 있다. 그래서 그분은 다른 사람의 삶을 기준으로 우리 삶을 평가할 것을 요구하지 않으신다."[1]

19세기의 성직자 호레이스 부시넬(Horace Bushnell)의 이 말에는 개개인에 대한 심오한 원리가 들어 있다. 이 원리는 부부에게도 똑같이 적용된다. 결혼의 정황에 맞게 고쳐 보면 이렇게 된다.

"다른 부부가 되도록 부름 받은 부부는 없다. 하나님께는 부부의 숫자만큼이나 각 부부를 향한 계획이 있다. 그래서 그분은 다른 부부를 기준으로 우리 삶을 평가할 것을 요구하지 않으신다."

당신은 유일무이한 한 부부의 절반을 구성한다. 당신의 은사, 약점, 이력, 역동, 자녀, 소명을 받은 부부는 다시없다. 당신 부부의 정체성을 있는 그대로 받아들이면 놀라운 자유가 뒤따른다. "우리는 이 부분에 강하고 저 부분에 약하고, 여기서 취약하고 저기서 난공불락이고, 이 일에 탁월하고 저 일에 자주 실패할 수 있다. 그러나 우리는 이 세상에서 우리만의 독특한 목적을 완수하도록 하나님께 부름 받은 독특한 부부다."

당신의 가정과 결혼은 하나님이 세우셨다. **그분이 당신에게 원하시는 삶은 바로 그것이다.** 그러니 다른 부부들을 바라보며 당신의 가치를 평가하지 말

라. 하나님을 바라보며 당신의 소명을 완수하라. 다른 부부들과 비교해 당신의 행복을 측정하지 말라. 당신의 삶을 향한 하나님의 설계와 비교해 당신의 순종과 충실성을 측정하라.

리자와 나는 레스와 레슬리 패럿(Les & Leslie Parrott) 부부로 살도록 부름 받지 않았다. 그들은 둘 다 박사학위를 받았다. 하지만 우리는 아무도 박사가 아니다. 그들은 둘이 함께 집필과 강연 활동을 한다. 하지만 리자는 이런 말을 종종 한다. "배관공의 아내에게 화장실을 고칠 수 있느냐고 묻는 사람은 없다. 그런데 왜 내 남편이 강연한다는 이유만으로 사람마다 나한테 강연 의사를 타진하는가?" 우리는 박사 에드와 조 베스 영(Ed & Jo Beth Young) 부부나 릭과 케이 워렌(Rick & Kay Warren) 부부가 되도록 부름 받지도 않았다. 그들은 미국에서 가장 큰 교회 중 둘을 이끌고 있다. 30년 이상 한곳을 지킨 견고한 리더십으로 각자의 회중에게 사랑받고 있다. 우리는 이사를 자주 다닌 편이라 자녀들이 딱히 "고향"이라 부를 만한 곳이 없다.

우리는 친구 더그와 줄리(Doug & Julie) 부부가 되도록 부름 받지 않았다. 그들은 하나님이 마음에 부담을 주시는 대로 어느 나라에 어느 사역기관을 세우도록 도울지를 자유로이 선별해 재정을 후원할 수 있다.

우리는 그냥 게리와 리자다. 그 자리로 부름 받았을 뿐이다. 우리는 다른 지도(地圖)를 따르거나 다른 부부를 흉내 낼 필요가 없다. 다른 부부를 보며 부끄러워하거나 창피해하거나 부러워하거나 우쭐해 할 필요도 없다. 우리의 기준은 그들이 아니며 그들의 기준도 우리가 아니다.

우리는 어떤 부부들처럼 큰 재산은 없다. 하지만 그렇다고 많은 가난한 부부들처럼 돈 때문에 걱정할 정도도 아니다. 리자도 나도 재정 관리에 서툰 편이라서 하나님이 충분히 주시되 너무 과하지 않게 주신 것을 다행으로 알고 있다.

우리 부부는 모두가 놀랄 만한 간증이나 극복해야 했던 큰 난관이 없었다. 건강상의 큰 위기도 (아직까지는) 없었다. 그저 하나님께 받은 대로 살려고 노력했을 뿐이다. 다분히 그것 말고는 다른 삶이 주어지지 않았기 때문이다.

당신 부부의 이야기와 정체성을 편안히 받아들이라. 그것을 즐기라. 절대로 비교하지 말라. 그저 독특한 **당신 부부**에게 하나님이 주신 독특한 비전에 충실하면 된다. 하나님이 이미 만드신 부부와 똑같은 부부는 그분께 필요 없다. 그분은 그보다 훨씬 창의적이시다. 그분은 유일무이한 **당신 부부**에게 복을 주어 세상에 내보내기를 원하신다.

당신 부부가 그 독특한 여정의 일환으로 계속 함께 성장해 나가는 것, 그것이 이번 2부의 주제다. 당신 부부의 바람직한 모습을 내가 생각해서 청사진을 제시하는 게 아니다. 당신 부부가 하나님이 지으신 독특한 정체성을 붙들고 더 친밀한 연합을 추구해 나가야 한다. 그러려면 의지와 사고와 기도가 필요하다고 나는 믿는다.

결혼을
변화시키는
초자연과학

9

      과학과 초자연은 대개 적대 관계나 배타적 범주로 여긴다. 그래서 "초자연과학"이라는 말이 어불성설처럼 들린다.

  그러나 초자연과학이 엄연히 진리일 때도 있다.

  로렌 플레시먼(Lauren Fleshman)은 고등학교 2학년 때 2마일 경주에 압승해 스폰서 전액 부담으로 샌디에이고 올림픽 훈련센터에 입소할 자격을 얻었다. 이 훈련센터는 올림픽 경기에 출전할 만한 젊은 운동선수들을 발굴하고 훈련하고 검사하는 기관이다. 로렌은 흠잡을 데 없는 후보처럼 보였다.

  그런데 과학적 검사 결과들은 다르게 나왔다.

  피하지방 검사는 로렌을 난감하게 만들었고(몸이 말라 보였음에도 불구하고), 헤모글로빈과 헤마토크릿 수치는 경계성 빈혈에 해당했다. 특히 중요한 검사가 하나 있었다. 많은 연구자가 중장거리 육상 선수의 탁월한 성과에 치명적 제약이 된다고 믿는 최대산소 섭취량 검사였다. 운동 중에 산소를 운반하고 활용하는 인체의 능력을 측정하는 이 검사는 운동선수의 지구력의 "한계점"을 보여 주는 지표다. 최고 수준으로 발휘해야 할 신체적 기량의 상한선인 셈이다.

로렌의 점수는 최하위로 나왔다. 경주 기록은 함께 훈련 중인 대부분의 여자 선수들보다 앞섰는데도 말이다.

검사 결과로 나온 수치들을 보고 있자니 로렌은 주(州) 우승을 거쳐 장차 올림픽에 나가려던 자신의 꿈이 스러지는 것만 같았다. 과학에 따르면 그녀의 몸은 이미 무리하고 있었다. 국제대회에서 최정상급 선수들과 경쟁하기에는 도저히 "하드웨어"가 따라 주지 못할 상태였다.

로렌의 코치는 수학 교사이기도 했다. 그런 검사들을 "과학에 불과하다"며 일축했다. 그가 지적했듯이 로렌은 자기보다 검사 결과가 좋게 나온 거의 모든 여자 선수들을 이미 육상에서 앞질렀다.

"삶은 수학 방정식이 아니다. 육상도 마찬가지다."

코치는 이 젊은 주자에게 그렇게 조언했다.

로렌은 아빠에게 전화해 세상 최고의 격려의 말도 들었다.

"너는 투사다! 플레시먼 집안사람이다! 우리 식구의 근성을 누가 감히 측정한단 말이냐!"

로렌은 계속 달렸다.

그래서 주 우승을 거쳐 고등학교 전국대회에서 준우승까지 했다. 그 뒤로 장학금을 받고 스탠포드에 입학했을 뿐 아니라 지금은 그 명문대의 "우승자의 전당"에 이름까지 새겨져 있다. 나이키의 후원을 받고 있는 그녀는 10년이 넘도록 프로 육상 선수로 활동하면서 전국 선수권대회 5천 미터 종목에서 두 차례나 우승했다.

"과학대로라면 나는 5천 미터에서 실제의 내 기록보다 35초나 더 느리게 달렸어야 한다."[1] 로렌의 말이다.

최정상급 선수들의 5천 미터 경주에서 35초면 **엄청난** 차이다.

과학이 무용하다는 말이 아니다. 생리학에서든 인간관계에서든 과학은 이야기의 끝이 아닐 뿐이다. 나도 혼전 상담을 할 때 늘 "과학"을 활용한다. 내 경험상 대개 커플들이 가장 큰 도움과 깨달음을 얻을 때는 "커플, 부부 관계 심리검사"(Prepare and Enrich)의 결과를 분석하는 시간이다. 이 검사 결과는 각 커플에게 그들이 넘어지기 쉬운 부분을 알려 주고 전반적 궁합을 대략 측정해 준다.

매우 교훈적인 도구인 셈이다.

"아, 그래서 그녀가 그런 반응을 보이는 거군요."

"정말 그러네요. 그가 왜 그런 행동을 하는지 이제야 알 것 같아요."

아울러 이 검사는 커플의 관계를 위협할 수 있는 민감한 사안들이 무엇인지 경고해 주고, 각 관계에서 미리 조처를 해야 할 부분들을 다양하게 짚어 준다.

기혼자인 일부 독자들은 이 검사에 거의 낙제점을 받을 수도 있다(누구를 낙제시킬 목적으로 제작된 검사는 아니지만, 관계의 취약성의 정도를 밝혀 주는 것만은 분명하다). 당신 부부는 과학적 의미에서는 전혀 궁합이 맞지 않을 수도 있다. 하지만 이런 객관적 검사의 예측과 자연적 한계를 뛰어넘어 더 원숙한 관계에 도달한 부부들이 많다. 이는 과학의 주인이신 하나님이 초자연의 주인이시기도 하기 때문이다. 초자연과학이 가능함은 우리의 창조주 하나님이 양쪽 모두를 주관하시는 왕이기 때문이다.

성격 검사들에는 때로 우리가 간과하는 태생적 약점이 있다. 결혼의 기초를 사명보다 궁합에 두는 배후에는 운명론이라는 거짓이 깔려 있다. 우리는 냉동 인간이 아니다. 남편과 아내는 계속 변한다. 목적-우리를 이끄는 가치관-이 성격보다 더 결정적 힘을 발휘할 수 있다. 영적 목적과 사명은 성격의 약점까지도 뛰어넘을 수 있다. 하나님이 우리의 성격을 구속(救贖)하시기 때문이다. 위대한 집념을 받아들이면 잘 맞지 않는 궁합도 극복할 수 있다. 부부가 성령의 연합을 통해 공동의 사명을 중심으로 뭉칠 수 있기 때문이다.

"성령의 연합"이라는 말은 기독교식 축하 카드에 적힌 진부한 문구만큼이나 나약하게 들릴 수 있으나, 사실은 부부를 더 친밀한 연합으로 이끌어 주는 강력한 영적 진리다. 두 사람이 하나님 안에서 하나 되고 성령으로 충만해져 공동의 목표로 그분의 나라를 먼저 구한다면(마 6:33) 그 관계에는 초자연적 연합이 이루어진다. 그거면 관계를 지속하기에는 물론 미래의 기초로 삼기에도 충분하다.

결혼이라는 방정식에 하나님이 들어오시면-곁다리가 아니라 기초, 연합의 원동력, 제3의 임재, 능력의 주체로서 들어오시면-그분이 우리를 변화시켜 자연적 한계를 훌쩍 뛰어넘게 하실 수 있다. 예레미야 31장 4절을 잊지 말라. "내가 다시 너를 세우리니 네가 세움을 입을 것이요."

참으로 신성한 결혼은 인간의 한계 너머에 있는 실체를 가리켜 보인다.

검사 결과로 당신을 규정할 필요가 없다. 과학적 데이타는 당신 부부가 결코 뛰어넘지 못할 상한선이 아니다. 과거의 상처는 이혼 법정으로 가는 첫걸음이 될 필요가 없다. 우리가 예배하고 섬기는 하나님은 초자연적인 분이다. 그분이 우리에게 능력을 주셔서 과학적 한계를 초월하게 하신다. 그분은 지극히 평범한 것으로도 특별한 것을 창출해 내실 수 있는 분이다. 위대한 집념의 위력은 그런 검사들로 설명되지 않는다.

로렌은 올림픽이나 세계 선수권대회에서는 (아직) 금메달을 따지 못했다. 하지만 이 글을 쓰는 현재 미국에서 가장 빠른 살아 있는 여자 중 하나이며 충분히 칭송받을 만한 이력을 쌓았다. 비슷하게 당신도 가장 쉽거나 가장 행복한 결혼은 아닐지 몰라도 충분히 칭송받을 만한 결혼을 가꿀 수 있다. 그 못지않게 중요하게, 하나님을 영화롭게 하고 세상을 향해 증언하며 자녀를 보호해 주는 결혼을 가꿀 수 있다. 당신의 관계가 이미 "과학적 견실성"을 갖추었다 해도, 위대한 집념의 비전을 받아들이고 더 친밀한 연합을 의지적으로 추구하면 관계가 전혀 새로운 차원으로 격상될 수 있다.

그러나 나는 당신이 결과만 생각할 게 아니라 **과정**에 순복하는 법을 배웠으면 좋겠다. 더 친밀한 연합을 가꾸는 일은 쉽지 않다. 천만의 말이다! 물론 보상은 있지만(사실 보상이 그 절반에라도 미치는 일은 인생에 별로 없다) 거기까지 가려면 적잖은 노력이 요구된다. 이 책의 목표는 그냥 이를 악물고 끝까지 버티는 결혼생활이 아니다. 책의 원서 제목이 *A Lifelong Marriage*(평생결혼)이 아니라 *A Lifelong Love*(평생

사랑)인 데는 그만한 이유가 있다. 비록 난공불락처럼 보이는 도전에 부딪칠지라도 결혼생활은 우리 안에 승리자의 태도라는 가장 중요한 마음가짐을 길러 준다. 하나님은 우리를 바로 거기로 부르셨다.

이기는 자로 부름 받은 우리

고물 자동차를 수리하는 일을 즐기는 루오 웬유(Luo Wenyou)는 어느 기자에게 이렇게 말했다.

"몇 달 만의 고된 작업 끝에 드디어 엔진에 시동이 걸리면 아무리 피곤하거나 배가 고파도 그것을 능가하는 일은 없다. 인생에서 가장 행복한 순간이다."[2]

여기서 원리를 잘 보기 바란다. 뭔가를 다시 살려내기가 어려울수록 그 일의 만족도는 그만큼 더 커진다. 차고에서 한 시간만 뚝딱거려도 엔진이 부르릉 살아난다면 과연 웬유가 이를 "인생에서 가장 행복한 순간"이라 부를지 의문이다. 그것은 담장을 페인트칠하는 일처럼 그냥 또 하나의 잡일이 될 것이다.

우리도 결혼에 대해 똑같은 태도를 보일 수 있을까? 어려운 도전을 타개하는 법을 알아내고 인내로 견디면 엄청난 만족이 따른다는 사실을 인식할 수 있을까? 배우자의 중독이나 태도나 기구한 과거나 재정적 난관을, 우리를 삼키려고 위협하는 캄캄한 터널로만 볼 게 아니라 함께 직면해야 할 도전으로 볼 수 있을까? 마침내 승리해 결혼이라는 엔진이 다시 돌아갈 때 우리 안에 주체할 수 없이 차오를 충족감을 내다볼 수 있을까? 나아가 그런 도전을 극복하는 과정을 통해 실제로 우리의 친밀함이 한 차원 더 깊어졌음을 인식할 수 있을까?

우리에게 닥쳐올 도전은 거창한 것이 아닐 수도 있다. 어쩌면 그저 평범한 도전을 이겨내야 한다. 예컨대 우리는 애정에 권태를 느끼거나 사랑에 게을러지거나 서로를 점점 당연시하거나 성관계를 육체적 쾌락으로만 전락시키는 일 등을 막아야 한다. 그런 상태가 싫은가? 그렇다면 우리는 도전을 기회로 삼아 오히려 관계를 회복하고 활력을 되찾을 수는 없을까?

그리스도인의 정체성에 대해 우리에게 도움이 될 만한 한 가지 서술이 바울의 로마서 8장 37절에 나온다.

"그러나 이 모든 일에 우리를 사랑하시는 이로 말미암아 우리가 넉넉히 이기느니라."

현재 내가 상담 중인 한 부부가 있는데 어쩌면 결과가 좋지 않을지도 모른다. 그들은 고강도의 결혼 회복 프로그램에 참석했지만, 소용이 없었다. 그러고 나서 나한테 왔는데 나도 그 프로그램의 상담자와 같은 결론에 도달했다. 둘 중 한쪽에서 다음과 같은 태도에 온통 찌들어 있었다. 결국 아무것도 달라지지 않고 늘 똑같을 테니 괜히 헛수고 할 필요 없다는 식이었다. 그 사람은 부부관계를 정리할 마음도 없지만 그렇다고 결혼생활을 개선할 기대도 없다. 정말 비참한 상태다.

패배주의적 태도는 외도에 버금갈 정도로 수많은 부부를 파경으로 몰아간다. 당신이 어떤 면에서든 결혼생활에 좌절을 느끼고 있다고 하자. 이제 당신은 과거의 경험으로 사는 쪽("이미 해 봤는데 소용없다")과 하나님 말씀의 진리로 사는 쪽("우리를 사랑하시는 이로 말미암아 우리가 넉넉히 이기느니라") 중에서 무엇을 택하겠는가? 당신이 보는 자신은 넉넉히 이기는 사람인가 아니면 지는 사람인가? 당신은 패자가 될 것인가 승자가 될 것인가? 하나님 앞에서 선택은 당신의 몫이다.

승리자의 태도를 품지 않으면 문제가 된다. 알든 모르든 우리는 지금 전쟁 중이다. 영적, 사회적, 개인적 세력들이 모든 그리스도인 부부들을 무너뜨리려고 노리고 있다. 예수의 부름을 받아들여 "그분의 나라를 먼저 구하는" 순간 우리는 이미 전투에 들어서 있다. 많은 세력과 특히 사탄은 예수의 나라를 혐오한다. 그렇다면 이 세상의 세력들과 사탄이 하나님 나라를 대적하며 싸우는 게 어째서 놀랄 일인가? 그들은 우리의 결혼생활을 다스리시는 그분의 통치부터 공격한다. 또 우리 자신의 죄성이 하나님이 주시려는 최고의 선물들을 대적하며 싸우는 게 어째서 놀랄 일인가? 그 선물에는 배우자와의 친밀한 연합을 추구하는 일도 포함된다.

마치 우리의 관계와 사명과 성품이 공격받고 있지 않다는 듯이 전투에 가담하지 않는다면, 이는 전쟁터의 한복판에서 소풍을 즐기다가 앉은자리에 수류탄이 터지고 나서야 깜짝 놀라는 것과 같다.

결혼생활의 자연적 한계를 극복하고 싶다면 우리를 변화시켜 주실 하나님의 초자연적 능력을 믿어야 한다. 넉넉히 이기는 사람의 태도를 품어야 한다. 그렇지 않다면 우리의 소망이 무엇인가?

우리 앞에 벌어지는 전투

로마서 8장 37절은 적의 저항을 예상하라는 말로 그치지 않고 승리보다 더 위대한 사실을 영광스럽게 선포한다. 우리가 "넉넉히 이기"는 존재라는 사실이다. 다시 말해서 우리는 그저 살아남도록 부름 받은 게 아니라 결혼생활을 포함한 삶 전체에서 다스리고 영향을 미치고 선포하도록 부름 받았다. 부부관계를 유지하기에 급급한 사람들은 기준을 너무 낮게 잡은 것이다.

그래서 이 책의 부제에는 이런 질문이 내포되어 있다. 결혼의 관건이 단지 끝까지 함께 사는 것 이상이라면 어찌할 것인가? 살아남는 것만으로 부족하다. 평생사랑은 사역 지향의 결혼에 승리해 다른 사람들에게까지 영향을 미친다.

결혼을 "과학"에만 기초해서 본다면 당신은 여러 심리적 방법과 관계 기술을 동원할 것이다. 그것이 정말 도움이 될 수도 있다. 그 부분을 경시할 생각은 **추호도** 없다. 다만 다른 요소도 병행되어야 한다는 말이다. 부부가 자연적 한계를 넘어 함께 성장하고 싶다면, 아래의 영적 방법들을 실천할 것을 생각해 보라. 이를 통해 당신의 결혼생활은 과학적 한계를 뛰어넘을 수 있다.

맨 먼저 이겨야 할 것은 단연 우리 자신의 죄다.

"죄가 너를 원하나 너는 죄를 다스릴지니라"(창 4:7).

성령의 열매인 절제에 순복하지 않는 부부—자신들의 오염된 갈증을 이기지 못하는 부부—는 하나님이 설계하신 높은 차원의 친밀함을 유지할 수 없다. 습관적인 죄(험담, 교만, 조급증, 악의, 원망 등)는 부부의 연합을 망쳐 놓는다. 다시 말해서 우리는 먼저 자신부터 이겨야 한다.

그다음은 우리 가정의 악을 이겨야 한다. 가족들 안에 존재하는 죄를 우리는 은혜, 자비, 사랑의 지적, 용서, 기도로 공격해야 한다. 또한, 날마다 하나님의 진리를 불어넣어 온갖 거짓의 포격으로부터 보호받아야 한다. 특히 이 마지막 부분이 중요하다. 거짓은 우리를 대적해 사랑을 둔화시키고 하나님의 계획에서 벗어나게 한다. 그래서 우리는 거짓을 이겨야 하는데, 그러려면 날마다 성경에 푹 적셔지는 수밖에 없다. 다른 방법은 없다. 변화를 받으려면 사고를 새롭게 해야 함을 잊지 말라(롬 12:1~2). 기독교는 진리에 기초해 있고, 그렇다면 그리스도인의 결혼도 본질상 진리에 기초해 있으며, 그렇다면(논리의 흐름을 잘 따라오고 있는가?) 성경과 늘 친하게 지내지 않고는 부부간의 친밀함도 유지할 수 없다는 뜻이 된다.

성경을 매일 읽지 않는 사람들은 사탄이 하루쯤 휴가를 낸다고 생각하는 모양이다. 행운을 빈다. 위대한 집념은 내 본능적 자아에 너무도 이질적인 것이라서 매일 그것을 다시 환기하지 않으면 안 된다. 나는 최고의 이상을 망각하고 다시 이기적인 삶으로 돌아가는 데 20분 정도밖에 걸리지 않는다. 거룩함을 추구하는 일에 관한 한 우리의 단기 기억은 심각한 문제다.

세상은 행복이 어디 어디에 있다고 날마다 우리에게 거짓말을 한다. 나도 행복의 출처에 대해 날마다 자신에게 거짓말을 한다. 그래서 나는 무엇이 정말 진리인지 하나님께 들어야만 한다. 그렇지 않으면 내 모든 에너지를 밑 빠진 독에 쏟아붓게 된다. 내게 절대로 거짓말을 하지 않을 곳이 하나 있으니 곧 안전하게 거닐 수 있는 하나님 말씀의 초장이다. 거기에는 오류가 전혀 없다. 하나님의 계시의 책 속에는 어떤 적(敵)이나 계교도 숨어들 수 없다. 그래서 나는 그 진리 안에 안식하며 생명과 온전함과 새 힘을 얻을 수 있다.

넉넉히 이기는 사람이 되는 마지막 단계는 세상의 악을 이기는 것이다. 죄에서 구원받고 가정에서 승리자가 되어 거짓의 공격을 물리치고 있으니, 이제 우리는 밖으로 나가 다른 부부들과 가정들을 위해 싸울 수 있다. 하나님이 설계하신 결혼에는 바로 이런 사명도 포함되어 있다.

적당한 선에서 안주하지 말자. 성경에 있듯이 우리는 그냥 승자가 아니라 "넉넉히 이기는" 사람이다. 하나님이 중독자에게 원하시는 것은 단지 나쁜 습관을 끊는 것 이상이다. 그분은 당신이 넉넉히 이기기를, 즉 자신을 이길 뿐 아니라 그 결과로 남을 위한 싸움에도 이길 수 있기를 원하신다.

하나님이 파경 직전의 부부에게 원하시는 것은 그냥 끝까지 버티는 것 이상이다. 그분이 해 주시려는 일은 당신의 결혼을 지탱시키는 것 이상이다. 그분은 당신이 꼭 배워야 할 교훈들을 배워 가정에서 승리한 뒤 다른 부부들을 세워 주는 부부가 되기를 원하신다. 그들도 패배의식에 빠진 채 기쁨에 굶주리고 연합에 목말라 있기 때문이다.

함께 꿈을 꾸라. "우리가 이 일을 다 겪고 나면 당신 생각에 하나님이 우리를 어떻게 쓰실 것 같습니까?"

더 친밀한 연합을 향한 여정에 오르려면 먼저 알아야 할 것이 있다. 현상 유지란 곧 사이가 멀어진다는 뜻이다. 지금 우리는 전쟁 중이다. 하나님은 우리를 친밀함과 열정과 공동체로 부르셨다. 그런데 이 전쟁은 거기에 맞서 우리에게 외로움과 냉담함과 고립을 발사한다.

물론 저항은 맹렬하다. 물론 그냥 외면하는 것이 훨씬 쉽게 느껴진다. 그렇다면 무엇이 우리를 지탱시켜 줄 것인가? 우리 자신의 지혜나 능력이나 선(善)으로는 어림도 없다. 바울이 말했듯이 우리가 넉넉히 이기는 이유는 "우리를 사랑하시는 이로 말미암아"서 그렇다. 우리에게 부으시는 그 사랑을 참으로 경험하고 이해하고 즐기고 그 안에서 안식하면—이런 지식과 이해는 하나님의 계시에서 온다(엡 3:14~18)—우리에게 희망이 있다. 하나님이 우리를 사랑하시고 엄호하시고 높여 주심과 그분께는 패배가 있을 수 없음을 우리가 알기 때문이다.

"내가 영원한 사랑으로 너를 사랑하기에 인자함으로 너를 이끌었다 … 내가 다시 너를 세우리니 네가 세움을 입을 것이요"(렘 31:3~4).

자칫 우리는 패배주의적 사고의 덫에 빠지기 쉽다. "나는 행복해질 수 없다. 아내는 가망 없는 알코올 중독자다. 남편은 절대로 게임을 끊지 못할 거다. 이 결혼생활을 단 하루도 더 버틸 수 없다. 도저히 안 된다. 우리 부부는 영영 서로를 이해할 수 없다. 불가능하다. 우린 너무 상극이다."

성경이 명하는 대로 우리는 일어나 이렇게 선포해야 한다.

"오늘 주님의 이름으로 나는 이긴다!"

일부 독자들에게는 그 말이 가망 없는 허언처럼 들릴지 모른다. 하지만 다른 사람들에게는 정말 하루를 시작하는 씩씩한 함성이 될 수 있다. 알다시피 전쟁은 길어질 수 있고 전투에는 때로 일시적 후퇴도 수반된다. 그러나 우리는 하루하루를 새로운 기회, 즉 승리하고 새로

전진해 하나님 나라를 충실히 진척시킬 기회로 맞이한다.

"오늘 주님의 이름으로 나는 이긴다! 어제는 무참히 무너졌을지 모르지만, 오늘은 이긴다!"

현실을 직시하라. 당신의 삶과 결혼생활에 도전이 닥쳐오는 것은 당연한 일이다. 당신은 지금 영적 전투 중이다! 군인들은 적이 총격을 가하거나 교란 작전을 써도 놀라지 않는다.

이 세상에 하나님의 일이 다 이루어지려면 아직 멀었다. 우리가 세상에 있는 이유가 그것이다. 계속 전투하기 위해서다. 우리가 성령으로 충만해지는 이유도 그것이다. 일어나 그분의 이름으로 이기기 위해서다.

벨리즈에 정착한 메노나이트 교인들의 이야기를 기억하는가? 중요한 것은 무엇을 받았느냐가 아니라 그것으로 무엇을 하느냐이다. "오늘 주님의 이름으로 나는 이긴다!" 당신은 패배하지 않고 오히려 무찌를 각오가 되어 있는가?

이제부터는 관계적 측면으로 주제를 돌려 보자. 어떻게 하면 자꾸 실망만 깊어지는 게 아니라 두 사람이 사랑 안에서 계속 더 자라갈 수 있을까?

평생사랑 가꾸기

1 부부가 서로 상극이면 0점이고, 모든 면에서 찰떡궁합이면 10점이라 했을 때 당신 부부는 어디쯤 해당하는가?

2 그리스도인들의 경우, 부부 관계 심리 검사 등 검사의 유익과 한계를 토의해 보라.

3 성격이 잘 맞는 부부가 사명감 없이 살아갈 때 그 위험은 무엇인가? 성격이 덜 맞는 부부가 열매 맺는 만족스러운 결혼생활을 누릴 수 있다는 희망을 얻으려면 하나님께 의존하는 자세와 영적 사명이 어떤 도움이 되겠는가?

4 당신은 자신의 결혼생활 속에 영적 전투가 벌어지고 있음을 인식하며 살아가는가? 이것은 당신 부부가 서로를 대하는 방식에 어떤 영향을 미칠 수 있겠는가?

5 앞으로 5년 후에 누군가가 당신 부부를 "넉넉히 이기는 부부"라 칭한다면 구체적으로 어떤 모습을 보고 그렇게 말하겠는가? 장차 그런 말을 들을 만하도록 당신 부부가 오늘부터 시작할 수 있는 일은 무엇인가?

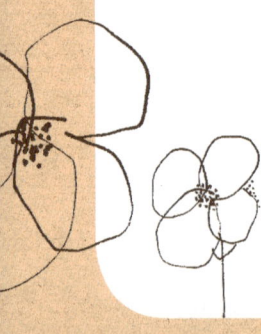

Prayer

승리하시는 우리 하나님이여, 주님을 우리의 대장으로 모셨으니 이기지 못할 전쟁이 없음을 압니다. 모든 전투의 모든 순간마다 약속대로 우리와 함께하시니 감사합니다. 주님은 우리를 창조하신 하나님이고 우리를 재창조하기로 약속하신 하나님입니다. 그래서 구하오니 우리의 관계를 막는 모든 자연적 장애물을 물리쳐 주시고, 대신 우리 부부가 명실상부하게 하나가 될 수 있는 초자연적인 길을 열어 주소서. 우리의 희망을 어떤 교묘한 수법이나 인간의 노력에도 두지 않고 오직 주님의 약속과 공급과 지혜와 성령께만 둡니다. 예수님의 이름으로 기도합니다. 아멘.

좋은 결혼은 저절로 되는 게 아니라 만들어가는 것

10

많은 사람이 짝을 잘 만나 결혼만 하면 좋은 결혼이 될 수 있다고 생각한다. 마치 묘목을 심는 일과 같다. 처음에는 물도 주고 잡초도 뽑아 주고 받침목까지 세워 준다. 하지만 1~2년만 지나면 나무가 그냥 자란다. 유난히 건조한 기후 속에 살고 있다면 가끔 물을 더 주는 것이 좋다. 하지만 대체로 그냥 내버려 두어도 나무는 자라게 마련이다.

대부분 부부가 그렇게 살아간다. 처음 만나 결혼을 약속하고, 결혼 상담을 받을 때는 서로의 과거에 대해서도 잘 대화한다. 하지만 일단 결혼식을 치르고 나면 "저절로" 백년해로로 이어질 거라 생각한다. 결혼이 성사되었다는 이유만으로 말이다.

이것은 결혼에 대한 올바른 기대가 아니다. 친밀한 결혼생활은 벽돌집을 짓는 일과 흡사하다. 시작을 잘해서 절반까지 벽돌을 쌓았어도 거기서 멈추면 집이 저절로 완공될 리가 없다. 사실 현실은 그보다 더 혹독하다. 짓다 만 집은 풍상을 맞아 무너지기 쉽다. 결혼생활도 마찬가지다. 결혼식 후에도 날마다 "예"라는 다짐에 헌신하지 않는다면 관계적인 면에서 하루를 잃는 것이다. 어떤 부부들은 25년 전에 혼인 신고서에 서명했지만, 실제로 결혼생활을 위해 노력한 것은 6개월 정도밖에 되지 않는다. 그들은 서로에게 다가가는 일을 오래전에 그만두었다. 부부가 장기적으로 친밀해지려면 다음 진리를 받아들여야 한다. 배우자에게 자신을 더 내주지 않는 것은 영적 이혼과 같다.

삶의 모든 계절은 결혼생활의 건축을 그만두라고 유혹한다. 우리는 시시한 일들로 싸우다가 길을 잃고 만다. "당신은 부부관계가 얼마나 친밀한가보다 당신의 사무실이 얼마나 큰가에 더 신경 쓰겠는가?" "부부간에 얼마나 잘 지내느냐보다 사람들이 당신의 주택에 얼마나 감동하느냐가 더 중요한가?" "가정은 비참해도 일로 존경받으면 삶에 만족이 있을 것 같은가?" 혼전의 커플들에게 이렇게 묻는다면 대부분 아니라고 답할 것이다. 그런데 그들이 살아가는 방식, 우선순위의 설정, 시간과 에너지를 쏟는 대상 등을 보면 정반대일 때가 많다.

참된 친밀함에서 함께 자라가기는커녕 "거짓된 친밀함"만으로 근근이 연명하는 부부들이 너무도 많다. 그들은 의지적으로 친밀함을 가꾼 적이 없다. 상대에게 홀딱 반한 감정에 그냥 빠져들었다. 그 감정은 하늘에서 떨어진 것처럼 느껴졌다. 노력할 필요도 없이 그냥 생겨나 있었다. 그 감정이 죽자 친밀함도 따라 죽었다. 거짓된 친밀함은 인생의 공통된 사건들을 통해 얼마간 지속될 수 있다. 그러나 대개 자녀들이 커서 집을 떠나고 둘만 남는 순간 와장창 무너진다. 참된 친밀함으로 이미 대체되어 있지 않으면 그렇게 된다.

거짓된 친밀함이 어떻게 시작되고 어떻게 한동안 지속되는지 살펴보자. 그 속에 파묻혀 있던 부부가 어떻게 참된 친밀함 쪽으로 성장하는 법을 배울 수 있는지도 뒤이어 알아볼 것이다.

거짓된 친밀함의 시작

거짓된 친밀함은 상대에게 홀딱 반할 때 시작된다. "뇌를 완전히 장악하는" 이 신경화학적 반응 때문에 당신은 사실상 눈이 멀어 상대의 결점을 보지 못한다. 홀딱 반한 감정은 악명 높을 정도로 수명이 짧아 유효기간이 약 12~18개월밖에 되지 않는다. 하지만 강렬하다. 사랑하는 대상을 이상화한다는 점에서 거짓이기도 하다. 당신은 강점(그중 다수는 가상일 수 있다)에 집중하고 약점(그중 다수는 외부 관찰자들의 눈에 금방 띈다)을 무시한다. 상대를 이상화하여 당신이 *원하는* 인물로 만들어 낸다. 이것은 진정한 친밀함이 아닌데도 절절하게 느껴져 이것만으로 결혼에 이르는 커플들이 많다. 이때 당신이 상대하는 사람은 그 남자나 여자의 진정한 자아가 아니라 이상화된 허구 인물이다.

홀딱 반한 감정 외에 서로 간의 성적인 끌림도 관계의 궁합을 거짓되게 높여 준다. 성적인 끌림은 대개 아주 강렬하다. 홀딱 반한 감정과 성적인 끌림이 결합하면, 두 사람이 서로 어울리지 않는 사이일 수도 있다는 생각은 들어설 틈이 없다. 완전히 콩깍지가 씌어 잠시도 손을 놓을 수 없다. 이런 두 사람의 결혼이 어찌 행복하지 *않을* 수 있겠는가? 굳이 노력하지 않아도 서로를 향한 갈망이 지속된다. 숨만 쉬고 있어도 천생연분처럼 느껴진다. 그래서 주로 여기에 기초하여 둘은 결혼을 결정한다.

봄이 가고 여름이 오면

결혼 날짜가 잡히면 설령 초기의 거짓된 친밀함이 줄어들지라도(만난 지 6~8개월 만에 결혼하지 않는 이상) 결혼식 준비라는 공통의 일 때문에 관계가 지속된다. 둘은 예식을 계획하고 의논하고 실무를 분담한다. 이것도 일종의 친밀함이다. 하지만 피상적 친밀함이며 반려자의 친밀함이 아닌 동업자의 친밀함이다. 그래도 한창 홀딱 반한 상태에다 성적인 끌림이 강하다 보니 그것이 참된 친밀함처럼 느껴지면서 관계를 지탱해 준다. 당장 눈앞에 결혼식이라는 큰 목표가 있어 그날과 이후 신접살림에 대한 기대가 현재의 삶보다 더 현실처럼 느껴질 수 있다.

이런 역동 때문에 나는 약혼한 커플들에게 일주일에 사흘은 결혼식 얘기를 일절 하지 않기로 엄격한 기본 원칙을 정할 것을 신신당부한다. 1시간도 채 안 걸리는 예식에 온통 혈안이 되어 평생의 관계를 가꾸는 일을 소홀히 하는 것은 어리석은 일이다. 후자의 작업을 하지 않으면 신혼여행이 악몽으로 변할 수 있다. 예식이 끝나면 후련할 것이고, 첫날밤을 치를 것이고, 처음 며칠은 결혼식에서 무엇이 잘됐고 무엇이 잘못됐고, 누가 왔고 누가 안 왔고 등을 얘기하며 보낼 것이다. 신혼여행이 사나흘째로 접어들면 30분짜리 결혼식과 2시간짜리 피로연에 대한 대화도 신물이 날 것이다. 관계의 참된 친밀함을 뒷전으로 밀쳐 두었다면, 결혼식 준비의 거짓된 친밀함에 대한 이야기를 질릴 만큼 했다 싶은 순간 두 사람은 어색하다 못해 무섭기까지 한 침묵에 빠져들 것이다. 삶의 구심점이었던 일이 과거사로 변하면 이제 당신은 12월 26일의 다섯 살배기 아이처럼 되고 만다. 깜짝 놀랄 일은 다 끝났는데 현실은 별로 매력이 없다(신혼여행 도중에 쓰라린 눈물을 삼켜야 하는 아내들이 드물지 않음을 알고 있는가?).

신혼여행에서 돌아오면 새 아파트나 새 동네로 이사해 집을 꾸미고 둘의 생활을 하나로 합친다. 이 또한 둘을 묶어 주는 공통의 일이며 대화의 소재가 된다. 침실은 무슨 색으로 칠할까? 이 집에 오래 살 거라면 바깥에 나무라도 심을까? 단골로 다닐 새 커피숍은 어디인가?

시간이 지나 다시 권태로워질 만하면 첫아이가 태어난다. 자녀 양육은 공통의 일 중에서도 대사라서 많은 소통을 요구한다. 우선 출산 수업도 받고 아기방도 꾸민다. 그렇게 당신 부부는 자녀를 기른다. 마침내 자녀를 각기 제 갈 길로 떠나보낼 때도 부부간에 대화가 필요하다. 부부는 자녀의 모든 실패와 성공에 동참한다. 그러다 자녀의 일로 말다툼이 벌어진다.

바로 그때가 당신 부부의 친밀함이 정말 어느 정도인지 밝혀지는 시점이다.

둘의 관계가 처음 시작될 때는 홀딱 반한 감정과 성적인 끌림뿐이었다. 다음은 결혼식 준비, 그다음은 집 꾸미기, 그다음은 자녀 양육이란 공통의 일이 있었다. 과거에는 거기까지만 해도 인간의 수명이 거의 다 되었다. 하지만 요즘 부부들은 (아이를 적게 낳는 편이라) 25년이면 그 과정을 다 마칠 수 있다. 그러고도 대개 30년 남짓의 결혼생활이 더 남아 있다. 낯익은 타인과 함께 외로이 살아가기에는 아주 긴 시간이다. 참된 친밀함을 의식적으로 가꾸어 놓지 않았다면 관계가 심각한 위협을 받을 것이다.

어떤 부부들은 그동안 자신들의 관계의 기초가 친밀함이 아니라 공통의 일이었다는 현실에 눈떠야 한다. 친밀함이 기초가 되려면 함께 기도하고, 꿈을 나누고, 서로의 짐을 져 주고, 무엇보다 중요하게 서로를 향한 공감을 키워야 한다. 그런데 어떤 부부들은 배우자가 아니라 팀의 동료 관계다. 팀의 동료일 뿐인 사람들은 시즌이 끝나면 어떻게 하는가? 각자 제 갈 길로 흩어진다.

한때 분명히 천생연분이라 믿고 20년 넘게 살아온 수많은 부부가 갑자기 "성격 차이"를 선언하는 데는 그런 이유도 있다. 단순히 거짓 궁합이 바닥을 드러내 여생을 함께 맞이할 공통분모가 거의 없음을 깨달은 것이다. 안타깝게도 그들은 결혼의 재건이 가능함을 모른다. 결혼을 재건하려면 영적 궁합을 가꾸고 공감과 친밀함을 선택하면 된다(전자는 1부에 다루었고 후자는 이번 2부의 주제다).

부부가 이혼해 각각 다른 사람과 새로 시작하면 처음에는 두 번째 관계가 이전의 관계보다 더 만족스럽게 느껴진다. 역시 거짓된 친밀함이 밑을 받쳐 주기 때문이다. 홀딱 반한 감정과 성적인 끌림이 다시 무대의 중앙을 차지한다. 서로 반한 두 연인은 과거의 이력을 나누고, 결혼식을 준비하고, 둘의 생활을 합치는 등 관계를 가꾸는 작업에 들어간다. 그러나 같은 역동 때문에 이 애정도 끝나고 만다. 부부가 의식적으로 참된 친밀함을 가꾸지 않으면 그렇게 된다.

결혼생활은 만들어가는 것이다

지금까지 내가 집필과 강연을 통해 결혼에 대해 전한 주된 메시지 중 하나가 이것이다. 좋은 결혼은 저절로 되는 게 아니라 만들어가는 것이다. 계속 만들어가야 한다. 또 하나 똑같이 중요한 것은(여기에 희망이 있다) 어느 시점에서부터든 결혼의 개조도 가능하다는 것이다.

당신이 그동안 거짓된 친밀함 속에 살아왔다는 냉엄한 현실에 눈을 떴다면 여기 기쁜 소식이 있다. 빠르지는 않지만 비교적 쉬운 해결책이 있다. 이제부터 참된 친밀함을 가꾸면 된다. 이혼해 또 다른 관계를 거짓된 친밀함으로 맺기보다는 이제부터 하나님을 관계의 중심에 모시고 참된 친밀함을 가꾸기로 선택하면 된다. 그것이 모든 관련 당사자에게 훨씬 나은 길이다.

만일 좋은 결혼이 저절로 되는 것이라 믿는데 지금의 결혼이 좋지 못하다면, 도무지 해결할 길이 없다. 짝을 잘못 만났을 뿐이므로 논리적 결론은 이혼뿐이다. 그러나 좋은 결혼이란 만들어가는 것이라 믿는데 지금 잘 안 되고 있다면, 개조를 선택할 수 있다. 이제부터 다르게 하고 다른 방식으로 세우면 된다.

그리스도인으로서 내가 믿기에 우리는 너무 자기중심적이라서 성령께서 우리 안에 역사하여 우리를 변화시켜 주셔야만 한다. 참된 공감을 아는 충분한 역량, 희생하려는 의지, 애정을 파괴하고 원한을 일으키는 쩨쩨한 죄들을 극복할 능력 등을 성령께서 우리에게 주셔야만 한다. 다시 말해서 참된 친밀함을 가꾸고 유지하려면 다름 아닌 하나님이 성령을 통해 직접 개입하셔야만 한다. 다른 죄인과 함께 새로 시작하는 것만으로는 소용없다. 그 사람은 죄를 짓는 방식이 다를 뿐이다. 나는 첫 아내의 죄에 그랬던 것만큼 새 아내의 죄에도 넌더리가 날 것이다. 배우자를 계속 갈아 치울 게 아니라 죄를 공격하고 용서의 은혜 안에 자라가는 게 얼마나 더 낫겠는가.

참된 친밀함을 가꾸려면 하나님께 힘입은 사려 깊은 인내가 필요하다. 관계를 친밀하게 해 주는 작은 일들을 헌신적으로 지속하되 적절한 우선순위를 따라 해야 한다. 예컨대 좋은 부부는 끊임없이 소통한다. 소통이 없으면 관계도 없다. 또 부부는 원한이 곪게 두지 않는다. 계속 충분한 관심으로 서로의 견해 차이를 풀어나간다. 하나님께 나아가 서로의 약점을 용서한다. 서로를 위한 시간을 떼어 둔다. 둘만의 추억을 만든다. 그러려면 의지적 결단과 추진을 통해 자녀들 없이 둘이서 함께 즐길 수 있는 일을 해야 한다. 부부는 늘 가장 친한 친구로 지낸다. 행여 배우자보다 다른 사람이 더 가깝거나 멋있게 느껴지기 시작하면 당장 경보를 울린다. 부부는 서로를 위해 기도한다. 함께 웃는 법을 배운다. 함께 놀고 함께 일하고 함께 운다. 신체적 이유로 섹스를 중단하거나 횟수를 줄여야 하는 경우가 아니라면 성적 친밀함이 시들해지는 이유를 찾아내 해결한다.

부부관계를 친밀하게 유지해 주는 이런 일들을 중단하면 관계가 시들어 죽는다. 거짓된 친밀함의 한계에 도달한 부부들은 안타깝게도 관계를 돌아보는 게 아니라 상대를 탓할 때가 많다. "그동안 우리가 관계를 잘 가꾸지 못했다"고 말하는 게 아니라 "내가 짝을 잘못 만난 게 분명하다"고 말한다. 이는 마치 최고 수준의 설계사에게 의뢰해 설계도를 받아 놓고는 집을 반쯤 짓다 말고 이렇게 말하는 것과 같다.

"설계도에 하자가 있다. 지붕의 구멍으로 물이 샌다!"

문제는 설계사가 아니다. 집을 지어야 할 사람들이 작업을 다 끝내지 않는 게 문제다.

하나님의 성전이 건축될 때 그분이 얼마나 꼼꼼하게 제대로 지어지게 하셨는지 눈여겨 본 적이 있는가? 그분은 각 방의 너비와 높이, 문설주, 붙박이 설비, 심지어 모든 장식에 이르기까지 일일이 정확한 규격을 지시하셨다. 우리의 결혼도 "성전"일 수 있다. 예수는 두 사람 이상이 그분의 이름으로 모인 곳에 자신도 함께 계신다고 말씀하셨다. 바울은 우리에게 이렇게 가르친다. "너희는 너희가 하나님의 성전인 것과 하나님의 성령이 너희 안에 계시는 것을 알지 못하느냐"(고전 3:16). 하나님은 건축의 대가이시며 "결혼이라는 성전"을 짓는 일에도 우리가 청하기만 하면 도움을 베푸신다. 결혼은 그분의 영광을 위한 또 하나의 기념비요 그 나라의 일을 위한 또 하나의 전초지인데, 그것의 건축을 도우시는 일에 그분이 인색하실 것 같은가?

그러나 영광스러운 성전은 저절로 지어지지 않는다. 하나님은 옛 성전을 말씀으로 창조하실 수도 있었으나 일부러 건축자들에게 맡기셨다. 그분이 아주 구체적인 지침을 주셨지만, 그들 쪽에서 자발적으로 그 지침에 순종하여 수고해야 했다.

우리는 의지적으로 친밀함을 가꿀 수 있으며 혹 친밀함을 잃었더라도 다시 쌓아 올릴 수 있다. 두 사람의 사랑에 다시 불을 붙이고 싶다면 하나님의 은혜로 가능하다. 그저 부부 본연의 일들을 하면 된다. 친밀함이란 당신에게 "있거나 없는" 것이라기보다 당신이 선택하는 것이다.

다음 장에서는 부부관계의 부실한 로드맵을 하나 살펴볼 것이다. 결혼생활에서 부부가 동반의 성장을 멈추는 가장 흔한 단계들을 추적해 볼 것이다. 이런 실상을 알면 더 의지적으로 연합을 추구하는 데 도움이 될 수 있다.

평생사랑 가꾸기

1 결혼생활을 거짓된 친밀함과 참된 친밀함의 기준으로 평가한다면 당신의 부부관계는 어디쯤 해당하겠는가?

　　　　1 — 2 — 3 — 4 — 5 — 6 — 7 — 8 — 9 — 10
거짓된 친밀함　　　　　　　　　　　　　　참된 친밀함

2 당신 부부는 결혼식 날보다 지금 더 소통이 깊어졌고 서로의 삶에 더 동참하고 있다고 느껴지는가, 아니면 어떤 식으로든 더 멀어졌다고 느껴지는가? 왜 그렇게 되었다고 보는가?

3 다음의 범위에서 당신은 어디쯤 해당하는가?

　　　　1 — 2 — 3 — 4 — 5 — 6 — 7 — 8 — 9 — 10
결혼생활이 다분히 저절로　　　　　노력하여 결혼생활을 가꾸었다
자라 갈 줄로 알았다

4 참된 친밀함을 가꾸거나 재건하기 위해 이후 몇 주 동안 당신 부부가 (또는 배우자가 단념한 경우라면 당신 혼자서라도) 할 수 있는 한 가지 일은 무엇인가?

Prayer

아버지여, 주님은 우리가 친밀한 부부가 되어 참된 친밀함을 누리고 본을 보이기를 원하십니다. 한때 우리는 진품이 아닌 것에 너무도 만족했습니다. 새로운 목마름을 주셔서 참으로 친밀한 연합을 추구하게 하소서. 거짓된 친밀함에 진력이 나게 하시니 감사합니다. 최선이 아닌 것에 쉽게 안주하지 않으려는 마음을 주심도 감사합니다. 현재 우리의 소통이 막혀 있다면 이는 우리가 참된 동반의 성장에 방해되는 다른 일들을 방치해 왔다는 징후일 수 있음을 인정합니다. 기도하오니 매사에 선택을 더 잘하도록 도와주소서. 그리하여 앞으로 1년 후에는 가족들과 친구들도 알아볼 수 있을 만큼 우리의 결혼생활이 본질적으로 달라지고 더 친밀해지게 하소서. 예수님의 이름으로 기도합니다. 아멘.

권력 이동의 틀에서 벗어나기

11

　　농구 경기에서 공격을 장악한 팀이 수시로 바뀌듯이 부부간에도 "관계상의 권력"이 이동할 수 있다. 이런 움직임을 나는 "권력 이동"이라 부른다.

　여기서 "권력"이란 부부 중 한쪽이 관계적으로 우세한 처지에 놓인다는 뜻이다. 한쪽에서 덜 안전하게 느끼거나 관계에 더 몰입하면 자연히 상대의 "권력"이 더 세진다. 배우자보다 당신이 결혼생활에 더 비중을 둔다면 배우자의 권력이 더 세다고 느껴질 것이다. 배우자는 당신만큼 아쉬울 게 없기 때문이다(적어도 그렇게 보이며 분명히 그쪽에서 더 안전하게 느낀다). 이런 권력은 세월이 가면서 자주 이동한다.

　권력 이동의 최종 결과는 친밀함의 반대인 외로움이다. 두 사람이 서로를 향해 다가가는 게 아니라 한쪽에서 상대를 뒤쫓는데 상대(권력이 있는 쪽)가 기다려 주지 않는 것과 같다. 그러면 부부관계는 친밀한 연합으로 피어나는 게 아니라 필사적 추적으로 변한다. 남의 뒤를 쫓는 것보다 더 사람을 외롭게 하는 일은 별로 없다.

　결혼생활에서 느끼는 외로움은 특히 고통스럽다. 그래서 전형적 권력 이동을 알아 둘 필요가 있다. 그래야 친밀함이 그 속에 파묻히지 않고 오히려 이를 통해 우리가 자라 갈 수 있다. 권력 이동을 인식하지 못하거나 성숙하게 처리하지 못하면 대개 거기서 원망과 원한이 싹튼다. 그러다 권력이 내 쪽으로 넘어오면 그 원한 때문에 권력을 무기로 휘둘러 관계에 더 큰 해를 입히기 쉽다.

　핵심은 이것이다. 지금부터 언급하려는 모든 권력 이동에는 친밀함을 가꿀 수 있는 잠재력도 함께 내재되어 있다. 공감, 기도, 대화, 예배, 섬김으로 그것을 제대로 헤쳐 나가면 된다. 아래에 부부들의 흔한 잘못을 지적한 것은 다만 비교를 통해 옳은 길을 선택하도록 돕기 위함이다. 우리가 그것을 선택하기만 한다면 그런 계절을 하나씩 지날 때마다 더 친밀하고 가까워질 수 있다.

　표현상의 간결성을 위해 한쪽 성의 입장에서 전형적인 경우를 말할 것이다. 양쪽의 성 역할이 서로 바뀔 때가 많음을 익히 알고 있으나, 그 점 양해하기 바란다. "남편"이라고 말할 때마다 일일이 "또는 아내"라고 덧붙여야 한다면 당신도 나도 지루해질 것이다. 그러니 불쾌하게 여기지 말기 바란다.

내가 원하는 건 당신입니다

　"피로연은 짧게 합시다."
　"알았어요."

"아니, 정말 짧아야 돼요."

브렌트(Brent)는 결혼할 때 서른한 살이었는데 아직 동정의 몸이었다. 첫날밤만을 손꼽아 기다렸다. 그래서 결혼식 시간이 토요일 2시로 잡히자, 그는 저녁 6시면 그 순간이 오리라는 기대에 부풀었다.

아내는 웃으면서 그의 충실한 삶을 고마워했고 결국 피로연에 한 시간만 있다가 자리를 뜨기로 약속했다.

문제는 그들이 럭셔리한 호텔에 도착했을 때 아직 턴다운 서비스(저녁 시간의 객실 정돈 서비스-역주)가 시작되기 전이었다는 것이다. 둘 다 미처 그 생각을 못했다. 브렌트가 소기의 목적을 달성하려는 참인데 시끄럽고 끈질기게 문 두드리는 소리가 났다.

"턴다운 서비스입니다! 청소하러 왔어요!"

"뭐라고? 설마!" 브렌트가 소리쳤다.

막 문이 열리려는 참이었다.

"걱정 말아요. 내가 해결할게요."

아내가 벌거벗은 몸으로 침대에서 나와 큰 수건을 몸에 두른 뒤 최대한 아무렇지도 않은 모습으로 설명했다. 아직 저녁 5시 45분이지만 정말 방해받고 싶지 않으니 돌아가 달라면서 자신이 초저녁에 수건을 즐겨 입는다는 말까지 덧붙였.

그동안 결혼식 주례를 하면서 나는 "몸이 달아 있는" 사내들을 많이 보았다. 성적 에너지(약혼녀와 이미 동침하고 있지 않다는 전제하에)를 못 이겨 한시도 신부에게서 예리한 시선을 떼지 못한다. 갈망에 겨워 계속 살피며 싹싹하게 대한다. 신부는 관계의 권력이 자신에게 쏠려 있음을 감지한다. 거기서 위안과 안전과 만족을 느낀다.

안타깝게도 남자의 심리는 다르다. 일단 결혼식이 끝나면 자연스럽게 "여자를 얻었으니 그다음 도전은 무엇인가?"라는 생각으로 넘어간다. 성관계는 아주 만족스럽다. 그러나 이제 가려운 데를 수시로 긁게 되었으니 집착 대상이 돌변한다. 예컨대 직장에서 성공하고, 골프 실력을 수준급으로 다듬고, 자동차를 개조하고, 비디오게임에서 순위를 올리는 일 등이다. 신혼의 아내는 당연히 괴롭다. "한때는 내가 그의 삶에서 1순위였는데 이제 5~6위로 밀려났단 말인가?"

권력이 남자 쪽으로 이동했다. 아내는 이제 관계에 더 비중을 두는 쪽은 남편이 아니라 자신이라고 느낀다. 이것은 아프고도 두려운 일이다. 그녀는 이 남자에게 그녀의 인생을, **평생**을 맡겼고, 더 상처받기 쉬운 쪽이 되었다. 이제 상황이 달라졌다. 한때 그토록 그녀에게 사려깊고, 잘 배려하던 남편이 이제 완전히 딴 사람처럼 느껴진다. 그녀를 향한 갈망과 관심이 훨씬 줄었다. 남자의 자존심을 세워 주는 온갖 조잡한 것들이 세상에 널려 있는데, 남편의 주목을 얻고자 평생 그것들과 경쟁하고 싶은 여자가 누가 있겠는가?

남자든 여자든 연애할 때와 결혼 후의 태도가 다르다면, 한때 둘의 관계와 상대방 자신에게 몰입하던 사람이 이제 기껏해야 약간 관심을 보이는 정도라면, 배우자의 자존감과 부부간의 친밀함에 큰 상처를 입힐 수 있다. 과거에 뜨거운 애정과 관심을 보였기에 현재의 무심함은 그만큼 상대에게 더 큰 고통을 안겨 준다. 당신이 이미 이 덫에 빠져 있다면 (설령 10년 이상이 흘렀을지라도) 사과해야 한다. 성적인 끌림에 주로 지배당하다가 그 후에 미성숙하게 반응했음을 인정해야 한다(물론 훨씬 심각한 문제일 수도 있으나 앞서 말했듯이 전형적인 경우다). 성욕 때문에 상대에게 관심을 보였을 뿐 우리의 갈망과 관심은 목적이 아니라 수단이었다. 아내를 배타적으로 아껴 주지 못했다. (벌거벗은) 아내에게서 얻을 수 있는 것을 중시했을 뿐이다.

그래서 나는 결혼 상담 때 남자들에게 이런 말을 자주 한다.

"결혼식을 치른 후에도 반드시 로맨스를 높여야 합니다."

내 경우는 리자에게 줄 선물 열 가지를 사서 신혼여행에 가지고 갔다. 포장지로 싼 선물을 첫날밤에 모두 탁자 위에 올려놓고 이렇게 말했다. "밤마다 하나씩, 아침마다 하나씩 뜯어보세요." 비싼 것들은 아니었다. 그 당시 나는 무일푼이나 다름없었고 재산이라곤 달랑 10년 된 중고차 한 대뿐이었다. 다만 나는 혼인서약 이전 뿐 아니라 **이후**에도 아내를 존중하는 내 마음을 그렇게 표현하고 싶었다.

남편이 이 시기에 엉망으로 하면 다음번 권력 이동에서 패배를 자초하기 십상이다. 바로 아기가 태어날 때다.

작은 외도

"아들이 태어나면서 남편과의 관계가 완전히 변했다. 물론 자녀가 생기면 결혼생활이 달라질 줄이야 예상했지만, 이렇게 친밀함이 완전히 상실될 줄은 몰랐다. 우리는 서로 많이 다른 것치고는 긴밀한 관계였는데, 이제 다른 궤도를 돌다가 아기 때문에만 교차하는 별개의 위성이 되었다. 아이 엄마인 내 친구들은 이런 상황이 자연스러운 것이며 시간이 지나 새 식구가 더해진 충격이 사라지면 정상으로 돌아갈 거라고 안심시켜 주었다. 세 자녀를 둔 한 친구는 거기서 한술 더 떴다. '이제 남편에 대한 감정이 전과 같기를 바라서는 안 돼. 그 관계가 바뀌어야만 네 아들에게 초점을 맞출 수 있거든. 본래 우리 뇌는 자식을 우선으로 삼게 되어 있어. 이것도 일종의 진화야.'"[1]

그런데 저자인 이 엄마에게는 그 "진화"가 잘 통하지 않았다. 그녀는 결국 남편과 이혼했다. 조언을 들은 대로 자식에게 우선으로 집중했지만, 결국 이혼이 자녀에게 얼마나 도움이 되었을까?

지금 나는 누구를 비난하려는 게 아니다. 단지 신념에는 결과가 따른다는 것을 지적하고 싶다. 우리는 자녀를 우선으로 삼지 **않기 위해** 싸워야 하며, 자녀가 아기일 때부터 그래야 한다. 그렇지 않으면 정작 그 자녀의 가정이 안정을 잃게 된다. 기본적으로 부부는 늘 서로를 나중으로 밀쳐 두게 된다. 하지만 그러면 아이를 할머니에게 맡기고 수시로 데이트를 나가는 것보다, 결과적으로 자녀가 훨씬 더 손해를 입는다.

여자들은 대개 이 말을 싫어한다. 그런데 남편들은 아내가 첫아이와 "외도"에 빠진 것 같다는 불만을 드물지 않게 토로한다. 이것은 신경학적으로 입증되는 사실이다. 수유 중인 엄마의 뇌에는 옥시토신(애정과 푸근한 느낌을 유발하는 신경펩타이드)이 다량 분비되며, 이때 엄마는 하나님이 창조하신 가장 강력한 방식으로 아기와 교감하며 일체감을 이룬다. 이것은 로맨틱한 감정과는 다르지만 그래도 일부 여자들의 경우에는 홀딱 반한 감정만큼이나 강렬할 수 있다.

사실 이런 신경 작용은 여자가 굳이 아기에게 젖을 물리지 않아도 나타날 수 있다. 아기의 **냄새만 맡아도** 그렇게 된다. 독일에서 시행된 한 연구에 따르면 엄마들(모든 여자가 아니라 엄마임을 강조한다)의 보상 신경회로는 신생아의 냄새를 맡기만 해도 활성화된다. 쫄쫄 굶은 사람이 다시 먹기 시작할 때의 쾌감과 중독자가 처음 마약을 흡입할 때의 욕구, 이 둘은 신경학적으로 비슷한 경험이다. 이상의 세 가지 경우 모두에서 같은 뇌 부위가 활성화된다. 다시 말해 당신의 아내가 엄마라면 아기 냄새에 대한 신경학적 반응이 당신이 골프를 치다가 중간에 햄버거를 꿀꺽 삼킬 때와 똑같다.[2]

그래서 일부 아내들은 아이가 태어난 지 6~7주 만에 남편이 아이를 맡기고 둘이 나가자고 제안하면 이런 반응을 보인다. "왜 내가 당신하고 둘이 있으려고 내 아기를 맡겨야 하는데?" 물론 실제로 그렇게 말하지는 않겠지만, 제안만 듣고도 아찔해 하는 그 표정이 남편에게 모든 것을 말해 준다.

결혼식을 치른 뒤로 아내는 아마 찬밥 신세가 된 기분이었을 것이다. 약혼자일 때는 그녀에게 몰입했던 남자가 결혼 후에는 뒤로 쏙 빠졌다. 그녀는 다시 남편의 시선을 끌어 보려 갖은 애를 썼으나 부질없었다. 그런데 이제 아기가 생겼다. 평생 갈망하던 수준의 친밀함을 아기에게서 경험하고 있다. 아기는 온통 그녀밖에 모르며 다른 사람이 감히 안으면 울기까지 한다. 그동안 인정과 친밀함에 워낙 굶주려 있었기에 그녀가 균형을 잃는 것도 어느 정도 이해할 만하다. 그녀는 아기가 늘 이렇게 엄마밖에 모를 줄로 생각한다. 아기에게 홀딱 빠진 감정을 고치는 하나님의 신묘한 치료법(10여 년 뒤에 찾아올 사춘기)을 아직은 복에 겨워 모르기 때문이다.

그러는 사이에 남편은 결국 자신이 아내를 "잃었음"을 깨닫는다. 몇 달이나 심하면 몇 년째 그녀는 아기에게 하듯이 남편에게 다정하게 말해 본 적이 없다. 아이가 우는 순간 남편의 존재는 사라진다. 성관계 도중이었다 해도 상관없다. 항상 아기가 우선이다. 권력이 다시 아내 쪽으로 넘어갔다. 이때 아내가 강렬한 모성 본능에 지배당하여 엄마 노릇이 먼저이고 아내의 역할은 나중이라는 덫에 빠지면, 결혼생활에 엄청난 피해를 초래할 수 있다.

물론 여자만 이런 오류에 빠지는 것은 아니다. 남자 쪽에서 똑같이 하면 이 부부는 나의 표현으로 "자녀 공방전"에 말려든다.

자녀 공방전

남편 자크(Jacques)가 첫아이 엘리안(Eliane)을 미친 듯이 사랑하자 프랜신(Francine)은 결국 슬픔에 잠겼다. 이상하게 들릴지 모른다. 남편이 딸을 그토록 예뻐하면 엄마로서 당연히 좋아할 일 아닌가?

그러나 우리는 어쩔 수 없는 인간이다. 프랜신의 설명을 들어 보자. "나는 열여덟 살 때부터 자크를 사랑하고 사모했다. 우리의 만남은 섭리였고 둘의 삶을 완전히 바꾸어 놓았다. 그런데 딸이 태어나면서 … 문제가 복잡해진 것 같다. 자크의 눈에는 딸밖에 들어오지 않았다.

딸은 그의 작은 천사였고 나는 더는 그에게 사랑받는 유일한 존재가 아니었다. 마치 무엇을 빼앗긴 것처럼 맥이 빠졌다."³

물론 프랜신이 자랑으로 한 말은 아니지만, 그래도 조금은 이해가 가지 않는가? 그녀가 성인기 내내 사랑했던 남자가 갑자기 다른 사람을 더 사랑하는 듯 애정을 쏟아붓고 있다. 그 다른 사람이 설령 딸일지라도 그것이 그녀에게는 상처가 된다. 그런데 우리는 상처를 받으면 도로 상처로 갚아 줄 때가 있다.

이 경우 프랜신은 보상 심리로 결국 4년 후에 태어난 수잔(Suzanne)에게 사랑을 쏟아부었다. 남편이 수잔을 첫아이만큼 사랑하지 않는 것 같았으므로 프랜신은 둘째 아이를 편애하는 자신의 보상 심리를 정당화했다. 이제 자크에게 상처를 입히는 그녀의 싸움에 동맹군이 생겼다. 마침내 2 대 2로 권력에 균형이 이루어졌다. 프랜신과 수잔은 자크와 엘리안이라는 편애 연맹의 피해자였다. 영문도 모른 채 또는 딱히 그러려는 의도도 없이 프랜신은 첫딸에게 늘 핀잔을 주었다. 동생은 뭐든 다 잘하는데 언니가 돼서 매사에 형편없다는 식으로 대했다.

물론 문제는 엘리안이나 수잔이 아니었다. 문제는 부부간의 멀어진 사랑이 자녀를 통해 대신 표출된 "자녀 공방전"이었다. 남편이 한 자녀를 편애하는 데 대한 보상 심리로 아내는 다른 자녀를 편애했다. 부부간에 애정과 권력이 이동하는 과정에서 애꿎은 두 자녀가 장기판의 졸이 된 것이다.

어느 운명의 주간, 자크와 프랜신은 휴가를 가서, 부부가 시간을 내어 하나님께 간절히 기도하고 하나님 음성에 귀를 기울이는 시간을 가졌다. 그들은 정말로 경청했다. 하나님께서 그들의 삶으로 오셔서 말씀해 주시기를 간절히 청했다. 그 부부는 왜 프랜신이 큰딸을 못마땅해 하고 작은딸을 편애하는지, 그 어두운 역동을 그분이 지적해 주시는 게 느껴졌다. 그것을 인식하게 되고, 서로의 마음을 고백하면서, 부부의 사랑이 회복되었다.

프랜신은 거기서 한 걸음 더 나아가 큰딸에게 사과했다. 엘리안은 "드디어 인정하시네요. 엄마는 정말 저보다 수잔을 더 사랑했어요. 나는 알고 있었어요!"라며 엄마를 와락 끌어안았고, 이로써 깊은 치유가 시작되었다. 부모가 잘못을 인정한다는 게 어색한 대화처럼 보일 수 있으나, 이보다 더 좋은 선택이 있겠는가?

프랜신이 인정하지 않아도 엘리안은 이미 다 알고 있었다. 마음을 털어놓고 설명한 뒤 이를 성장의 통로로, 그리고 하나님의 구속 사역을 보여 주는 증거로 삼는 게 최선의 길이다.

부부가 병들면 가정도 병든다. 자녀를 위해서라도 결혼생활을 가꾸어야 한다. 그 일을 그만두면 저녁 식사를 요리하는 동안 자녀를 바깥의 빗속에 내버려두는 것과 같다. 부부 사이가 나빠졌다고 자녀를 내세워 공방전을 벌이지 말라. 부부관계의 역동 때문에 애꿎은 자녀를 동원하여 은근히 배우자를 공격해서는 안 된다(자식들끼리 싸움을 붙이는 것은 이혼한 부부들만이 아니다). 당신이 무시당한다고 느껴지거든 배우자에게 직접 말하라. 배우자의 마음을 잃은 것 같다는 이유로 행여 보상심리로 자녀의 마음을 통제하려 들지 말라. 자녀는 장기판의 졸이 아니다. 자녀는 우리가 귀히 여기고 지원하고 양육하고 가르쳐서 각자의 사랑의 삶으로 내보내야 할 대상이다.

서로 대화하라. 하나님의 음성을 들어라. 상담을 받아라. 자녀 양육의 시기를 통해 원한과 원망과 소외를 낳는 게 아니라 많은 추억과 협력과 공동의 목적을 낳기로 결단하라.

단념해서는 안 된다

대개 바로 여기서 다음번 권력 이동이 발생한다. 남편이 아내를 자녀에게(또는 아내의 직장과 자녀에게, 또는 더 부양이 필요해진 아내의 부모에게, 또는 심지어 집안의 애완동물에게) 잃었음을 깨달으면 이제 자아의 필요를 다른 데서 채우려 하기 쉽다. 그동안 내가 남자들에 대해 한 가지 배운 사실이 있다. 대개 우리는 이길 수 없다 싶으면 아예 경쟁하지 않고 초점을 다른 데로 돌린다. 집에서 존중받지 못하면 직장, 비디오게임, 골프장, 사슴 사냥터 등 집 밖에서 존중받으려 한다. 존중 비슷한 것이라도 얻어내려고 아무리 멀리까지도 마다치 않고 헤맨다. 그 존중의 무대가 지극히 좁을지라도 말이다.

여기에 배우자까지 똑같이 반응하면 이것은 관계의 암이 된다. "좋아, 남편은 단념한 게 분명해! 그렇다면 나라도 더 작정하고 아이들에게 집중해야지. 남편이 안 하니까. 남편은 비디오게임에 붙어 살잖아. 나라도 어른 구실을 해야지!" 이런 "단념"은 대개 순환적이다. 한쪽의 행동이 상대의 행동을 강화해 결국 부부는 점점 더 멀어진다.

어떤 암처럼 원한도 잠복기가 길다. 관계의 혈류 속에 10년 이상 존재해도 아무런 증상도 없을 수 있다. 관계가 병들수록 결혼생활은 싸늘해지지만, 하강 속도가 느리다 보니 부부는 한 침대를 쓰는 남남의 개념에 점차 익숙해진다.

이때 자칫하면 외도에 빠지거나 중독이 도지거나 기타 해로운 대응 기제로 맞서기가 아주 쉽다. 외로운 그리스도인들은 외롭지 않았을 때는 상상하지도 못했을 일들을 한다. 자녀들이 집을 떠나 그나마 둘의 공통분모가 없어지면 외로운 그리스도인들은 이혼까지도 들먹거릴 수 있다.

단념의 한 증상은 부부의 사교계가 따로 분리되는 것이다. 사회과학에서 밝혀진 바에 따르면 많은 경우 이혼의 원인은 외도나 학대가 아니라 부부가 공동의 사교계를 점차 서서히 잃기 때문이다. 각자 (직장, 온라인, 자모회 등에서) 새로운 지인들과 엮이다 보니 공동의 친교의 장은 사라지고 각기 다른 장이 생겨난다. 그러면 이혼을 생각하기가 더 쉽고 더 엄두를 낼 만해진다. 둘 다 이미 다른 데에 속해 있어 상실할 가정의 비중이 줄어들기 때문이다.

결혼을 확실히 지키고 싶다면 "단념"이 아니라 그 반대로 해라. 힘닿는 한 배우자의 친교의 장 속에 함께 "개입"하라. 배우자에게 중요한 사람은 당신에게도 중요해야 한다. 현대에는 업무 스케줄과 온라인 공동체 때문에 부부 중 한쪽에서만 알고 지내는 관계들도 불가피하다. 그러나 서로가 모르거나 조금이라도 개입되지 않은 **중요한** 관계는 없어야 한다. 적어도 그 관계에 대해 함께 대화라도 할 수 있어야 한다.

"단념"은 종말의 시작이지만 "개입"은 친밀함과 기쁨을 향한 여정이다.

빈집, 빈마음

"야구란 이렇게 보는 거야!"

그레이엄(당시 대학생이던 내 아들)과 나는 스포츠의 천국에 와 있었다. 휴스턴 에스트로스 팀의 야구 경기를 다이아몬드클럽 좌석에서 관람한 것이다. 포수가 정말 손에 닿을 것만 같았다. 입장권을 제공한 내 친구 스킵(Skip)은 씩 웃고만 있었다.

나보다 열다섯 살쯤 위인 스킵은 가정마다 흔히 겪지만 내게는 아직 새로운 이슈들에 대해 유익한 조언을 들려주곤 했다. 당시 나의 막내딸 켈시(Kelsey)는 몇 주 후면 대학 신입생이 될 참이었다. 그래서 나는 스킵에게 집이 빈 둥지가 되면 결혼생활이 어떻게 달라질지 물었다. 리자는 늘 아이들의 삶에 깊이 개입했고 그동안 전업주부였으며 직장 생활을 원하지도 않았다. 그러니 이제 삶이 몰라보게 달라질 수밖에 없었다.

"상상도 못할 만큼 리자를 많이 인정해 주어야 될 걸세." 스킵이 말했다. 듣고 있던 그레이엄의 입이 쩍 벌어졌고 우리 부자는 서로 쳐다만 보았다. 그러잖아도 우리 둘 다 느꼈지만 최근에 우리가 아무리 리자를 격려해 주어도 부족하기만 했기 때문이다. 스킵이 이유를 설명해 주었다.

"여태 리자가 자존감을 얻던 모든 출처가 어떤 의미에서 이제 사라진 거지. 그래서 새로운 삶을 찾아야 하는데 그건 무서운 일일세. 자네가 어느 때보다도 관심을 기울여 리자를 세워 주어야 하네."

이는 빈 둥지를 앞둔 아내에게만 아니라 은퇴를 맞이한 부부에게도 똑같이 적용된다. 대부분의 성인기 동안 당신을 규정했던 그 무엇이 훌쩍 사라졌으니, 당연히 그것이 결혼생활에 새로운 스트레스가 되지 않겠는가? 이것은 부부의 친밀함을 더 돈독히 하라는 초대와도 같다. 그러므로 그것을 짐이 아니라 기회로 보고 부부가 서로의 삶에 더 개입해야 한다.

인생의 사건은 대부분 배우자의 정서적 유익에 투자해 부부관계에 "입금"할 기회다. 그렇지 않으면 사건은 시험에 낙제한 것처럼 "인출"로 이어진다. 마치 아무것도 달라지지 않은 냥 적극적으로 나서지 않기 때문이다. 상황이 달라졌는데도 똑같이 반응하는 것은 잔인한 행위로 비칠 수 있음을 알아야 한다. 호수에서 수영하는 아내가 고개를 까딱거리며 웃는다면 나는 그냥 멀리서 지켜보며 미소를 지을 수 있다. 그러나 아내가 갑자기 힘이 빠져 가라앉지 않으려고 안간힘을 쓰며 비명을 지르는데도 내가 가만히 있다면 그것은 말할 수 없이 잔인한 일이다.

문제는 정서적 필요가 여간해서 호수에 빠진 사람만큼 확연하지 않다는 것이다. 어쩌면 배우자가 부끄러워 자신의 필요를 인정하지 못할 수도 있고, 자기가 문제를 제기해도 내가 나서 주지 않거나 겁을 먹고 피할까 봐 두려울 수도 있다. 때로 권력 이동에서 벗어나려면 배우자가 청하지 않더라도 필요할 때 내 쪽에서 일방적으로 나서야 한다. 상대에게 필요한 게 정말 무엇인지 잘 살펴서 알아내야 할 수도 있다.

남편이나 아내가 은퇴해 갑자기 당신에 대한 의존도가 높아진다면 당신이 보일 수 있는 반응은 둘 중 하나다. "지난 30년 동안 뭘 하고 산 거예요?"라고 할 수도 있고, 아니면 "왠지 우리가 남남이 된 것 같지요? 우리 관계를 어떻게 다시 가꿀 수 있을지 생각해 봅시다"라고 할 수도 있다. 기회는 비교적 짧아서 기껏해야 몇 달이다. 최대한 일찍 틀을 새로 짜야 한다. 일 때문에 바쁘지 않은데도 계속 남처럼 살아갈 수도 있고, 아니면 더 친밀한 부부가 되는 법을 배울 수도 있다.

언급할 필요가 없었으면 좋겠지만 빼놓을 수 없는 권력 이동이 하나 더 있다. 특히 많은 남자들이 여기에 썩 잘 대응하지 못한다.

"각자의 길을 갑시다"

지금껏 나는 다발성 경화증이나 암이나 파킨슨병을 진단받은 아내들로부터 자기 남편이 그 병을 "면책 조항"으로 삼아 "몸이 성한" 딴 여자를 찾아갔다는 이야기를 얼마나 많이 들었는지 모른다. 한 의사에 따르면 그 수치는 무려 약 70%에 달한다. 남자 열 명 중 일곱은 아내가 중병에 걸리면 결혼생활을 끝낸다는 말이다.

이런 이야기를 들을 때마다 두 가지 사실이 내게 충격으로 다가온다. 내게 자신의 사연을 털어놓는 여자들의 힘과 극기가 놀랍고, 파렴치할 정도로 이기적이고 잔인한 남자들의 반응이 놀랍다. 물론 남편 쪽에서 병 때문에 버림받는 경우도 있다. 그런 독자들은 부디 내게 항의의 이메일을 보내지 않아도 된다. 앞서 밝혔듯이 나는 지금 전형적인 경우를 말하고 있다. 당신의 정당한 권리는 그대로 존중된다. 다만 전체적으로 남편들이 결혼생활을 끝내는 경우가 훨씬 흔해 보인다.

전혀 다른 반응으로 오늘까지도 내게 도전이 되는 남자가 있다. 바로 로버트슨 맥퀼킨(Robertson McQuilkin) 박사다. 그는 1968년부터 1990년까지 컬럼비아 성경대학과 신학대학원(현재의 컬럼비아 국제대학교)의 총장을 지낸 사람이다. 한때 맥퀼킨 박사와 부인 뮤리얼(Muriel)은 기독교계의 "열혈 부부"로 불리며 각종 집회의 주역을 맡곤 했다. 그러나 듀크 대학병원에서 뮤리얼의 알츠하이머병이 확진되면서 모든 것이 달라졌다.

맥퀼킨 부부는 인기가 많았으므로 부인의 치유법에 대해 우리의 상상을 초월하는 온갖 논리적, 비논리적 조언이 로버트슨에게 쏟아져 들어왔다. 결국, 그는 모든 사람에게 제발 제안을 중지해 달라고 부탁했다. 그의 표현으로 "우리는 주님을 신뢰합니다. 그분이 원하시면 뮤리얼에게 기적을 행하실 것이고, 그분의 뜻이 다른 데 있다면 저에게 기적을 행하실 것입니다."[4]

여기 한 남편의 눈부시게 아름다운 고백이 있다.

"주님, 제 아내의 몸에 기적을 베풀어 주시기를 기도합니다. 하지만 주님의 뜻이 그게 아니라면 제가 끝까지 아내를 잘 사랑할 수 있도록 저에게 영적 기적을 베풀어 주소서."

그는 정말 끝까지 아내를 잘 사랑했다. 뮤리얼이 미술을 좋아해서 로버트슨은 런던의 테이트 미술관에 아내를 데려갔다. 그곳에 그녀가 가장 좋아하던 작품들이 소장되어 있었다. 안타깝게도 뮤리얼의 병세는 이미 많이 악화되어 정신이 말짱하다가도 다시 혼미해지곤 했다. 그날따라 상태가 좋지 못했다. 로버트슨은 "평생 좋아하던 걸작들에 눈길 한번 주지 않은 채 미술관 안을 휘휘 지나다니는 아내의 모습을 보노라니 걷잡을 수 없는 슬픔이 내게 밀려왔다"고 술회했다. 어떤 의미에서 그는 아내의 일부가 이미 떠나가 버렸기에 슬펐다.

런던행 비행기에서 로버트슨은 비좁은 화장실에 아내를 따라 들어가야 하는 난처한 상황에 부딪쳤다. 주변 사람들의 선웃음을 보니 그중 일부의 속생각이 뻔히 보였다. '당신들은 고공 섹스를 나누기에는 너무 늙은 것 아니오?' 그래도 그는 아내를 따라 들어갔다. "그들이 모르는 것을 나는 알았기 때문이다. 어쩌다 아내가 문이라도 닫는다면–그럴 리 없겠지만–절대 다시 열지 못할 것이다."

귀국길에 공항에서 이륙 시간을 기다리고 있는데 뮤리얼이 안절부절 못했다. 그럴 때는 그냥 마음대로 돌아다니게 두는 것이 최선이라는 것을 로버트슨은 알고 있었다. 그래서 둘의 가방을 들고 아내를 졸졸 따라다니다가 아내가 앉는 곳에 앉고 아내가 걸으면 다시 일어나 뒤를 따랐다. 어떤 때는 두 가방을 든 채로 거의 뛰다시피 해서 아내를 따라잡아야 했다.

그러다 뮤리얼은 어느 여성 사업가 맞은편에 앉았다. 노트북컴퓨터로 열심히 일하고 있는 그녀의 복장과 자태에서 권력과 영향력과 성공이 물씬 풍겼다. 뮤리얼은 주의력결핍장애처럼 불안하게 주변을 배회하다가도 그 여성 사업가 맞은편 똑같은 좌석으로 돌아왔다. 그때마다 로버트슨은 아내가 무사하도록 뒤를 따라다녔다. 마침내 그들이 또 한 차례 잠깐 자리를 떴다가 똑같은 좌석으로 돌아오자 그 사업가의 나직한 말소리가 들렸다. 주변에 다른 사람이 없었다. 그래서 로버트슨은 자기에게 말하는 줄 알고 "다시 한 번 말씀해 주시겠습니까?"라고 물었다.

여자는 야간 당황한 듯 말했다. "아, 그냥 저 혼자 중얼거린 겁니다. '나를 저렇게 사랑해 줄 남자를 만날 수 있을까?' 하고요."

남자들이여, 생각해 보라. 부, 권력, 목적, 지위, 영향력 등 수많은 사람이 바라는 바를 다 거머쥔 성공한 여성 사업가가 알츠하이머병 환자를 말 그대로 부러워하고 있다. 로버트슨이 뮤리얼을 사랑하듯 그렇게 자기를 사랑해 줄 남자가 있을까 의아해하고 있다. 사랑받고 싶은 간절한 열망을 충격적으로 고백한 셈이다. 삶의 다른 부분이 다 탄탄대로와 같을지라도 말이다. 그렇다고 이 여자가 뮤리얼과 자리를 바꾸었으리라는 말은 아니다. 그건 비약이다. 다만 아무리 성공한 그녀일지라도 그런 사랑이 정말 어떻게 느껴질지 마음 한구석에 의문이 싹텄다. 누구든 탐색할 마음만 있다면 그 의문의 답을 배경으로 소설 한 권은 쓸 수 있을 것이다.

뮤리얼 쪽에서도 최대한 로버트슨을 계속 사랑했다. 그가 대학 총장직을 사임한 것도 그래서다. 그가 출근하면 뮤리얼은 늘 따라오곤 했다. 어떤 때는 하루에 열 번이나 부리나케 걸어 집무실로 찾아왔다. 그러다 길을 잃은 적도 있지만 그래도 자신을 편하게 해 주는 그 한 사람을 찾으려는 일념으로 계속 걸었다. 어느 날 밤 로버트슨은 아내의 옷을 벗겨 주다가 피멍이 든 발을 보고 움찔했다. 낮에 그를 찾으러 너무 허둥지둥 집을 나서다가 깜빡 잊고 신발을 신지 않은 바람에 발바닥의 살갗이 온통 까졌던 것이다.

그 순간 로버트슨은 결심했다. 직위의 권력, 직장의 위신, 평생을 몸담아온 대학 환경의 지적 자극을 다 내려놓고 아내와 함께 집에 있기로 했다. 고별사에서 그는 그 결심이 결국에는 그리 힘들지 않았다고 설명했다.

"처음 컬럼비아로 오기로 했던 결정은 내 평생 가장 힘들었습니다. 22년이 지난 지금 이곳을 떠나기로 한 결정은 비록 고통스러웠지만 가장 쉬운 결정 중 하나였습니다. 어떤 면에서 42년 전에 이미 내려진 결정입니다. 그때 나는 '병들 때나 건강할 때나 ... 죽음이 우리를 갈라놓을 때까지' 뮤리얼을 돌보기로 서약했습니다."

이 남편은 집에만 있다 보니 전에는 읽지 않았을 글들도 읽게 되었다. 그중에 어느 중앙지의 상담 칼럼도 있었다. 그 칼럼에 투고한 독자들의 글을 보니 현재의 관계에서 자신의 "필요"가 채워지지 않는다는 이유로 결혼생활을 끝내고 싶다는 어이없는 경우가 너무 많았다. 칼럼니스트의 답도 늘 뻔했다. 그녀는 이혼해야 할 상식적 이유를 늘 어놓았다. 로버트슨은 "그 섬뜩한 기준 중 나에게 해당되는 것은 하나도 없다"고 말했다. 뮤리얼이 그의 필요를 하나라도 채워 줄 수 있단 말인가?

사도행전을 강의하던 로버트슨이 이제 아내가 더 자주 지려 놓는 대소변을 치우고 있었다. 한번은 대변을 치우면서 라디오로 어느 인기 있는 목사의 설교를 듣고 있는데 설교자가 감미로운 목소리로 이렇게 도전했다.

"남자들이여! 당신은 집에 있습니까? 정말 집에 있습니까?"

손에 똥이 묻은 채로 로버트슨은 배시시 웃음이 새어 나왔다. "그렇소, 척(Chuck), 나는 정말 집에 있소이다. 정말로 집에 있소이다."

로버트슨의 주치의는 아내를 극진히 돌보는 이 신학교 총장에게 깊이 감동했다. 그 의사가 그에게 미국인 남자 열 명 중 일곱은 아내가 중병에 걸리면 결혼생활을 끝낸다고 말해 준 것이 바로 그때였다.

로버트슨은 그 말에 충격을 받았다.

"이때야말로 남편이 가장 필요할 때가 아닌가. '남자들이 어떻게 그럴 수 있는가? 자기 자신과의 외도에 빠진 거겠지.' 속으로 그런 생각이 들었다."

로버트슨이 믿기로 이들 부부의 사랑은 그 시기에 황홀할 정도로 증폭되었다.

> 놀라운 사실을 깨달았다. 아내가 나에게 점점 더 의존하게 될수록 우리 사랑은 마음속의 잘 모르던 구석구석에까지 더 깊이 스며들었다. ... 나는 집 안에 갇혔으나 오히려 그것이 즐거운 해방으로 변했다. 아내를 이토록 온전히 사랑할 수 있을 줄은 예전에 미처 몰랐다. 벗어날 수 없는 상황의 사슬은 고문 장치가 아니라 우리를 더 가까이 묶어 주는 끈이었다. 나아가 그보다 더 큰 해방도 있었다. 하나님의 사랑과 관계된 것이다. 뮤리얼처럼 내가 필요한 사람은 일찍이 없었고, 나의 수고에 이렇게 전폭적으로 반응한 사람도 아내가

처음이다. 이를 통해 하나님과 나의 관계가 본래 어떤 것인지를 인간의 차원에서 가장 근접하게 경험했다. 하나님은 변함없는 사랑을 가득 부어 무력한 나를 늘 돌보신다. 분명히 그분이 설계하신 관계는 아내가 내게 품었던 사랑과 감사를 내게서도 끌어낸다. 아내는 아무리 내가 곁에 있어도 필사적이리만치 더 함께 있으려 했고, 자신을 돌보아 줄 나의 능력과 의지를 말없이 확신했다. 이는 하나님을 향한 나의 사랑이 어떠해야 하는지를 투영해 주는 그림이다. 이것이 나의 첫 번째 깨달음이었다. 원치 않는 상황에 부득이 얽매여 있어도 사랑의 위력이 해방을 가져다준다. 사람들이 이것을 늘 이해하는 것은 아니다.

로버트슨이 우리에게 가르쳐 주듯이, 평생사랑을 원한다면 중요한 것은 결혼생활이 어떻게 나의 필요를 채워 줄 수 있는가가 아니라 내가 어떻게 배우자의 필요를 채워 줄 것인가이다.

평생 날마다

홀딱 반한 감정이 소멸된다. 아이가 태어난다. 자녀를 키우느라 바쁘다. 집 안이 조용한 빈 둥지로 변한다. 중년에 돌발적 변화가 발생한다. 몸이 노쇠하여 병에 걸린다. 어느 경우든 부부는 이를 계기로 친밀함을 향한 여정에 올라 더 단합할 수도 있고, 아니면 점차 분열로 치달을 수도 있다. 우리가 선택하기 나름이다.

위에 열거한 모든 시기는 당연히 부부관계에 문제를 일으킬 수 있다. 기본적으로 부부는 당면한 위기를 처리하는 과정에서 서로 멀어지는 쪽으로 행동한다. 그래서 우리는 이전에 했던 서약을 늘 명심해야 한다. 다른 것을 향해 달려가느라 배우자를 뒷전으로 밀쳐 두어서는 결코 안 된다.

당신의 부부관계를 보라. 거기에 대해 배우자와 대화하라. 배우자가 권력 이동 때문에 힘들어하고 있는가? 당신이 너무 앞서가서 배우자가 따라올 수 없는가? 이 책에 언급되지 않은 권력 이동이 또 있는가? 어떻게 하면 부부가 다시 함께 성장할 수 있겠는가? 다음번 권력 이동을 어떻게 예견하고 대비할 수 있겠는가?

부부가 친밀해지려면 정신을 바짝 차려야 한다. 결혼생활에 대해 아무런 생각도 없이 그저 하루하루 되는 대로 살아가면 대개 천천히 사이가 벌어진다. 앞서 보았듯이 결혼이란 심어 놓기만 하면 저절로 자라는 나무가 아니다. 우리는 설계사와 건축자의 마음가짐으로 결혼생활을 계획하고 벽돌을 한 장씩 차근차근 쌓아 올려야 한다. 결혼은 우연처럼 보이는 그랜드캐니언의 자연미와 다르다. 수십 년의 더딘 공사 끝에 준공되는 대성당과 훨씬 비슷하다. 나는 부부들이 결혼식 날 "예"라고 서약할 때 **평생 날마다 그렇게 하겠습니다**"라는 말을 뒤에 덧붙였으면 좋겠다. "평생 날마다"는 친밀한 결혼생활의 구호로 손색이 없다.

결혼생활은 스노클링과 비슷한 데가 있다. 한동안 잠수할 수 있다. 하지만 결국 위로 올라와 공기를 들이마셔야 한다. 부부도 일상 때문에 생각만큼 자주 대화로 소통하지 못할 수 있다. 양가 부모와 자녀를 돌보느라 잠깐 떨어져 있어야 할 때도 있고, 성관계를 즐기는 횟수도 전보다 뜸할 수 있다. 그런 시기가 도무지 끝나지 않고 종류만 다르게 되풀이된다면 부부관계는 하루가 다르게 칙칙해진다. 일보 후퇴가 끝없는 사건의 연속으로 변하면 그렇게 된다.

당신 부부가 갈수록 더 친밀하게 연합했으면 좋겠는가? 그렇다면 사이가 멀어지지 않도록 노력해야 한다. 삶의 현실 때문에 부득이 소원해졌다면 열심히 다시 그 자리를 메워야 한다. 부부가 숨을 참는 데는 한도가 있다. 당신이 결혼식 날 서약했던 "예"라는 복된 말을 의지적으로 상기하고, 그 뒤에 "평생 날마다"라는 말을 덧붙이라.

"예, 평생 날마다 그렇게 하겠습니다."

날마다 서로에게, 그리고 자신에게 큰소리로 그렇게 말해 보라. 그것이 부부가 함께 친밀하고 만족스러운 삶에 이르는 길이다.

평생사랑 가꾸기

1 현재 당신의 결혼생활에 "권력의 불균형"이 있는가? 둘 중 한쪽에서 다른 쪽을 따라잡으려 애쓰고 있는 것 같은가? 이 순간 하나님이 당신에게 그 불균형에 어떻게 반응하기를 원하신다고 보는가?

2 현재 당신의 결혼생활에서 힘든 부분이 무엇이든 간에, 어떻게 하면 이를 계기로 둘의 사이가 멀어지는 게 아니라 오히려 함께 자라 갈 수 있겠는가? 이것을 헤쳐 나가는 또 다른 방법은 무엇인가? 거기에 대해 충분히 대화해 보았는가? 이 문제로 함께 기도하고 있는가?

3 이전에 권력의 균형이 깨졌을 때 당신이 무책임하게 행동해서 이제라도 용서를 구해야 할 일이 있는가? 즉 배우자에게 자상하지 못했거나 아예 무심했던 적이 있는가? 당신이 적극적으로 나섰어야 하는데 그러지 않았거나 다른 일로 너무 바빠 미처 알아차리지 못한 적이 있는가?

4 당신과 똑같은 상황에 직면한 부부에게 서로 멀어지지 말고 계속 함께 자라 가라고 당신이 "부부관계의 처방전"을 써 주어야 한다면 뭐라고 말해 주겠는가? 그 내용을 글로 작성해서 지금부터 그대로 살아가라.

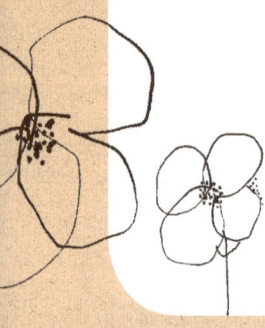

Prayer

하늘에 계신 아버지여, 온 우주를 다스리시는 주님이 정말 놀랍게도 우리 각 사람의 무엇 하나라도 결코 놓치시는 법이 없습니다. 신기하게도 주님은 늘 주목하시고 늘 돌보시고 늘 개입하십니다. 언제라도 들으시고 사랑해 주십니다. 우리도 주님을 닮기 원합니다. 바쁜 일상의 한복판에서 주께서 우리에게 무엇이 가장 중요한지 일깨워 주셔야 합니다. 주님이 도와주셔야 우리는 서로를 이해할 수 있고, 관계의 신호를 읽는 법을 배워 상대의 소외감이나 당연시 취급되는 느낌을 감지할 수 있습니다. 주님, 우리의 관계로 주님을 기쁘시게 하고 싶습니다. 그런데 그게 저절로 되는 일이 아님을 압니다. 환기 장치가 필요합니다. 주께서 우리의 사고를 인도해 주셔야 하고, 우리가 길을 벗어나려 할 때 경고해 주셔야 합니다. 구하오니 그렇게 해 주소서. 예수님의 이름으로 기도합니다. 아멘.

비밀 없이
친밀한
부부 되기

12

식당의 칸막이 자리에 내가 먼저 옆걸음으로 들어가 앉고 리자는 내 옆에 바짝 붙어 앉았다. 리자의 입에서 살짝 기쁨의 탄성이 터져 나왔다.

"어, 추우세요?" 우리와 마주 앉은 젊은 여자가 물었다.

"그게 아니라, 오늘 이이가 온종일 밖에 나가 있었거든요. 그래서 지금 처음 보는 거랍니다." 리자가 말했다.

그러자 젊은 여자가 대답했다. "아~."

결혼생활이 내게 가져다주는 가장 큰 치유 중 하나는 다음 사실이다. 아내만큼 나를 잘 아는 사람은 세상에 없다. 전무후무하다. 그런데 정말 불가사의하게도 아내는 여전히 나를 좋아한다. 나를 존중하기까지 한다. 내 모든 괴벽과 나쁜 습관과 약점에도 불구하고 아내는 참으로 나와 함께 있기를 원한다.

기본적으로 정서가 불안한 남자인 나는 거기서 엄청난 치유를 얻는다(내 아내의 더 놀라운 일면인 관대함도 함께 엿볼 수 있다).

우리는 대개 정직을 두려워한다. 하지만 부부가 이처럼 서로 수용하려면 정직해야 한다. 물론 권력 이동과 삶의 여러 시기도 부부를 갈라놓을 수 있다. 그런데 부정직이란 또 다른 적(敵)도 그에 못지않게 큰 위험 요소다.

참된 연합을 추구하며 계속 함께 자라가고 싶다면 부부간에 비밀이 없어야 한다. 우리는 100% 결혼한 사이이거나 결혼한 척 연기하거나 둘 중 하나다. 배우자를 피해 숨는 사람은 온전히 알려지고 온전히 사랑받는 만족을 잃는다. 자연스럽게 이런 생각이 들기 때문이다. '그래, 지금은 아내가 나를 존중하지만 그건 나의 그 부분을 모르기 때문이지.'

모든 거짓은 부부를 갈라놓는다. 놀랍게도 그 간격은 삶의 압박 때문에 계속 더 벌어진다. 거짓은 결코 고아가 아닐뿐더러 좀처럼 그냥 사라지지도 않는다. 거짓은 배가되는 성향이 있어 무수히 많은 속임수를 더 지어내게 한다. 일단 거짓말을 시작하면 머잖아 그것을 셀 손가락이 모자라게 된다. 진실과 거리가 먼 사람은 배우자와 친밀해질 수 없다. 친밀해지려면 진정성이 요구된다.

예레미야 8장 5절에 보면 "거짓을 고집"하는 사람들에 대한 경고가 나온다. 우리도 다 어떤 의미에서 거짓을 고집한다. 어쨌든 내 경우는 상황이 긴장될 때마다 속임수가 내 본능적 충동으로 느껴진다. 누군가가 "방금 하신 그 말, 진심입니까?"라고 물으면 나는 그 사람의 진지함에 놀라 "아니, 물론 그런 건 아니지요"라고 얼버무린다. 하지만 사실은 진심으로 한 말이었다.

속임수는 부부 사이를 멀어지게 할 수 있다. 그렇다고 잔인할 정도로 솔직해져서 배우자에게 상처밖에 주지 못할 비밀을 굳이 밝혀야 한다는 말은 아니다. 뻔히 백해무익한 내용까지 털어놓을 의무는 없다. 상담자들에게 직접 들은 말인데, 상대가 평생 헤어나지 못할 내용인 줄 알면서도 굳이 그것까지 발설하는 남편이나 아내가 많다고 한다. 나는 지금 그런 내용까지 털어놓아야 한다고 말하는 게 아니다. 다만 우리가 서로를 대할 때 "빛 가운데" 살아야 한다는 말이다. 자신의 참모습을 숨기면 안 된다. 중독을 끊지 않으려고 은폐해서도 안 된다.

내 친구인 작가 줄리 슬래터리는 그것을 이렇게 표현했다. "아내는 남편에게 거부당할까 두려워 자신의 고민과 두려움과 실수를 비밀로 한다. 남편은 아내에게 약한 모습을 보이느니 차라리 고민을 속에만 품고 살아간다. 이것은 사랑에서 난 선택이 아니라 이기적으로 뒤꽁무니를 빼는 행위다. 그렇지만 사랑하기에 우리의 말을 잘 저울질해야 할 때도 있다. 분노와 실망의 순간에 배우자를 향한 감정을 '사실대로' 쏟아내면 그것이 잔인한 치명타가 될 수 있다. 성적인 유혹과 실패를 시시콜콜 다 말하면 배우자에게 깊은 상처를 입힐 수 있다. 진정성 있게 살아가려면 담대히 털어놓되 깊이 사랑해야 하며, 그 구체적 방법을 분별하려면 주님의 지혜를 구해야만 한다."

그 점에 유의하되 여기 그동안 내가 깨달은 일반적 진리가 있다. **더 친밀한 부부 관계를 원한다면 더 정직해지라.**

맨 처음 거짓말

자신을 속이는 사람은 당연히 배우자에게 정직해질 수 없다. 저스틴과 트리샤 데이비스(Justin & Trisha Davis)는 《평범함을 넘어서》(Beyond Ordinary)라는 탁월한 책에서 이 문제를 정면으로 공략했다. 저스틴의 부정직이 부부관계에 심각한 문제가 된 적이 있었다. 문제가 너무 심해져 별거로 이어졌고 자칫 이혼으로까지 갈 뻔했다.

그 경험을 계기로 그는 수시로 자신에게 다음 몇 가지 질문을 던지게 되었다.

> **1** 진실을 말하려는 나의 다짐보다 그 진실에 뒤따를 결과에 대한 두려움이 더 큰가?
> **2** 나 자신에게 진실을 말하고 있는가?
> **3** 나는 진실을 왜곡해 왔거나 현재 왜곡하고 있는가?
> **4** 아내에게 숨겨 왔거나 현재 숨기고 있는 것이 있는가?

이 네 가지 질문을 적어 놓고 수시로 거기에 자신을 비추어 본다면 당신 부부의 친밀함에도 요긴한 도움이 될 것이다. 신성한 결혼의 견고한 성(城) 안에 있으면 자신과 서로에 대한 진실을 용감히 직시할 수 있다. 그리스도께서 은혜와 용서를 베푸시고 변화의 능력을 주시기 때문이다.

정직을 시도해 보라. 당신의 참모습을 배우자가 받아 주지 않으면 어쩌나 못내 걱정되겠지만, 해 보지도 않고 어떻게 아는가? 물론 정말 상처와 고통의 순간도 있을 수 있다. 물론 배우자에게 중대 발표로 느껴질 일이라면 먼저 상담자와 의논하는 게 지혜로울 것이다.* 그러나 당신은 비밀을 품은 채로 두려움 속에 살아가는 쪽이 정말 더 좋은가? 행여 진실을 밝혔다가 벌어질 일 때문에 배우자에게 자신이 잘못 알려져도 괜찮은가? 온전히 알려져서 어쩌면 그 모습 그대로 온전히 사랑받으려는 모험보다 과연 그게 더 나은 선택인가?

더 친밀한 연합을 추구할 때, "벌거벗었으나 부끄럽지 않다"든지 "옷을 입고도 심히 부끄럽다"는 은유는 단지 의복의 착용 여부를 뜻하지 않는다. 그것은 우리의 참모습의 정수를 숨긴다는 뜻이며 "말의 옷"으로 은폐하려는 모든 거짓을 가리킨다. "벌거벗었으나 부끄럽지 않다"는 말은 배우자에게 "진짜 나"를 내보일 수 있다는 뜻이다. 내 몸의 은밀한 부위만이 아니라 내 영혼의 가장 내밀한 구석까지 드러낸다는 뜻이다. 어쩌면 당신이 배우자에게 털어놓아야 할 것은 직장생활의 문제인지도 모른다. 배우자가 듣고 기겁할까 봐 걱정만 할 게 아

---

* 심각하게 하는 말인데 혹시라도 이번 발표로 배우자가 심한 고통에 빠질 수 있겠거든 부디 믿을 만한 성숙한 친구나 목사와 먼저 의논하라. 그 사람이 보기에도 당신의 판단이 옳아 보인다면 아마 상담자를 권해 줄 것이다. 이 부분에서 정말 조심해야 한다. 엉뚱한 때 엉뚱한 방식으로 무엇 하나를 잘못 털어놓았다가 **평생의 상처**가 될 수 있다.

니다. 또는 위태로운 재정 상황일 수도 있다. 또는 가벼운 알코올 중독일 수도 있다. 아직 본격적인 중독은 아니어도 슬슬 겁이 난다고, 그래서 이 새로운 도전에 맞서려면 누군가의 도움이 필요하다고 배우자에게 말해야 할지도 모른다. 이런 대화는 무서울 수 있으나 참된 친밀함으로 가는 길이다.

이중성

젊은 부부들은 감정이 식으면 관계도 끝장이라고 생각할 때가 많다. 하지만 실제로 더 위험한 것은 부정직이다. 특히 부정직의 한 종류인 이중성은 친밀함과 부부관계만 아니라 우리 영혼까지 파멸로 몰아넣을 수 있다.

이중성이란 무엇이며 어디서 비롯되는가?

잘못인 줄 알면서도 행동하려는 결심과 그 잘못에 관한 결과를 회피하려는 결심이 대등하게 공존할 때, 그때마다 이중성이 싹튼다. 우리도 다 그런 순간에 부딪친다. 꼭 하고 싶은 일인데 해서는 안 됨을 알 때가 바로 그때다. 발각될 게 두려워 나쁜 선택을 삼갈 수도 있건만, 이중성은 그조차도 사악하게 짓밟고 우리의 갈등에 대해 이런 비뚤어진 해답을 내놓는다. "이렇게 하면 너의 욕심을 채울 수 있다. 일단 저지르고 나서 거짓말로 둘러대라. 욕심만 즐기고 결과는 피하면 된다."

이중성은 무조건 이렇게 말한다. "두 번째 죄의 도움으로 첫 번째 죄를 즐기면 된다." 이렇듯 이중성은 당신의 악한 욕심을 증폭시킨다.

반대로 정직은 이렇게 말한다. "이것이 배우자를 가슴 아프게 하는 일임을 너도 안다. 죄의 낙보다 죄의 결과가 훨씬 오래가리라는 것도 안다. 이것을 배우자에게 숨긴 채로 친밀한 부부관계를 유지할 수 없다는 것도 안다. 그런 일을 왜 하는가?" 정직은 당신의 악한 욕심을 십자가에 못 박는 데 도움이 된다.

죄를 단호히 거부하면 결국 갈등이 줄어들고, 일단 결심하면 갈등은 사라진다. 잘못한 게 없으면 두려워할 것도 없다. 이중성은 우리에게 거짓말을 조장할 뿐 아니라 이중성 자체가 거짓이다. 우리 중에도 그 거짓을 직접 맛본 사람들이 많다. 즉 행동의 결과는 정말 우리를 망가뜨렸고 배우자에게 상처를 입혔다. 행동은 우리가 선택할 수 있지만, 결과는 대개 우리의 소관 밖이다. 이중성은 우리를 조종해 배우자를 속이게 함으로써 결국 우리를 속인다.

이중성은 장기적 친밀함을 말살하거나 적어도 심하게 훼손해 단기적 만족을 가져다준다. 이중성은 우리를 자아로부터 멀어지게 하고(자기 마음을 보지 못하는 눈먼 상태로는 성장할 수 없다), 배우자에게서 멀어지게 하고(상대를 속이면서 진정한 친밀함을 유지할 수는 없다), 하나님에게서 멀어지게 한다(우리 마음이 더 둔해져 그분의 음성과 세미한 속삭임이 잘 들리지 않는다). 이중성을 고수하려면 우리는 성령께서 돌이키라고 경고하시는 사랑의 음성에 귀를 막아야 한다(생각만 해도 끔찍한 일이다). 진리 안에 행하기보다 욕심을 채우려는 일념으로 하나님의 간절한 사랑의 경고를 차단하는 습관을 들여야 한다(아찔하다). 그러고도 심각한 결과가 없을 수는 없다. 한번 하나님에게서 떨어져 나가기 시작하면 자신이 얼마나 멀리까지 떨어져 나갔는지조차 모르게 된다. 그분의 음성에 둔해질수록 그분의 임재 의식도 희미해진다. 그 상태로 살면 위험하다. 그동안 나는 이전의 모습을 잃어 껍데기만 남은 부부들을 많이 보았다. 하나님의 음성을 민감하게 듣는 통로를 끊고 그분의 명령을 존중하지 않은 결과였다. 그 참담함이란 이루 말할 수 없다.

일찍이 나는 하나님이 결혼을 설계하신 데는 우리를 행복하게 하시기보다 거룩하게 하시려는 뜻도 있다고 말해 왔다. 이 말이 진리라면 정직은 그 진리를 지켜 주는 중요한 안전장치 중 하나다. 하나님이 주신 배우자는 우리 양심의 조력자다. 양심을 속이고 배우자에 대한 책임을 회피하면 이는 마치 자진해서 감옥으로 들어가는 것과 같다. 하나님은 우리에게 거룩함을 복으로 주려 하시는데 우리는 미련하게 철조망을 뛰어넘어 감방으로 기어들어 간다. 그러면 홀로 고립될 뿐이며 자신이 방금 무슨 일을 했는지조차 다 깨닫지 못한다. 하나님은 우리가 맑은 공기와 빛 가운데서 그분이 창조하신 아름다운 세상을 누리며 살기를 원하신다. 그런데 욕심은 우리에게 빛과 맑은 공기를 피하고 하나님이 우리를 보호하려고 세우신 담장을 넘어가 고립과 외로움과 어둠 속에 숨으라고 다그친다.

솔직히 답해 보라. 당신이 뭔가 부끄러운 일을 했거나 지금 하고 있으면서 거기에 대해 거짓말을 했다면, 그것이 진정한 의미에서 당신에게 유익이 된 적이 있는가? 그 덕분에 당신은 더 나은 사람이 되었는가? 삶의 기쁨과 평안이 더 깊어졌는가? 배우자와 더 가까워졌고 배우자의 사랑이 더 든든하게 느껴지는가?

만일 당신이 성욕, 식습관, 지출 습관, 여가 습관, 음주 습관 등 어느 부분에서든 결혼생활을 이중적으로 하고 있다면 반드시 알아야 할 것이 있다. 당신은 지금 값비싼 대가를 치르고 있다. 이중성은 부적절한 욕심과 두려움의 문제를 결코 해결해 주지 못한다. 오히려 문제를 더 키우고 악화시킬 뿐이다. 그 결과 당신은 모든 거룩하고 참되고 선한 것에서 멀어진다.

기껏 숨으려면 결혼은 왜 하는가? "벌거벗었으나 부끄럽지 않은" 상태를 "옷을 입고도 가면이 벗겨질까 봐 두려운" 상태와 맞바꿀 이유가 무엇인가?

비겁한 이중성

우리가 곧잘 빠지는 또 다른 형태의 이중성이 있다. 괴로운 진실을 말해야 하는 순간에 적당히 둘러대는 것이다. 이것은 남의 비위를 맞추기 위한 이중성이다. 당신의 남편이 바보처럼 군다고 하자. 마침 어떤 사람이 남편을 바보라 불러서 남편이 더 발끈 화를 낸다. 나중에 단둘이 있을 때 남편이 당신의 생각을 묻는다.

당신이 보기에도 남편은 바보였다. 하지만 당신은 이렇게 말한다. "그 사람이 과잉반응을 보인 거죠. 당신은 그냥 솔직했던 거고."

20분만 솔직하게 대화했더라면 20년의 좌절을 예방했을 부부들을 나는 적잖이 상담해 보았다. 한 여자는 잠자리에 드는 남편의 몸에서 냄새가 난다는 말을 차마 할 수 없어 그냥 섹스를 최대한 피했다. 남편에게 상처를 주고 싶지 않았다. 배우자에게 몸의 냄새를 지적받고 싶은 사람이 누가 있겠는가? 하지만 20년 동안 섹스에 열의를 보이지 않음으로써 그녀는 그냥 남편에게 샤워와 양치질을 하라고 솔직히 말해 주는 것보다 훨씬 큰 상처를 입혔다.

3부에서 자세히 살펴보겠지만, 우리는 배우자를 섬기고 사랑하고 조건 없이 수용해야 한다. 하지만 이 도전을 배우자에게 결코 진실을 말해서는 안 된다는 뜻으로 해석해서는 안 된다. 진실을 말하는 게 배우자와 부부에게 유익이 된다면 말이다.

배우자가 지극히 이기적인데도 당신이 전혀 문제를 제기하지 않는다면 결국 당신도 상대의 이기심을 조장하는 것이다. 배우자가 교회에서만 경건한 척하고 다른 데서는 딴 사람으로 변하는데도 당신이 모른 척한다면 이 또한 상대의 위선을 부추기는 행위다. 남들 앞에서 배우자에게 언성을 높이거나 망신을 주라는 말이 아니다(제발 그러지 말라!). 온유하고 겸손하게 사랑으로 단둘이 대화하라는 뜻이다.

배우자가 당신의 진실을 받아들이지 않을 수도 있다. 상대가 당신의 생각을 알고도 받아들이지 않을 때, 당신이 한동안 가만히 있는 것은 이중적 태도가 아니다. 그건 이중성이 아니라 현실성이다. 상대가 수용할 준비가 되어 있지 않은데 당신이 억지로 그렇게 만들 수는 없다. 하지만 핵심은 이것이다. 당신은 모르는 척하는 게 아니다. 상대도 그것을 안다. 당신 쪽에서 계속 들볶지 않더라도 말이다.

당신은 부부의 친밀함과 그 복된 연합을 정말 원하는가? 그렇다면 당신의 삶과 부부관계에서 이중성을 일체 없애야 한다. 거룩한 두려움(하나님의 사랑의 경고)에 힘입어 당신의 욕심을 물리치기로 오늘 결단하라. 그 경고를 무시하고 타협하면 오히려 파멸을 자초하게 된다. 더 친밀한 연합을 추구하는 마음으로 몇 가지 곤란한 진실을 털어놓아라. 무서운 거짓말로 지탱되는 거짓된 친밀함을 고집해서는 안 된다.

미리 경고하거니와 부부간의 거짓말은 세월이 갈수록 그 위력을 더해 간다. 결혼한 지 30년이 지났는데도, 리자가 온종일 나를 보지 못했다는 이유만으로, 식당에서 내 옆에 바짝 붙어 앉았을 때 나는 왕이라도 된 기분이었다. 그러나 평소에 리자를 속여 왔다면 사기꾼이 된 심정이었을 것이다. 거기서 위안과 사랑을 느끼기보다 오히려 뜨끔하고 부끄러웠을 것이다. 아내가 친밀함을 표현할수록 나는 더 괴로웠을 것이다. 당연히 '나를 몰라서 이러는 거지'라는 생각이 들었을 테니 말이다.

하지만 리자는 나를 알고 있다. 우리는 벌거벗었으나 부끄럽지 않은 상태를 복된 열매로 누린다. 벌거벗었으나 부끄럽지 않은 상태로 돌아갈 수만 있다면 재물과 성공을 다 버리고 기꺼이 중산층으로 살아갈 백만장자들도 있다. 특히 배우자 앞에서 그렇다. 아무리 성공했어도 어둠 속의 삶은 **참된** 삶이 아님을 그들은 안다. 참된 행복과 성공의 길은 하나뿐이니 곧 부모와 자녀와 하나님과 무엇보다 배우자 앞에서 "벌거벗었으나 부끄럽지 않을" 수 있어야 한다.

평생사랑 가꾸기

1 곤란한 질문이지만 일단 해 보겠다. 이 글을 읽는 현재 당신 자신에 대해 배우자를 가장 나쁘게 속이고 있는 부분은 무엇인가? 배우자가 아직 모르고 있으나 알아야 할 것은 무엇인가? 그것이 꼭 털어놓아야 할 일인지 분별하기 위해 당신이 미리 의논할 수 있는 대상은 누구인가?

2 앞서 말했듯이 "20분만 솔직하게 대화했더라면 20년의 좌절을 예방했을 부부들"이 적지 않다. 당신 부부에게도 그런 지속적인 문제인데 여태 두려워서 말을 꺼내지 못한 문제가 있는가? 다시 말해서 질문1의 초점이 당신 자신에 관해 뭔가를 속이는 것이라면 이번 질문의 초점은 배우자와 관련해 뭔가를 속이는 것이다. 그 문제를 배우자에게 말해야 하는지, 해야 한다면 어떻게 할 것인지 기도하는 마음으로 잘 생각해 보라.

3 배우자가 더 안심하고 당신에게 솔직해질 수 있으려면 당신의 사랑이 더 든든하게 느껴져야 한다. 이 부분에서 배우자를 도울 수 있는 방법은 무엇인가? 배우자가 불안하게 느낄 만한 이유가 있는가? 혹시 당신의 어떤 행위나 잦은 말 때문에 배우자가 당연히 두려워서 "빛 가운데 행하지" 못하는 것은 아닌가?

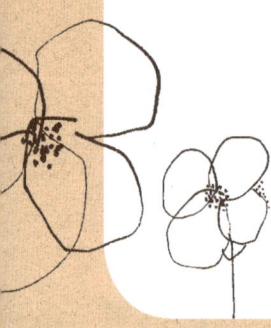

Prayer

거룩하신 우리 아버지여, 예수님은 "진리"로 자처하시며 오직 참된 것만 말씀하셨습니다. 주님께 구속(救贖) 받은 우리도 빛 가운데 계신 주님처럼 빛 가운데 살아가기를 원합니다. 우리를 받아 주시는 주님께 푹 적셔지게 하소서. 우리가 죄 중에 있을 때도 주님은 우리를 위하심을 압니다. 우리에게 베푸신 온전한 용서를 확신하게 하소서. 그리하여 한없이 사랑받는 자녀로 담대히 나아가게 하소서. 성령께서 부드럽고도 단호하게 죄를 지적해 주실 때마다 거기에 민감하게 하소서. 자아를 부인하는 일보다 이중성을 더 싫어하게 하소서. 순결하게 행하려는 마음을 주소서. 서로를 온전히 알고 수용하고 사랑하는 기쁨에 다시금 눈뜨게 하시고, 그것을 추구할 수 있는 용기를 주소서. 예수님의 이름으로 기도합니다.

아멘.

결혼의
두 가지 차원,
친밀함과 소외감

13

"우리 부부의 의견 차이를 해결해야 하는데 좀 도와주실 수 있으세요?"

우리를 바라보는 젊은 부부의 눈빛이 하도 간절해서 리자와 나는 차마 거절할 수 없었다.

"그러지요, 해 봅시다."

"조금 있으면 우리에게 처음으로 세금 환급금이 나오는데 그것을 어떻게 배분해야 할지를 결정하려고요."

"배분하다니요, 그게 무슨 말인가요?" 리자가 물었다.

"음, 소득의 60%를 번 사람이 환급금도 60%를 차지해야 하나요, 아니면 반반씩 나누어야 하나요?"

이 부부의 문제는 환급금을 배분하는 것보다 훨씬 근본적인 것이었다. 그들은 별개의 두 개인으로 존재했는데 이는 결혼에 대한 하나님의 목적에 어긋난다.

더 친밀한 연합을 추구하려면 두 사람이 하나가 된다는 가히 혁명적인 개념과 씨름해야 한다. 이 영광스러운 추구는 우리의 이기적인 본능과 모든 면에서 충돌한다. 많은 사람이 원하는 친밀함은 추상적인 개념일 뿐 현실과는 거리가 멀다. 알려지고 사랑받는 유익을 누리려면 자아에 대해 죽는 과정을 거쳐야 하는데 우리는 전자만 원하고 후자는 싫어한다. 유명해지고 싶다가도 막상 꿈을 이루어 유명세를 치러야 하면 다시 무명으로 돌아가려 하는 사람, 그것이 우리의 모습이다. 어떤 사람들은 정말 친밀한 삶을 원한다는 생각으로 결혼하지만, 막상 친밀함의 도전과 부담이 밀려오면 다시 혼자만의 이기적인 삶으로 돌아가려 한다.

여기 당신이 알아야 할 것이 있다. 결혼하고 나면 모든 것이 달라진다. 그야말로 모든 것이다. 심지어 죄도 공동의 부담이 된다. 둘 중 하나에게만 닥쳐오는 일이란 없다. 둘로 나누는 배분도 없다. 사람을 가르면 목숨을 잃듯이 부부를 가르면 결혼이 죽는다.

이것은 영적 법칙이다. 부부는 "배분하는" 게 많을수록 그만큼 더 멀어진다. 하나가 되려면 자신을 배우자와 하나로 여겨야 한다. 그 의미는 아마도 당신이 여태까지 생각했던 것보다 깊다.

나는 초대 교회 교부인 요한 크리소스톰의 표현이 참 좋다.

"이제 당신 자신의 몸이란 없다(결혼할 때 내주었기 때문이다). 그런데 당신 자신의 돈이 있단 말인가? 결혼하면 더는 둘이 아니라 하나다. 그런데 재산을 나눈단 말인가? 아, 돈을 사랑하는 마음이여! 둘이 만나 한 사람이 되고 한 유기체가 되었거늘 어찌 아직도 '내 것'을 논한

단 말인가?"[1] 크리소스톰이 이 글을 쓴 지 1,600년이 지났다. 그런데 지금도 부부들은 이 문제로 고민하고 있다! "내 것"이니 "네 것"이니 하는 문제는 이혼을 진행 중인 부부에게는 해당될지 몰라도 친밀한 결혼을 추구하는 부부에게는 어울리지 않는다. 내 것과 네 것을 따지는 개념 자체가 두 사람의 삶이 별개라는 뜻이다.

"둘이 한 몸을 이룰지로다"라는 성경 말씀은 두 영혼의 참된 영적 연합을 가리킨다. 결혼의 모든 유익을 온전히 누리려면 이제부터 부부의 생각이 하나가 되어야 한다. 모든 문제와 씨름할 때도 하나가 되고, 서로를 돌볼 때도 하나가 되어야 한다. 아내가 몸을 돌보지 않고 과로해 너무 지쳐 있음을 남편이 아는 순간, 그것은 **남편**의 문제가 된다. 설령 아내가 계속 그렇게 열심히 일하는 게 남편 개인에게 유익이 될지라도 말이다. 남편의 낙심을 아내가 느끼는 순간, 그것은 **아내**의 낙심이 된다. 이럴 때 아내는 남편을 세워 줄 방도를 모색해야지 잠시라도 자신이 "강자"가 된 것을 은근히 고소해 해서는 안 된다.

하나가 된다는 것은 아내의 문제에 내 문제만큼 마음을 쏟는다는 뜻이다. 아내의 건강과 행복과 즐거움을 내 일처럼 귀히 여긴다는 뜻이다. 아내가 병들면 나는 마치 병들지 않은 내가 아내를 떠맡아야 한다는 듯 청승을 떨지 않는다. 그보다 나의 태도는 이래야 한다. "우리가 나으려면 이렇게 해야 한다." 아내는 내가 부려 먹는 종이 아니다. 아내는 나의 일부이며 나도 아내의 일부다. 정욕으로 내 사고를 더럽히면 우리 부부의 침상을 더럽히는 것이고, 내 돈을 함부로 쓰면 우리의 재정을 위태롭게 하는 것이다. 내가 무엇을 하든 아내에게 영향을 미치지 않는 것은 없다. 그래서 나는 아내를 위해 조심할 뿐만 아니라 적극적으로 아내의 행복을 찾아내 지원하고 싶다. 신발을 한쪽만 신고 눈길을 나서면서 한쪽 발을 따뜻하게 덮었다고 으스대는 사람은 없다. 그것은 정신질환을 의심받을 만큼 미련한 일이다. 그런데 많은 "부부들"이 그렇게 살아간다. 각자의 뜻만 관철되면 다른 쪽 "발"은 어떻게 되든 하등의 관심이 없다.

알다시피 예수의 가르침에 따르면 이혼은 지체(肢體)의 절단 정도가 아니라 곧 죽음이다. 연합된 한 영혼의 죽음이다.

두 개인이 개인으로서 죽고 부부로서 다시 태어나지 않는 한 부부의 친밀함이란 있을 수 없다.

당신은 의지적으로 개인으로서 죽고 부부의 절반으로서 다시 태어나야 한다. 여태 그런 적이 없다면—하나가 되어 자라가기로 의식적으로 노력한 적이 없다면—분명히 말하지만, 당신은 부부의 연이 참으로 무엇인지 모른다. 서로 룸메이트나 어쩌면 절친한 친구일지는 몰라도 본연의 의미의 부부는 아니다. 당신이 현 배우자와의 결혼생활에 소통이 없어 실망했다고 하자. 그렇다고 현 배우자와의 결혼생활에 친밀한 소통이 이루어질 때도 똑같이 실망할 거라는 뜻은 아니다. 배우자를 갈아 치우기보다 우선 "불통"을 "소통"으로 바꾼 뒤에 결과를 보아야 하지 않겠는가?* 룸메이트로만 동거하는 게 싫음을 확인했으니 이제 친밀한 결혼생활을 시도해야 하지 않겠는가?

더 큰 그림

연합을 추구하면 부부가 서로 가까워지는 정도가 아니라 복되고 신성한 실체를 공유하게 되는데, 예수는 그 실체가 삼위일체 자체를 닮은 것이라 하셨다. 요한복음에서 그분은 하늘 아버지께 이렇게 기도하신다.

"아버지여, 아버지께서 내 안에, 내가 아버지 안에 있는 것 같이 그들도 다 하나가 되어 우리 안에 있게 하사 세상으로 아버지께서 나를 보내신 것을 믿게 하옵소서. 내게 주신 영광을 내가 그들에게 주었사오니 이는 우리가 하나가 된 것 같이 그들도 하나가 되게 하려 함이니이다. 곧 내가 그들 안에 있고 아버지께서 내 안에 계시어 그들로 온전함을 이루어 하나가 되게 하려 함은 아버지께서 나를 보내신 것과 또 나를 사랑하심 같이 그들도 사랑하신 것을 세상으로 알게 하려 함이로소이다"(요 17:21~23).

하나님은 분명히 "하나 됨"을 중시하신다.

결혼은 "교회의 축소판"이다. 이 미세 세포로 시작해 하나님은 친밀한 공동체를 세우실 수 있다. 예수께서 제시하신 연합의 비전이 더 넓은 공동체 안에 구현되려면 우리가 알아야 할 여러 기술과 사고방

---

*일부 독자들은 이렇게 외칠지 모른다. "하지만 나의 배우자는 나와 그렇게 소통하기를 원하지 않는다!" 이 상황은 다음 장에 다룰 것이다.

식과 영적 원리가 있다. 그것을 우리는 배우자와 함께 충실하게 살아갈 때 배울 수 있다. 예수는 다른 사람과 하나가 되면 하나님을 충만하게 경험하는 데 도움이 된다고 말씀하시는 것 같다. 대부분의 교회는 더 커지는 데 주력한다. 지상계명을 생각하면 그럴 만도 하다. 그러나 우리는 또한 더 친밀해지도록 부름 받았다. 지극히 영적인 의미에서 하나가 되어야 한다.

그런데 나는 단체로서 하나가 되는 법은 모른다. 전혀 모른다[내 좋은 친구인 마이크 디트먼(Mike Dittman) 박사가 이 분야의 전문가로서 교회들을 대상으로 놀라운 일을 하고 있으니 웹사이트 www.havenfortheheart.com을 참조하기 바란다]. 하지만 나도 부부관계로부터 시작할 수는 있다.

요지는 이것이다. 부부의 연합을 유지할 수 없다면 우리는 교회의 연합도 유지하지 못할 것이고, 교회의 연합을 유지할 수 없다면 삼위일체 하나님의 연합을 세상에 잘 선포하지도 못할 것이다. 아내와 점점 더 하나가 되는 법을 터득할 수 있다면 그 과정에서 내게 교역자들, 동역자들, 교인들과 하나가 되는 기술도 길러질 것이다. 물론 이런 다른 관계들은 친밀한 결혼의 근처에도 가지 못한다. 친밀한 결혼이 친밀하신 삼위일체 하나님의 근처에도 가지 못하는 것과 같다. 그래도 그것은 영광스러운 그림자일 수 있다.

일부 독자들은 틀림없이 이렇게 물을 것이다. 하지만 **어떻게 둘이 하나가 되는가**? 이번 2부의 각 장을 돌아보면 알겠지만 이미 우리는 기초를 다져 왔다. 즉 우리는 결혼생활의 매 시기에 의지적으로 대처해야 하고, 거짓된 친밀함 대신 진정한 친밀함을 가꾸기로 선택해야 하며, 서로에게 철저히 정직해야 한다.

이번 장에서는 세 가지 도구를 더 살펴볼 텐데, 첫째로 질문을 제대로 하는 법부터 배워야 한다.

두 가지 판이한 질문

하나가 되려면 사고의 틀이 근본적으로 바뀌어야 한다. 결혼생활의 모든 면을 아브라함의 렌즈로 보아야 한다. 이스라엘이 존재하기도 전인 아득한 그 시대에 하나님은 아브라함이라는 일개 개인을 택하여 이런 놀라운 약속을 주셨다. "내가 ... 네게 복을 주[리니] ... 너는 복이 될지라"(창 12:2).

신약에서 베드로는 복이 되는 것을 그리스도인의 기본적 실천으로 보았다. "악을 악으로, 욕을 욕으로 갚지 말고 도리어 복을 빌라. 이를 위하여 너희가 부르심을 받았으니 이는 복을 이어받게 하려 하심이라"(벧전 3:9). 보다시피 그는 행복하고 평화로운 조화 속에서만 아니라 갈등의 한복판에서 복을 빌라고 했다. 하나님이 내게 복을 주셨으므로 나도 다른 사람들에게 복이 되도록 부름 받았다. 그분이 나의 가장 중대한 필요들을 늘 채워 주시기에 이제 나는 배우자의 필요를 채워 주는 데 주력할 수 있다.

요컨대 부부관계에 접근하는 두 가지 질문이 있다. 두 가지 질문은 우리를 전혀 다른 두 가지 차원으로 데려간다. 하나는 친밀함이고 하나는 소외감이다. 둘 중 어느 차원에서 살고 싶은지 우리가 선택해야 한다. 우선 우리는 이렇게 물을 수 있다.

"어떻게 배우자를 축복할 것인가?"

또는 이렇게 물을 수도 있다.

"어떻게 내 필요를 채울 것인가?"

두 번째 차원에서 살아가면("어떻게 내 필요를 채울 것인가?") 모든 갈등을 해결할 때 배우자를 희생시켜서라도 결과가 나에게 득이 되어야 한다. 이것은 개인주의적 사고다. 반대로 첫 번째 차원에서 살아가면("어떻게 배우자를 축복할 것인가?") 모든 갈등을 해결하는 과정이 배우자에게 복이 되어야 한다. 이것은 둘이 하나로 연합한 사고이며 더 깊은 친밀함을 낳는다.

이것은 영적이면서 동시에 인지적인 작업이다. 우선 나는 하나님께 내 마음을 변화시켜 달라고 기도해야 한다. 그래야 배우자에게 실망과 좌절과 분노를 느낄 때도 진심으로 원해서 배우자를 축복할 수 있다. 또한, 인지적인 면에서 아내를 의지적으로 축복하기로 선택하고 결혼생활의 매 순간을 그런 기회로 보아야 한다.

부부간의 불화는 대부분 두 번째 차원에서 사는 데서 비롯된다.

"너희 중에 싸움이 어디로부터 다툼이 어디로부터 나느냐 … 너희는 욕심을 내어도 얻지 못하여 … 다투고 싸우는도다"(약 4:1~2).

싸울 게 아니라 이렇게 자문해야 한다.

"이 상황에서 내 배우자를 축복할 수 있는 최선의 길은 무엇인가?"

첫 번째 차원에서 살려면 배우자의 학대까지도 그냥 당해야 하는가? 천만의 말이다. 복이라는 단어의 의미에 답이 들어 있다.

어떤 아내에게서 직접 들은 실화를 예로 들자면 그녀의 남편은 이렇게 말했다. "나한테 필요한 것이니 내 포르노를 버리지 마시오. 당신이 내 포르노를 버리면 나도 당신의 성경책을 버리겠소."

그녀의 소원은 남편이 포르노를 숨겨 두지 않는 것이다. 그게 그녀가 원하는 바다. 그런데 동시에 그것은 남편에게 가장 복이 될 일이기도 하다. 그래서 그녀는 굽히지 않는다. 부부의 친밀함을 떠난 별도의 성생활을 유지하도록 남편을 그냥 두지 않는다. 그녀는 이런 말로 남편을 축복한다. "아뇨, 이것만은 내가 용납하지 않겠어요." 때로 우리가 원하는 바가 곧 배우자에게 복이 될 수도 있다. 배우자 쪽에서 그것을 원하지 않는다 해도 말이다. 축복이란 상대의 궁극적 유익을 구하는 것이다. 그 궁극적 유익이란 상대를 하나님께로 이끌어 주는 것이다.

남편은 아내를 축복하는 마음으로 아내의 생활방식이 건강하게 바뀌기를 진심으로 바랄 수 있다. 반대로 자신이 성적 친밀함을 더 자주 만끽하고 싶어서 아내의 변화를 원할 수도 있다. 물론 두 경우 다 남편에게 유익이 돌아올 것이다. 하지만 남편의 동기가 자신의 욕심을 채우려는 게 아니라 아내를 축복하는 마음이라면, 그는 첫 번째 차원에서 사는 것이다.

첫 번째 차원에서 살아가려면 성령의 감화와 능력으로 우리 마음을 가꾸어야 한다. 하나님께 복을 받아서 그 복을 다른 사람들에게 전수하며 살아야 한다. 참으로 신성한 결혼을 떠받치는 기초는 그것뿐이다.

내가 추구하는 게 첫 번째 차원인지 두 번째 차원인지 대개 배우자도 안다. 그 이유는 나도 설명할 수 없다. 그런데 이기적으로 두 번째 차원을 추구하지 않고 첫 번째 차원대로 살아가면 벌써 우리의 말투와 태도가 달라진다.

영적인 면(즉 마음)을 도외시한 채 이기적 목적으로 나 자신의 유익을 위해 배우자를 "고치려" 든다면, 오히려 큰 해를 입힐 수 있다. 설령 내가 옳더라도 말이다. 내용이 옳아도 방법과 이유가 그릇될 수 있다. 이기적인 동기로 내가 옳다고 싸운다면 그것은 비참한 삶이다. 그러면 결국 배우자를 꺾고 논쟁에 이기는 일만 남는다. 이해와 공감과 사랑에서 자라가는 일은 증발해 버린다. 적군을 무찌르고 승전한 장군은 흥분과 희열을 느낄지는 몰라도 결코 상대를 가깝거나 친밀하게 느끼지는 못한다.

갈등 국면에 들어설 때마다 첫 번째 차원의 질문으로 그 갈등을 공략하라. 아침에 이기심이 재잘거리기 시작하고 밤에 하루를 돌아보며 원망이 싹트려 할 때마다 이렇게 자문하라.

"지금 여기서 어떻게 배우자를 축복할 수 있을까?"

배우자를 축복하려면 나 자신의 일부를 "죽여야" 할 때도 있다. 이것은 부부의 연합을 가꾸는 또 하나의 도구다.

거미를 죽이라

나는 내 앞에 떨어진 거미를 죽였다.

한편으로는 그게 싫다. 거미는 아무에게도 해를 끼치지 않는다. 사실은 다른 곤충을 잡아먹으니까 오히려 이롭다. 나 개인적으로는 거미에게 전혀 반감이 없다.

하지만 거미는 거미줄을 칠 수 있다. 그리고 리자의 눈에 거슬린다. 아내는 거미라면 질색한다.

그래서 나는 거미를 죽인다.

리자와 결혼하는 순간 나는 많은 문제에서 내 감정보다 아내의 감정을 더 중시하기로 이미 약속했다. 거미를 죽이는 일도 그중 하나다. 거미를 새로 볼 때마다 매번 다시 상기할 필요도 없다. 나는 리자와 결혼했으므로 그것은 이미 결정된 일이다. 집 안에 거미가 보이면 아내가 죽일 필요가 없도록 내가 죽인다. 거미가 바깥문 바로 근처에 있으면 아내도 내가 그냥 문턱 너머로 밀어내는 정도로 만족한다. 그러나 방 안에 있는 거미는 운명을 피할 수 없다.

리자의 아버지가 알코올 중독자였다면(물론 아니었다) 나는 내 삶에서 음주를 일체 죽일 것이다. 술에 대해 내게 신학적인 문제는 없으나 그것은 중요하지 않다. 아내가 삶을 피폐하게 하는 알코올 남용에 민감하다면 나는 아내를 사랑하기에 아내에게 걱정거리를 주고 싶지 않다. 그냥 음주를 죽이고 아예 손도 대지 않을 것이다.

만일 우리 부부가 재혼했는데 리자의 초혼이 전남편의 과도한 비디오게임 때문에 파경을 맞았다면, 나는 그것도 죽일 것이다. 그냥 이렇게 생각할 것이다. "아내는 이 문제에 특히 민감할 것이다. 내가 게임기를 손에 들 때마다 아내에게 과거의 나쁜 감정들이 온통 되살아날 것이다. 그 뿌리 깊은 불안에서 헤어나라고 요구하기보다는 그냥 내 삶의 이 부분을 죽이는 게 가장 낫다."

일부 독자들은 이렇게 생각할지 모른다. "하지만 그건 불공평하다! 나는 술과 비디오게임을 좋아한다. 배우자가 싫어한다는 이유만으로 왜 내가 그것까지 포기해야 하는가?"

친구여, 그것은 결혼하기 전에 해야 했을 대화다. 결혼 전에 상담을 할 때면 나는 커플들이 서로를 더 잘 이해할 수 있도록 최대한 거미를 많이 찾아내 준다. 그래야 그들이 정확한 정보를 바탕으로 상대를 선택할 수 있다. 나는 그들에게 이렇게 묻는다. "이 사람과의 친밀한 연합이 한때의 오락인 이것보다 더 중요합니까?" 그러나 일단 결혼했으면 당신은 기본적으로 이미 선택한 셈이다. 정말 하나가 되기를 원한다면 말이다.

친밀한 결혼생활을 추구하려면 배우자를 괴롭히는 특정한 거미들을 죽이기로 마음먹어야 한다. 그냥 그것이 배우자를 괴롭힌다는 이유만으로 말이다. 그런 거미들이 본래 악하거나 성경에 금지된 일이 아닐 수도 있다. 그러나 배우자에게 고통을 준다면 그것만으로도 그 거미를 죽여야 할 충분한 이유가 된다. 이 또한 하나가 되는 과정의 일부다.

축복의 사고방식이 어떻게 모든 것을 달라지게 하는지 보이는가? 첫 번째 차원에서 살아가는 결혼생활에서는 나의 권리가 중요한 게 아니라 무엇이 배우자에게 복이 될 것인지가 중요하다.

약간의 사포질이 없이는 두 사람이 하나가 될 수 없다. 두 물체를 하나로 접합하려면 사포로 문질러서 모난 부분을 갈아내야 착 들러붙는다. 결혼도 마찬가지다. 리자와 하나가 되고 싶다면 나의 일부가 죽어야 한다. 그것을 죽일 마음이 없다면 하나가 되기를 거부하는 것이다. "예"라는 서약 대신 "나는 그렇게 못하겠다"라고 말하는 것이다.

당신 부부의 친밀함을 망쳐 놓고 있는데도 당신이 그냥 살려 두고 있는 거미는 무엇인가? 당신은 배우자의 거미들이 무엇인지 아는가? 친밀함과 참된 연합을 귀히 여긴다면 그 거미들을 찾아내 죽이라. 그게 사랑의 행위다.

"나는 이것을 위해 태어났다!"

배우자를 축복할 방도에 집중하는 게 아니라 사랑하기 힘든 부분에 집중하면 부부 사이는 더 친밀해질 수 없다. 사실 우리가 결혼하는 이유는 다분히 이기적이다. 그래서 자신이 원하는 바를 더 얻지 못하면 우리는 결혼으로 인해 감사하기보다 원망을 품을 수 있다. 그러나 참된 축복의 사고방식으로 첫 번째 차원에서 결혼생활을 해 나가면, 문제가 생길 때 잠언 17장 17절의 태도를 취하게 된다. "친구는 사랑이 끊어지지 아니하고 형제는 위급한 때를 위하여 났느니라."

훌륭한 소방관은 한밤중에 호출되어도 원망하지 않는다. 그가 훈련받은 목적이 바로 불을 **끄**기 위해서다. 마찬가지로 우리도 자신이 배우자의 위급한 짐을 져 주기 위해 "태어났다"고 믿는다면, 방해받는다고 원망하는 것이 아니라 열심히 도전에 부응할 것이다. 배우자의 "소방관"이 되어 때를 가리지 않고 열심히 도울 것이다.

남편이 장기간 실업자이거나 중독으로 고생하고 있을 때 아내가 당당히 이렇게 말한다고 상상해 보라. "나는 이것을 위해 **태어났다!** 이

속에서도 내 남자를 사랑할 수 있다." 다시 말하지만 우리는 모든 문제를 대할 때 부부로서 접근한다. 내 왼팔이 부러지면 오른팔은 혼자서 일을 도맡아야 한다며 불평하지 않는다. 내 몸은 연합되어 있으므로 한 지체가 부실하면 다른 지체가 나서서 돕는다. 이것이 참으로 친밀한 결혼의 목표다.

아내가 중병에 걸렸거나, 성적인 상처 때문에 심리적으로 고생하고 있거나, 직장 일로 속상해 태도가 거칠어졌거나, 엄마 역할을 힘들어한다고 하자. 이때 남편이 성경적 도전에 부응해 이렇게 선포한다고 상상해 보라. "나는 할 수 있다! 이 여자를 사랑할 수 있다! 나는 이것을 위해 **태어났다!**"

우리는 약점이나 한계 때문에 좌절할 게 아니라 오히려 위급한 때일수록 헌신을 보여 주도록 부름 받았다. 성경적인 친구는 부유하고 건강하고 사회적으로 성공하고 순탄할 때만 사랑하는 게 아니다. 성경적인 친구는 사랑이 끊어지지 않는다. 그래서 우리도 배우자가 침체되거나 힘든 시기를 지날 때면 더욱 마음을 다잡고 이렇게 자신을 타일러야 한다. "자, 간다. 나는 이것을 위해 태어났다. 위급한 때에도 이 사람을 향한 사랑이 끊어지지 말라고 태어났다."

"나는 당신의 것입니다"

이번 장을 마무리하기에 앞서 잠시 연합을 향한 여정을 복습해 보자.

- ◆ 결혼생활의 각 시기를 사려 깊게 헤쳐 나가야 한다. 그리하여 단지 팀의 동료처럼 행동하는 게 아니라 삶 전체를 공유해야 한다.
- ◆ 거짓된 친밀함 대신 진정한 친밀함을 가꾸기로 선택해야 한다.
- ◆ 서로에게 정직해야 한다.
- ◆ 축복의 사고방식을 취하여 "어떻게 배우자를 축복할 것인가?"를 물어야 한다. "어떻게 내 필요를 채울 것인가?"가 아니다.
- ◆ 결혼생활에서 배우자를 괴롭히는 "거미들"을 죽인다.
- ◆ 배우자의 약점과 한계를 부부간의 친밀함에 이르는 길로 본다. 그러려면 "나는 이것을 위해 태어났다!"라는 태도를 취해야 한다.

이 모두가 연합을 향한 여정의 일부다. 부부로서 하나가 될수록 결혼생활이 더 행복하고 만족스러워진다. 그중에 저절로 되는 일은 하나도 없다. 두 사람이 사랑에 빠질 수는 있으나 친밀한 연합에 "빠지는" 사람은 없다. 이것은 의도적 선택이자 긴 여정이다.

그 결과로 당신 부부가 명실상부하게 서로에게 "나는 당신의 것입니다"라고 말할 수 있는 날이 오기를 기도한다.

직장에서 각자 긴 하루를 보낸 후 다시 만날 때, 아내가 자동차 열쇠를 내려놓으며 혼잣말로 "힘든 하루였어."라고 탄식한다 하자. 이때 당신은 얼른 정신을 가다듬고 이렇게 관심을 표할 수 있는가? "나한테 다 말해 봐요." 그런 습관을 들인다면 당신이 정말 하는 말은 이것이다. "나는 당신의 것입니다. 당신에게 속한 자입니다. 지금 이 순간 세상의 그 무엇이나 누구보다도 당신이 내게 가장 중요합니다."

거꾸로 **남편**이 "힘든 하루였어."라고 혼잣말하는 것을 아내가 귀담아듣고 질문한다 하자. 남자로서는 이때가 위의 경우보다 더 대화하기 힘들 수 있다. 남자의 본능적 생각은 이런 쪽이다. '굳이 그것을 얘기해서 하루를 다시 재현할 마음은 추호도 없어.' 그런데 아내가 궁금해한다. 아내가 듣고 싶어 하는 말은 똑같이 "나는 당신의 것입니다"인데, 이번에는 그것이 남편 쪽의 대답을 통해 표현된다. 남편이 전날 밤에 말해 주었기 때문에 아내는 그날 남편의 직장에 무슨 일이 있을지 이미 알고 있었다. 남자가 그 사실을 알고서 퇴근할 때 얼마나 힘이 되겠는가? 이제 아내는 남편과 함께 즐거워하거나 가슴 아파할 수도 있고 남편을 격려하거나 응원할 수도 있다. 상황이 어떻게 풀렸든 관계없이 그 덕분에 부부는 더 친밀한 연합으로 이끌렸다. 직장에서는 성과가 없었을지 몰라도 가정에서는 함께 싸움에 이겼다. 가정은 당신이 사는 곳이지만 직장은 다녀오는 곳일 뿐이다.

남편이나 아내가 성적인 갈망(절박한 욕구도 아니고 갈망만으로 충분하다)을 느낄 때 우리는 "나는 당신의 것입니다"라고 말할 것인가? 업무 마감일, 예정된 사냥 여행, 마라톤 경기 등 정말 곤란한 시점에 시댁이나 친정 식구에게 위기 상황이 발생할 때가 있다. 그럴 때도 우리는 걱정하는 배우자에게 "나는 당신의 것입니다"라고 말하며 계획에 융통성을 발휘할 것인가? 아니면 우리의 행동으로 "직장이나 취미나 다른 것이 먼저이고 당신은 그다음이오"라고 말할 것인가?

아내가 꼭 참석하고 싶어 하는 파티가 있는데 당신은 정말 스포츠 중계를 보고 싶다. 또는 남편의 취미가 당신에게는 정말 재미없지만 그래도 옆에서 응원해 주면 남편이 좋아한다. 또는 배우자에게 힘든 시기가 닥쳐 특별히 더 신경을 써 주어야 한다. **이럴 때도** 당신은 "나는 당신의 것입니다"라고 말하겠는가?

결혼하던 날 당신은 배우자에게 "나는 당신의 것입니다"라고 말했고, 당신의 하나님과 장내에 가득한 사람들이 그 말을 들었다.

당신은 정말 배우자의 것인가?

오늘 그런가?

모든 면에서 그런가?

평생사랑 가꾸기

❀ ❀ ❀

1 아주 높은 수준의 친밀함인 연합을 생각하면 당신은 덜컥 겁부터 나는가, 아니면 그것을 경험하고 싶은 마음이 더 간절해지는가? 참으로 친밀한 부부관계라는 개념을 당신의 삶 속에 받아들이려면 어떻게 해야겠는가? 두렵거나 걱정되는 부분은 무엇인가?

2 지난번 당신 부부가 견해 차이를 보였던 예를 떠올려 보라. 그때 당신의 태도는 "어떻게 내 필요를 채울 것인가?"와 "어떻게 배우자를 축복할 것인가?" 중 어느 쪽이었는가? 후자를 당신의 기본 입장으로 삼는 게 현실적이라고 보는가?

3 배우자와 더 친밀한 소통을 이루기 위해 당신이 죽여야 하는 "거미들"을 잠시 생각해 보라. 알다시피 거미는 꼭 도덕적으로 잘못된 게 아니라 그냥 배우자의 취향의 문제일 수 있다. 그 거미를 죽이면 당신 부부가 더 가까워질 수 있는 그런 거미가 있는가? 반대 입장을 고수할 만한 가치가 있는가?

4 친구는 "위급한 때를 위하여" 났고 소방관은 불을 끄기 위해 태어났다면, 이것을 결혼생활에 적용하여 당신은 구체적으로 무엇을 위해 태어났는가?

5 부부관계와 관련하여 당신의 마음과 행동(논의 상 따로 구별해)을 정직하게 평가한다면 어떻게 답하겠는가?

< 나의 마음 >

　　　1 — 2 — 3 — 4 — 5 — 6 — 7 — 8 — 9 — 10

"나는 대체로 나의 것입니다"　　　　　"나는 당신의 것입니다"

< 나의 행동 >

　　　1 — 2 — 3 — 4 — 5 — 6 — 7 — 8 — 9 — 10

"나는 대체로 나의 것입니다"　　　　　"나는 당신의 것입니다"

6 질문5에 대한 답변으로 보아 지금 당신은 자신이 원하는 자리에 있는가? 만일 아니라면 그 자리로 가기 위해 무엇이 달라져야겠는가?

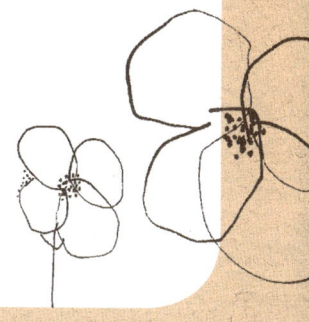

Prayer

우리의 창조주 하나님이여, 주님이 설계하신 결혼은 두 사람이 하나가 되는 것입니다. 예수께서 말씀하셨듯이 대부분의 이혼이 아예 성립될 수 없는 이유는 주께서 둘을 하나로 만드셨기 때문입니다. 주께서 이미 선포하신 대로 우리가 정말 하나가 되게 하소서. 어떻게 내 필요를 채울 것인가가 아니라 어떻게 서로를 축복할 것인가를 주님께 여쭙도록 날마다 은혜를 주소서. 어떻게 해야 우리 삶에서 연합의 성장을 막는 모든 것을 뿌리 뽑을 수 있을지 가르쳐 주소서. 특히 삶의 시련이나 서로의 한계에 부딪칠 때 우리가 멀어지지 않고 하나가 되게 하소서. 성부와 성자 하나님 사이의 연합을 우리도 이제부터 경험하게 하소서. 그리하여 주님이 실제로 어떤 분이신지를 우리 부부관계를 통해 증언하게 하소서. 예수님의 이름으로 기도합니다. 아멘.

무관심한 배우자를 사랑하기

14

연합에 대한 이 모든 말이 어떤 독자들에게는 고통으로 다가올 수 있다. 하나가 되기를 원하지 않는 배우자와 결혼했을 수 있다. 솔직히, 더 친밀한 연합의 추구 따위에 전혀 관심이 없는 남편이나 아내도 있다. 그런 사람과의 결혼생활에 충실히 임한다는 것은 어떤 의미일까?

마리아(Maria)와 결혼한 제이슨(Jason)이 그런 경우였다. 결국, 그는 자신과 마리아가 결혼생활에서 원하는 바가 전혀 다르다는 사실을 수용해야 했다. 둘은 결혼한 지 15년 되었는데, 제이슨이 성공적인 결혼생활에 대한 서로의 관점이 천지 차이임을 깨닫는 데 그렇게 오래 걸렸다.

제이슨의 상황은 나와 같은 대부분의 강사와 작가들이 하는 말과는 정반대다. 보통의 경우라면 흔히 아내 쪽이 더 관계적이다. 그런데 이 부부의 경우는 내면의 깊은 대화라든가 부부관계를 위한 헌신적 노력을 원하는 쪽이 제이슨이다. 마리아도 막연히 그것을 원한다고는 말한다. 하지만 그녀가 먼저 꺼내는 대화는 집안을 꾸미는 일, 아이들에게 필요한 것, 친정어머니에게 들은 얘기 등 피상적인 것들뿐이다. 그녀는 남편의 근황이나 기분, 둘의 관계에 대한 남편의 생각 등을 물어보는 적이 없다. 제발 그렇게 해 달라고 남편이 누누이 부탁했는데도 말이다.

굳이 상담학 박사가 아니라도 알 수 있듯이 제이슨은 일정한 수준의 친밀함을 원하고 또 필요로 한다. 하지만 마리아는 그렇지 않다. 그녀는 피상적 삶으로 충분하다. 부부가 (그녀의 기준으로) "재미있게" 살며 가정을 잘 건사하기만 한다면 그녀로서는 그것이 행복한 결혼생활이다. 제이슨은 그것만으로 행복하지 못하지만, 그것은 그녀에게 문제가 못 된다. 적어도 그녀 쪽에서 무슨 조처를 할 정도는 아니다.

나는 제이슨에게 물었다. "더 깊어질 마음이 없는 사람과 함께 어떻게 더 깊은 관계로 나아갈 수 있을까요? 당신의 조언이 다른 독자들에게도 도움이 될 것입니다."

쉬운 질문은 아니다. 자동차 수리는 지성적 존재가 무생물을 다루는 일이지만, 관계를 "고치는" 일은 그와 다르다. 두 인간의 관계에는 협력이 요구된다. 제이슨은 더 깊어질 마음도 있고 아내에게 간혹 관계에 관한 대화를 주도해 달라고 부탁도 한다. 이상적으로 말해서 그 정도면 아내 쪽에서도 의욕이 생길 만하다. 웬만한 아내라면 그런 정당한 갈망을 반가워할 것이다. 그런데 마리아는 남편의 고통에 공감하지 못하고, 그것 때문에 변화의 의욕을 느끼지도 못하는 것 같다.

제이슨은 그것을 다 알면서도 여전히 부부관계에 힘쓴다는 점에서 대단하다. 그는 단념하지 않는다. 하나님이 이타적인 배우자만 사랑하라고 우리를 부르신 게 아님을 그는 알고 있다. 사실 예수는 "은혜를 모르는 자와 악한 자"를 사랑하시는 게 자신의 특기라고 명시하시면서(눅 6:32~35) 우리에게도 똑같이 사랑할 것을 명하셨다(36절). 뒤이어 같은 본문에 그분은 "주라, 그리하면 너희에게 줄 것이니"(38절)라고 덧붙이셨으나 우리에게 갚아 줄 그 주체가 배우자라고는 말씀하지 않으셨다. 하나님을 경외하는 마음으로 배우자를 사랑하는 사람은 하나님의 위로를 받는다. 받으려고 주는 것은 세상적 관점의 사랑이지 그리스도의 관점이 아니다.

나의 이론적인 말은 그쯤하고 실생활에서 제이슨이 어떻게 반응하는지 보자. 이 문제로 10년 넘게 씨름해 온 그에게 내가 물었다.

"정당한 갈망을 배우자가 채워 주지 않을 때는 어떻게 합니까?"

제이슨은 이렇게 대답했다.

◆ "적절한 차선책을 통해 필요를 충족시킵니다."

그래서 제이슨은 다른 사람들과 더불어 풍성한 관계를 가꾼다. 물론 여자와 단둘이 접촉하지는 않는다. 이것은 이상적인 방법은 아니지만 그래도 도움이 된다. 제이슨에게는 탄탄한 우정을 맺은 남자 친구들이 있을 뿐 아니라 부부로서도 다른 부부들과 건강한 관계를 유지하고 있다. 그중 어느 아내와도 따로 만나는 일은 없지만,

간혹 다른 부부와 대화할 때 결혼생활을 주제로 꺼내면 마리아도 동참할 때가 있다.

◆ "나보다 더 힘든 사람도 있음을 기억합니다."
제이슨의 친한 친구 하나는 결혼한 지 12년 되었는데 부인이 떠나 버렸다. 제이슨에 따르면 그 친구는 "나무랄 데 없는 진국"이다. 별거와 이후의 이혼 때문에 많은 조정이 필요했지만, 그중에서도 그는 2년째 성생활을 하지 못했다.
제이슨은 이렇게 고백했다. "나도 마리아와의 성생활이 만족스럽다고 말할 수는 없습니다. 기껏해야 일주일에 한 번이지요. 하지만 2년을 그렇게 산다는 건 가히 상상이 안 됩니다. 그래서 나는 내게 없는 것에 너무 집중하기보다 내게 있는 것으로 인해 감사하려 합니다." 이 책을 읽는 일부 아내들의 경우, 남편이 자녀와 함께 기도하거나 성경에 대해 대화하지 않을지는 몰라도 생계를 부양하고 자녀에게 스포츠를 가르치고 가족들을 데리고 교회에 나가기는 할 것이다. 그렇다면 당신이 원하는 것을 **다** 얻지는 못했어도 현재 **있는** 것으로 인해 감사할 수 있지 않을까? 남편 없이 혼자라면 그 부분조차 없을 테니 말이다.

◆ "긍정적인 면이 아무리 미약하고 부족할지라도 의지적으로 그쪽을 생각합니다."
제이슨은 빌립보서 4장 8절에 의지하여 살아간다. "끝으로 형제들아, 무엇에든지 참되며 무엇에든지 경건하며 무엇에든지 옳으며 무엇에든지 정결하며 무엇에든지 사랑 받을 만하며 무엇에든지 칭찬 받을 만하며 무슨 덕이 있든지 무슨 기림이 있든지 **이것들을 생각하라**." 그는 "**이것들을 생각하라**"는 마지막 문구를 강조한다. "말할 때나 심지어 기도할 때도 늘 부부관계의 나쁜 점만 늘어놓아서는 안 됩니다. 강점에 집중하여 이를 기초로 결혼생활을 가꾸어 나가야 하며, 이미 **있는 것들**을 인해 하나님께 감사해야 합니다."

이번에는 멜리사(Melissa)를 만나 보자. 그녀도 비슷한 상황에 직면해야 했으나 관점이 좀 달랐다. 무관심한 듯한 배우자와 어떻게 결혼생활을 해 나갈 것인지를 그녀의 사연을 통해 더 잘 이해할 수 있다.

하지만 당신에게는 하나님이 계시다

여호와를 자기 하나님으로 삼는 백성은 복이 있도다 (시 144:15).

멜리사의 남편은 우울증이 있다. 우울증은 어느 부부에게나 엄청난 도전이다. 우울증에 걸린 사람들을 자책감에 빠뜨리려는 말이 아니라["설교의 황제" 찰스 스펄전도 《목회자 후보생들에게: 스펄전 설교론》(크리스천 다이제스트)에서 자신에게 여러 번 우울증이 도졌던 일을 술회했다] 다만 일부 결혼한 그리스도인들이 걸어야 하는 험로에 대해 솔직해지자는 당부일 뿐이다. 우울한 사람들은 자신의 삶뿐 아니라 주변 사람들까지 맥 빠지게 하기 일쑤다. 애석하게도 그들은 종종 자신의 최악의 적이 되어, 날마다 자신을 무너뜨리려는 뇌의 집요한 화학 반응과 싸운다. 다시 말하지만 나는 지금 우울한 사람들을 비난하는 게 아니다. 우울증을 자청하는 사람은 아무도 없으며, 다수의 우울한 사람들은 발군의 노력으로 뇌의 화학 반응과 싸운다. 그들로 인해 내 마음이 아플 뿐 비판할 생각은 추호도 없다. 그러나 안타깝게도 발군의 노력이 늘 통하지는 않으며 약도 늘 효과가 있는 것은 아니다. 지금 나는 단지 솔직해지려는 것이다. 당신의 배우자가 만사를 귀찮아한다면 결국 결혼 생활에도 당신만큼은 관심이 없다는 뜻이다. 그것이 배우자의 잘못이 아님을 안다 해도 여전히 힘로인 것만은 분명하다. 수십 년씩 지속될 수 있기 때문이다.

당연히 멜리사도 지칠 때가 있다. 남편의 우울증을 상대하다 보면 진력이 난다. 그런데 그녀가 내게 들려준 말은 믿음으로 충만했다. 자신의 고달픈 일상을 말한 뒤에 그녀는 이렇게 덧붙였다. "하지만 내게는 하나님이 계십니다. 하나님이 계시면 설령 내 삶의 다른 모든 것-말 그대로 모든 것-이 어긋나도 나는 여전히 무한히 큰 복을 받은 사람입니다. 과분한 복이지요."

멜리사가 평생 붙들고 사는 구절은 시편 144편 15절이다.

"여호와를 자기 하나님으로 삼는 백성은 복이 있도다."

이거야말로 진정한 믿음이다. 여기 하나님의 여인의 용기가 있다. 그녀가 깨달았듯이 이생-결혼생활까지 포함해-에는 하나님이 일부러 고쳐 주지 않으시거나 우리 쪽에서 그분의 치유에 저항하는 부분들이 있으며, 그것이 계속 남아서 우리의 여생을 힘들게 한다. 그래도 우리는 성경의 진리 안에서 참으로 안식할 것인가? 비록 결혼생활에 실망하고 인내의 한계를 느낄지라도 "여호와를 자기 하나님으로 삼는 백성은 복이 있도다"라는 이 진리 안에서 말이다.

하나님은 당신의 결혼생활을 치유해 주지 않으실 수도 있다. 당신의 배우자를 변화시키거나 고쳐 주지 않으실 수도 있다. 그래도 변함없는 진리가 있지 않은가? 설령 우리 삶에 제대로 되는 게 하나도 없을지라도, 그리스도 안에 있다면 우리는 최고의 복을 받은 존재가 아닌가? 하나님과 교제할 수 있고 기쁨에 찬 영원을 약속받았으니 말이다.

이제 나도―무엇에 대해서든―불평이 싹틀 때면 "하지만 내게는 하나님이 계시다"라고 상기하려 한다. 그러고 나서 이렇게 덧붙인다.

"여호와를 자기 하나님으로 삼는 백성은 복이 있도다."

숭고한 소명을 위한 안식

지금까지 한 말이 일부 독자들에게는 약간 이상주의적으로 들릴 수 있다. 이제 실제적 적용으로 넘어가 보자. 정서의 중추인 마음(심장)은 또한 근육이기도 한데, 근육에는 휴식과 회복이 필요하다. 스포츠 심리학자들의 말처럼 휴식은 컨디션 조절의 필수 요소다. 잘 쉬지 않으면 근육이 망가진다. 관계도 그와 다르지 않다.

배우자가 유난히 이기적이거나 매사에 통제하려 들거나 우울한 사람이라면, 어떤 날은 당신의 입에서 이런 말이 절로 나올 것이다.

"오늘은 나도 좀 쉬어야겠다."

상대가 그냥 평범한 죄인이어도 마찬가지다.

좀 쉬어도 괜찮다. 안식은 본래 하나님에게서 나온 개념이다. 배우자가 무난한 사람이어도 부부는 수시로 서로 부딪치게 마련이므로 간혹 휴식이 필요하다. 그러면 상황을 보는 눈이 새로워지고 기운도 회복된다.

물론 결혼생활 자체를 쉬는 게 아니라 부부관계를 "고치려는" 노력을 쉰다는 뜻이다. 앞날을 위해 잠시 한숨 돌리면서 영적 뿌리를 좀 더 깊이 내릴 필요가 있다. 무엇이든 좋은 방법을 취하고 나머지는 다 그냥 내려놓아라. 여태까지 내가 본 바로는 부부관계를 "더 나아지게" 하려고 늘 애쓰는 사람들일수록 좀처럼 만족을 느끼지 못한다. 그들은 잘못된 부분에 너무 집중한 나머지, 잘되고 있는 부분을 누릴 줄 모른다. 모든 부부관계를 현미경으로 관찰한다면 저마다 좌절할 이유는 얼마든지 있다. 물론 당신의 결혼생활은 완전하지 못하며 완전과는 거리가 멀 수도 있다. 그러나 때로 그것을 고치려는 노력을 잠깐 쉬면서, 아직도 당신 곁에 누군가가 있음으로 인해 하나님께 감사할 수는 없는가?

도피와 휴식은 크게 다르다. 성경적 안식인 휴식은 다시 일로 이어진다. 사실 안식일을 지키라는 명령 자체가 곧 일하라는 명령이기도 하다. "엿새 동안은 힘써 네 모든 일을 행할 것이나 일곱째 날은 네 하나님 여호와의 안식일인즉 … 아무 일도 하지 말라"(출 20:9~10).

우리가 안식함은 앞으로 더 열심히 일하기 위해서이고, 하나님께 원기의 회복을 구함은 "일"이라는 그분의 숭고한 소명에 충실하기 위해서다. 거기에 배우자와 자녀를 사랑하는 일도 포함된다. 안식이란 마치 톱날을 가는 이치와도 같아서, 그것이 우리가 부름 받은 "일" 자체는 아니지만, 결국 그 일을 더 수준 높게 완수하는 데 도움이 된다.

결혼생활에 어려움을 겪고 있다면 당신이 할 수 있는 최선의 일 중 하나는 잠시 벗어나 웃음을 되찾는 것이다. 친구들도 만나고, 코미디도 빌려다 보고, 장편소설도 읽고, 휴양지에도 가보라.* 우리는 유한한 인간이고 자원도 유한한데 성경은 우리에게 자력으로 안 되는 초자연적 사랑을 명한다. 여기서 두 가지 사실을 배워야 한다. 즉 우리는 성령의 능력에 철저히 의지해야 하고, 또 간혹 휴식을 취해야 한다.

당신이 가정의 본분에 그렇게 성실한 것은 잘하는 일이다! 하지만 잊지 말라, 당신은 마라톤을 달리는 중이다. 계속 질주할 수는 없다. 가끔 쉬어야 한다.

이 주제를 끝내기 전에, 부부관계에 힘쓰는 정도가 배우자보다 덜한 사람들에게 하고 싶은 말이 있다. 당신은 자신이 (마리아처럼) 이기적이거나, (멜리사의 남편처럼) 우울하다고 생각하지 않을지 모른다. 하지만 이것만은 인정해야 한다. 당신은 그동안 배우자를 당연시해 왔고, 부부관계에 더 깊이 들어가려는 마음도 별로 없다. 마지막 한 가

---

* 이렇게 즐기기가 부담스럽거나 죄책감이 든다면 나의 이 책을 권하고 싶다. 《쾌락 - 하나님이 주신 순전한 즐거움》(CUP, *Pure Pleasure: Why Do Christians Feel So Bad About Feeling Good?*)

지 당부를 듣겠는가? 잘 숙고해 본다면 큰 보상이 따를 것이다.

약자의 입장에 처한 배우자를 너그러이 대하라

크레이그(Craig)는 몇 년째 부부관계에 신경을 안 썼다. 다른 무엇보다 일이 먼저였다. 아내 그레이스(Grace)가 그의 일정과 강박적 몰입에 대해 여러 차례 이의를 제기했다. 하지만 그는 언제나 아내보다 일을 앞세웠다. 그녀는 날마다 원한과 싸워야 했다.

그런데 어떤 일을 계기로―너무 길어서 여기에 다 말할 수 없다―결국 크레이그의 고집이 꺾였다. 그는 자신이 성취한 수준의 성공을 유지하려면 그 대가로 정말 좋은 아내를 계속 저버려야 함을 깨달았다. 그날 저녁을 그레이스는 영영 잊지 못할 것이다. 크레이그가 어느 식당에 마주 앉아 그녀의 손을 잡고 눈을 바라보며 마침내 이렇게 말했다.

"그동안 정말 미안했어요. 이제 일대 변화가 있을 것이오. 전에 말했던 그 일자리를 수락할 테니 이사합시다. 삶이 각박하지 않은 새로운 소도시에서 우리의 관계를 다시 가꾸어 봅시다. 우리는 다시 **행복해질 수 있소**."

그레이스는 눈물로 대답을 대신했다. 이런 생각이 들었다. '여기만 아니라면 어디든 좋아요. 우리를 갈라놓은 이 직장만 아니라면 다 괜찮아요.'

그레이스는 덫에 갇힌 심정이었다. 어떤 면에서 사실 그랬다. 상대가 기혼자의 직무를 유기하면 당신은 꼼짝없이 매인 기분이 된다. 상대의 소유물로 변한다. 이 권력으로 배우자는 당신을 축복할 수도 있고 비참하게 만들 수도 있다.

남편들도 나름대로 약자의 입장이 되기는 마찬가지다. 아내가 남편을 보기만 하면 쉴 새 없이 숨 막히게 독설을 퍼붓거나, 침실을 정나미가 뚝 떨어지는 쓰레기장으로 만들어 놓거나, 지금 일구어야 할 가정보다 친정의 부모형제에게 더 온 힘을 기울인다 하자. 그러면 남편이 위태로워진다.

이럴 때 배우자는 철저히 약자의 입장이 된다. 그것을 사랑과 긍휼의 마음으로 깨달으면 정신이 번쩍 든다. 우리는 배우자를 비참하게 만들 수 있다. 절망 쪽으로 거의 몰아갈 수 있다. 우리의 행위로만 아니라 행위의 부재로도 그리할 수 있다. 뒤로 물러나 나 몰라라 하는 것도 악이다.

이런 약자의 입장에 대해 민감해지자. 그 상황 속에서 너그러워지자. 이것은 굉장한 권력이자 두려운 책임이다. 크레이그에게 들은 말을 얘기하며 눈물을 흘리는 그레이스를 보니 나까지 리자를 향해 다시금 마음이 녹아내렸다. 나도 리자에게 그렇게 해 주고 싶다. 우리 삶이나 결혼생활에서 아내에게 좌절감이나 덫에 갇힌 심정이 들게 한 요소를 찾아내 아내를 거기서 해방시켜 주고 싶다. 그리하여 아내의 영혼에 흘러넘치는 행복을 지켜보고 싶다.

결혼하는 날 우리는 막강한 독점권을 얻었다. 그날부터 배우자의 가장 친한 친구, 배타적 연인, 가장 가까운 영적 후원자, 재정적 동반자가 되었다. 배우자가 누릴 수 있는 애정 생활이란 내가 의지적으로 베푸는 애정 생활뿐이다. 우리는 이 도전에 부응해 사려 깊고 너그럽고 열정적인 연인이 되고자 최선을 다하는가, 아니면 내가 필요하고 내게 의지한다는 이유로 배우자를 무안하게 만드는가?

우리는 정말 부부관계에 힘쓰고 있는가? 하나가 되고자 정직하게 노력하고 있는가? 아니면 사랑과 헌신을 표현하지 않으며 타성에 젖어 하루하루를 보내고 있는가?

배우자가 평생 알게 될 부부간의 영적 연합이란 당신과 함께 누릴 영적 연합뿐이다. 당신의 두려움, 정서 불안, 기도와 교제에 관한 관심 부족 등은 결혼생활을 교착 상태에 빠뜨릴 수 있다. 그래도 당신은 가만히 있겠는가?

배우자가 부부로서 소통하고 대화하며 정서적 관계를 누릴 대상은 오직 당신뿐이다. 당신이 배우자를 밀쳐내면 그 자리를 넘겨받을 다른 배우자는 없다(많은 예비 연인들이 대기하고 있을지 모르지만, 그것은 우리가 갈 길이 아니다).

오늘 당신의 배우자는 어떻게 약자로 느껴질 수 있을까? 당신은 이 문제로 기도하겠는가? 혹시 하나님이 생각나게 해 주실 게 있을지 잘 들어 보겠는가? 이 덫으로부터 배우자를 해방시키려 애쓰겠는가? 설령 당신이 거부당한 게 많을지라도 지금 당신이 배우자에게 거부하고 있는 것은 없는가?

약자의 입장에 처한 배우자를 너그러이 대하자.

이 글을 읽으면서 눈시울을 적시는 사람도 있을 것이다. 약자의 입장에 처한 당신을 아주 모질게 대해 온 배우자 때문에 설움이 복받칠 수 있다. 이번 장을 마치기 전에 그런 당신에게 성경으로 몇 마디 격려를 건네고 싶다.

의지와 행동을 겸비한 선(Good)

한 가지 고백할 게 있다. 우리 집 뒷마당은 동네에서 최악의 수준이다. 내 아내를 얼마든지 딱하게 여겨도 좋다. 나도 일주일에 두어 번씩 이런 생각이 들긴 한다. '게리, 정말 어떻게든 네가 좀 손을 써야겠다.' 그러나 의욕이 부족해서 실제 행동으로 옮기지 못한다.

변명해 보자면 나는 10~12일에 하루도 쉬는 날을 만들기가 어렵다. 7일에 하루씩 쉬려고 애쓰지만 두 일을 병행하다 보니(18년 동안 작가와 강사로 일해 온 것 외에 이제 휴스턴 제이침례교회에서 교육 사역까지 맡고 있다) 많은 경우 출장길을 제외하고는 꼬박 하루를 쉰다는 게 불가능하다. 그러다 보니 피곤할 때도 많을 뿐더러 다른 해야 할 일들이 첩첩이 쌓여 있다.

게다가 나는 그런 일을 즐기지 못한다. 어떤 남자들은 마당 일을 위해 살아간다. 각종 기구와 비료와 분무기가 완비되어 있어 전문 정원사의 칭송을 살 정도다. 하지만 나는 화학제품보다 책에 둘러싸여 있는 게 더 좋다.

의지와 행동이 없으면 뒷마당이 우리 집처럼 된다.

의지와 행동이 없으면 쑥대밭으로 변하는 게 하나 더 있으니 바로 결혼생활이다. 일부 독자들의 배우자는 내가 뒷마당을 소홀히 하는 것만큼이나 부부관계를 중시하지 않을 수 있다. 그런 배우자도 결혼생활이 "저절로" 된다면 누릴 것이고, 이미 잘되고 있다면 기꺼이 만끽할 것이다. 하지만 관계를 키워 나갈 만큼의 의지와 도의적 행동은 부족하다. 그들의 동력이 되는 우선순위는 따로 있다. 어쩌면 결혼생활에 우선순위를 두지 않는 쪽이 당신일지도 모른다.

빌립보서 2장 13절은 위의 두 경우 모두에 격려가 된다. 여기 아주 중요하게 의지와 행동을 겸비한 선(善)이 있다. "너희 안에서 행하시는 이는 하나님이시니 자기의 기쁘신 뜻을 위하여 너희에게 소원을 두고 행하게 하시나니."

장기적인 결혼을 제대로 가꾸려면 꼭 필요한 것 두 가지가 소원(의지)과 행함(행동)이다. 그런데 바울은 바로 그 두 가지를 하나님이 공급하신다고 단언했다(사실 세 번째 요소도 있는데 그것은 잠시 후에 살펴볼 것이다).

내 힘으로 하려는 노력을 그만두면 결혼생활이 달라진다. 내 기분을 바꾸려는 시도와 희망을 쥐어짜내는 수고를 그만두고 우리의 하나뿐인 확실한 희망이신 분께 가서 이렇게 기도해야 한다.

"하나님, 부디 주님의 기쁘신 뜻을 위하여 저에게 결혼생활을 제대로 하려는 의지를 주소서."

하나님이 이런 기도에 응답하기를 주저하실 것 같은가? 뜸을 들이며 "흠, 내가 그대로 베풀 준비가 되어 있는지 잘 모르겠구나"라고 말씀하실 것 같은가?

어림없는 소리다. 결혼생활을 잘 가꾸어 하나님을 기쁘시게 하려는 우리의 의지가 식을 때면, 그분이 우리를 가장 열렬히 지원해 주신다. 부부관계가 일방적이라고 느껴지면 의지를 잃기 쉽다. 변화를 끌어내려 했으나 성과가 없으면 실의에 빠지는 것은 당연하다. 생각나는 방법을 다 써 보았고 지난 10년간 간행된 결혼 서적을 다 읽었는데도 당신의 결혼생활이 여전히 수준 이하라면 그냥 포기하고 싶을 수밖에 없다.

당신은 하나님께 의욕을 달라고 기도한 적이 있는가? 늘 기도하며 영적으로 의존하는 태도로 살아가는가? 아니면 혼자서 억지로 몸부림치고 있는가? "하나님, 몸부림치는 데도 지쳤습니다. 주님이 의욕을 주셔야 합니다. 제 의지는 사라졌으니 주님의 의지가 필요합니다."

나아가 본문에 따르면 하나님은 우리에게 능력을 주셔서 행하게 하신다. 알다시피 결혼생활을 가꾸고 유지하려면 많은 노력이 필요한데, 그 노력이 싫어서 괜히 온갖 딴청을 부리는 게 인간의 본능이다. 나는 뒷마당의 담장 밖으로 뻗어 나가는 관목을 쳐 주느니 그 시간에 조깅을 할 수도 있다. 문짝이 떨어진 옥외 진열장의 경첩을 고치느니 그 시간에 뉴스를 볼 수도 있다.

바울은 우리가 하나님께 가서 그분을 경외하면(빌 2:12) 그분이 우리 안에서 역사하신다고 확언했다. 하나님은 우리에게 능력을 주셔서 행하게 하신다. 그분의 막강한 힘과 에너지가 우리를 들어 올려 냉담함과 한계를 벗어나게 한다. 하나님은 제3의 동역자이시며 그분의 임재가 부부를 연합시킨다.

앞서 말했던 세 번째 요소는 기쁨이다. 하나님이 의지와 행동을 주심은 "자신의 기쁘신 뜻을 위하여"서다. 우리가 소원을 두고 행하게 하심은 그것이 그분께 기쁨이 되기 때문이다. 그분은 우리가 연합하여 사는 모습을 보시면 좋아하신다. 하나님을 경외하는 가정에서 경건한 자녀를 기르는 모습을 보시면 즐거워하신다. 부부관계를 통해 그리스도와 교회의 관계가 증언되면 기뻐하신다. 자신의 두 자녀가 충절과 사랑을 나누는 모습을 보시면 마냥 흡족해하신다. 가정에서 그리스도가 낯선 존재이고, 부부의 사랑이 한때의 감정으로 끝났으며, 기쁨이 가물에 콩 나듯 한다고 하자. 하나님의 자녀들이 그런 가정에서 자란다면 그분이 만족하시겠는가? 당신의 친밀한 결혼생활을 당신보다 하나님이 더 원하신다.

어떤 때는 기도라는 게 이상해 보인다. 그래서 우리는 이렇게 묻고 싶어진다. "하나님, 이것을 그토록 원하신다면 왜 그냥 주지 않으시고 굳이 우리가 구해야 합니까?" 하지만 그분이 일하시는 방식이 그렇다. 그분은 관계의 하나님이시며 우리가 지속적으로 그분께 의존하기를 원하신다. 구약의 만나와 마찬가지로 이것도 하루 단위다. 신성한 결혼은 한 달에 한 번씩 대형 할인매장에서 장을 보는 것(즉 어쩌다 한 번씩 하나님께 가서 다시 공급받는 것)이 아니라 매일 농산물 직판장에서 가서 채소를 구하는 것과 같다. 이것은 매일의 경험(일부 독자들의 경우에는 매시간의 경험)이 되어야 한다. 이 세상의 이치를 내가 정한 게 아니니 나에게 이유를 묻지 말라. 하나님이 이 방법을 원하실 뿐이다. 당신의 결혼생활이 외롭다면 이것을 꼭 명심해야 한다. 하나님의 공급이라는 농산물 직판장에서 매일 장을 보는 법을 배우라.

그러므로 하나님의 자원을 마음껏 활용하자. 소위 외로운 결혼생활에서도 우리는 결코 혼자가 아니다. 배우자는 협력하지 않을지 모르지만, 당신이라도 시작하면 하나님은 항상 함께 일하신다.

바울이 단언했듯이 하나님은 우리에게 의지와 행동은 물론 동기까지 주신다. 그러나 공익광고에 흔히 나오는 말처럼 "잠깐! 이게 전부가 아니다!"

별처럼 빛나는 결혼 만들기

혼자라고 느껴질 때 찾아오는 커다란 유혹을 바울은 이렇게 경고한다. "모든 일을 원망과 시비가 없이 하라"(빌 2:14). 원망은 하나님께 의존하는 자세의 반대다. 원망은 우리가 하나님과 그분의 풍성한 공급 대신 배우자의 단점에 집중한다는 표시다. 원망을 품으면 먼저 하나님과 함께 기도로 풀기 전에 인간을 상대로 따지고 싶어진다.

그보다 우리는 하나님께 의존하는 쪽으로 돌아서야 한다. 하나님이 그분의 기쁘신 뜻을 위해 우리에게 의지와 행동을 주시도록 그분께 잘 맡겨야 한다. 그러면 결과가 완전히 달라진다.

"너희가 … 어그러지고 거스르는 세대 가운데서 … 세상에서 그들 가운데 빛들로 나타내며"(빌 2:15).

다른 부부들은 거스르는 세대의 타락한 풍조에 굴할 수 있다. 우리 이웃들은 하나님을 욕되게 하는 방법들과 기껏해야 단기적인 로맨스 부양책으로 결혼생활의 "맛을 돋우려" 할 수 있다. 다른 사람들은 고의적 태만으로 한 해가 다르게 가정에서 열정이 식어 갈 수 있다. 그러나 하나님의 자녀들—참으로 그분께 의존하고 헌신한 사람들—은 어두운 밤의 별처럼 빛날 것이다.

얼마나 영광스러운 일인가. 게다가 빌립보서 2장 12~15절의 본문 전체에 전제되어 있듯 이것은 우리에게 달린 일이 아니다. 당신의 의지도 행동도 하나님이 그분의 기쁘신 뜻을 위해 친히 주신다. 그분께 맡기면 결국 당신은 어둡고 거스르는 세대에서 별처럼 빛나게 된다.

평생사랑 가꾸기

1 배우자보다 당신 쪽에서 부부관계에 더 관심이 많다고 보는가? 만일 그렇다면 당신에게 영적으로나 관계적으로 도움이 될 만한 것으로 이번 장에서 얻을 수 있는 두세 가지 교훈은 무엇인가?

2 당신은 부부관계보다 그 밖의 다른 것들을 앞세워 배우자를 당연시해 왔는가? 만일 그렇다면 당신에게 권하고 싶다. 혼인서약에 충실하기 위하여 당신에게 꼭 필요한 변화를 우선 기도하는 마음으로 잘 생각해 보라. 그다음에 그런 변화의 각오를 배우자에게 털어놓아라.

3 배우자가 약자의 입장에 처해 있는데 - 당신을 필요로 하거나 당신에게 바라는 것들이 있는데 - 당신이 모질게 대하고 있는 부분이 있는가? 만일 있다면 무엇인가? 어떻게 하면 당신이 달라질 수 있겠는가? 배우자 이외의 다른 사람과 대화하며 감시를 받을 필요가 있겠는가?

4 그동안 당신은 의지와 행동을 하나님께 구했는가, 아니면 혼자서 몸부림쳤는가? 이 부분이 당신의 약점이라면 빌립보서 2장 12~15절을 프린트 해서 침실이나 화장실의 거울에 붙여 두라. 본문을 암기하라.

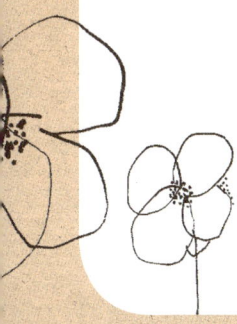

Prayer

사랑이 많으신 우리 아버지여, 때로 우리는 목표를 너무 낮게 잡습니다. 주님은 우리가 어둡고 거스르는 세상에서 "빛들로 나타내"기를 원하시는데 우리는 당장 불행에서 벗어날 생각만 합니다. 결혼생활의 변화를 우리보다 주님이 더 원하신다는 확신을 주소서. 배우자가 계속 거리를 둘지라도 우리에게 능력을 주셔서 충실히 행동하게 하소서. 불평하거나 원망하지 않도록 우리 마음을 지켜 주소서. 겸손히 주님께 의존하며 부부관계에 필요한 의지와 행동을 주님께 받게 하소서. 예수님의 이름으로 기도합니다. 아멘.

사랑을 잃은 결혼을 살려낸 어느 부부

15

　　　　좋은 결혼은 저절로 되는 게 아니라 만들어 나가는 것이다. 그게 사실이라면 망가진 결혼을 고칠 수 있음도 사실이다. 특히 "내가 다시 너를 세우리니 네가 세움을 입을 것이요"(렘 31:4)라고 선포하신 하나님께 소망을 두는 그리스도인들이라면 더욱 그렇다. 목사이자 작가인 내 친구 테드 커닝햄(Ted Cunningham)의 표현이 내 마음에 꼭 든다. "예수는 죽은 사람 속에 생명을 불어넣으신다. 나는 그분이 죽은 결혼 속에도 생명을 불어넣으신다고 믿는다."

　"서로를 향한 여정"에서 오히려 서로가 더 멀어졌다면 당신도 다시 화합의 길을 닦을 수 있다. 많은 부부가 그렇게 했다. 실제 사례로 이번 장에 한 부부를 소개하려 한다. 완전히 망가진 결혼이 어떻게 점차 방향을 선회하여 다시 친밀함에 이를 수 있는지를 보여 주는 좋은 예다.*

메건 레인즈(Megan Raines)와 남편은 부부관계가 끝난 줄로 알았다. 서로 이혼 얘기까지 나왔다. 수많은 부부를 파경에 몰아넣은 흔한 하향 곡선이었고, 결혼생활의 시기 면에서도 아주 흔한 경우였다.

메건의 말을 직접 인용하려 한다. 그녀의 목소리에 아픔과 희망이 고루 담겨 있을 뿐 아니라 사랑을 되찾은 결혼이 꾸밈없이 증언되어 있다. (내 책을 언급한 대목 등) 더러 생략하고 싶은 부분도 있으나 일부러 그냥 두었다. 그녀의 이야기를 그대로 존중하고 싶은 마음에서다.

> 2년 전에 나의 결혼생활은 무너지고 있었다. 흔들렸다는 표현으로는 근처에도 가지 못한다. 하루가 다르게 말 그대로 와해되고 있었다. 한집에 살았다 뿐이지 거의 오가는 말이 없었다.
>
> 간단한 질문들조차 누가 더 매몰차게 고함을 잘 지르는지 겨루는 시합으로 변했다.
>
> 육체적으로나 정서적으로나 친밀함은 전무했다.
>
> 방도 따로 썼다.
>
> 내가 배웠던 결혼관과는 전혀 거리가 멀었다. 이런 일이 나에게 벌

---

* 메건의 블로그 http://meganraines.wordpress.com을 참조하라. 이혼했다가 재결합한 부부의 이야기를 단행본 분량으로 읽고 싶다면 내가 좋아하는 이 책을 권한다. Cheryl & Jeff Scruggs, *I Do Again*.

어질 줄은 더더욱 몰랐다.

결국 "이혼"이라는 단어가 불거져 나왔다. 둘 다 너무 비참했기에 실제로 이혼을 생각하고 있었다. 그게 옳은 길이라고는 둘 다 믿지 않았다. 하지만 달리 더 나은 방도가 보이지 않았다. 세상에서 하는 말이 옳겠구나 싶었다. '아직 벗어날 수 있을 때 벗어나라.'

둘째 아이를 임신한 사실을 알게 된 것은 그때였다. 몇 달째 성관계가 없었으나 한 번(아주 오래전처럼 느껴지는)으로 충분했던 모양이다. 분명히 하나님께 다른 계획이 있었다. 우리와 우리 부부관계를 향한 하나님의 더 큰 계획이 이 아기를 통해 시작되려 하고 있었다.

상황이 곧바로 호전된 것은 아니다. 사실은 오히려 악화되었다. 한동안 나는 임신한 게 싫었다. 남편에게 "꼼짝없이 매인" 것처럼 느껴졌다. 내가 그런 감정으로 그를 대할수록 그도 화가 치밀어 나를 더 싫어했다. 하지만 아이들을 위해서라도 우리는 무슨 수든 찾아내야 함을 알았다. 우리 "결혼의 회복"은 어디서 시작되었던가?

첫째로, **기도**로 시작되었다. 우리는 아주 많은 시간을 각자 따로 기도하고 또 함께 기도했다. 날마다 부부로서의 우리, 부모로서의 우리, 개인으로서의 우리를 향한 주님의 뜻을 구했다.

둘째로, **소통**을 통해 진전되었다. 이제부터라도 우리는 더 잘 소통하려 했고 문제를 이전과 다르게 풀려 했다. 알고 보니 내가 선택하는 반응 방식은 남편의 반응에 영향을 미쳤고, 결국 그것이 결정적 요인이 되어 이후 5분 동안 우리는 어이없는 불화를 웃어넘길 수도 있었고 다시 소리 지르기 시합에 돌입할 수도 있었다. 남편도 똑같이 자신의 반응을 고쳐 나갔다.

셋째로, **경건한 상담**을 받기 시작했다. 우선 나 혼자 꾸준히 상담자를 만났다. 부부관계를 고치려는 씨름, 전업주부의 삶, 임신에서 산후까지 이어진 정서적 문제, 친정 집안의 문제 등으로 인해 남편이나 친구들 외에 다른 대화 상대가 필요했다. 그 차이는 정말 엄청났다. 상담자는 잠자코 들어 주었다. 그리스도인 상담자였으므로 굳이 나에게 이래라저래라 하지 않고도 성경적 조언을 베풀어 줄 수 있었다. 내게 가장 좋았던 조언은 이것이다. "당신이 자녀들에게 줄 수 있는 가장 중요한 것은 완전한 부부관계가 아니라 건강한 엄마입니다." 나 자신을 고쳐야 했다. 정말 그대로 했더니 상황이 몰라보게 달라졌다(남편은 업무 일정 때문에 상담을 받으러 다닐 수 없었지만, 상담 파트너와 전화 통화를 자주 하면서 역시 변화되어 갔다).

넷째로, **부부용 묵상집**을 몇 권 구입해 함께 **말씀** 속으로 들어갔다. 밤에 자기 전에 조용한 침실에서 아무런 방해도 없이 부부가 **함께** 뭔가 할 일이 있다는 게 큰 도움이 되었다. 그 책들은 정말 유익했다. 그중 한 권을 통해 우리는 밤마다 서로에게 아주 깊이 마음을 열었다. 아프리만큼 정직하게 질문하고 답해야 했다. 점차 벽이 허물어지면서 하나님이 우리의 관계를 치유하셨다.

다섯째로 - 이것이 결정적이었다 - 우연히 게리 토마스의 놀라운 책 《결혼, 영성에 눈뜨다》를 알게 되었다. 이 책이 우리의 결혼생활을 근본적으로 바꾸어 놓았다. 덕분에 우리는 시련과 걸림돌과 불화가 오히려 우리의 약점을 보강해 주고, 우리를 하나님께로 더 가까이 이끌고, 그리스도를 더 닮아 가게 한다는 사실을 깨달았다. 그때부터 혼자서나 부부로서 노력하는 접근 방식이 완전히 달라졌다. 그책이 누구에게나 맞는다는 말은 아니다. 다만 당신의 상황에 맞는 유익한 신앙적 자료를 만나면 그것이 엄청난 도구가 된다!

그로부터 2년이 지난 지금 우리는 어디쯤 와 있을까?

여태 부부로 남아 행복하게 살아가고 있다. 오히려 전보다 사랑이 더 깊어졌다. 부부 사이만 아니라 하나님과도 그렇다. 둘 다 그분을 더 깊이 알아 가고 그분 안에서 자라가면서 서로를 향해서도 똑같이 했다. "삼각형" 이론이 정말 사실로 입증되었다. "두 사람이 각자 하나님과 더 가까워지면 두 사람끼리도 더 가까워진다." 내 평생 누군가를 이렇게 깊이 사랑해 보기는 처음이다. 남편은 내 꿈의 남자이자 동반자다. 그렇다고 우리의 삶이 다 완벽해졌을까? 그럴 리 없다. 하지만 견해 차이와 "일진이 사나운 날"(감사하게도 이제는 아주 뜸해졌다)에 대한 우리의 접근 방식이 더 건강하고 경건해진 것만은 분명하다. "마구 쏟아 놓고 도망치는" 세상적 방식은 이제 아니다.

또 우리는 각자의 사역이나 소명과는 별도로 공동의 사역도 추진하고 있다. 둘이 함께 다른 부부들을 돕고 싶은 마음이 있다. 그들은 우리처럼 극단까지 가지 않도록, 그리고 혹시 이미 거기까지 갔다면 잘 헤쳐 나오도록 돕고 싶다.

그 소중한 아기는 어떻게 되었을까? 아기가 딸이어서 우리는 많은 기도 끝에 이름을 케이디아(Cadia)라고 지었다. "평화의 자리, 두려움과 고난이 물러가는 자리"라는 뜻의 아케이디아(Arcadia)를 줄인 말이다. 딸은 정말 그 역할을 했다. 어린 딸 덕분에 부부관계가 좋아졌고 우리의 삶이 특별해졌다! 이제 나는 원망은커녕 그 임신으로 인해 날마다 하나님을 찬양한다. 우리의 결혼을 살려낼 길이 거기서 열렸기 때문이다. 하나님이 어련히 아시고 어린 딸을 통해 그런 일을 하셨다. 사실 임신한 사실을 우리가 알게 되던 날 그분은 혼자 웃으셨을 것이다. 희색이 만면하셨을 것이다! 나는 그분의 유머 감각에 더 이상 놀라지 않고 그냥 받아들인다.

이제 당신에게 권한다. 삶의 물길은 어차피 험해지게 마련이다. 물길이 험해질 때 서로 피하거나 숨거나 마음을 닫지 말라. 대신 하나님께 달려가라. 서로 마음을 열고 그분께도 그리하라. 알고 보니 실제로 나를 화나거나 곤란하게 만드는 문제는 열에 아홉은 배우자가 아니다. 사실은 나 자신과의 사이 또는 하나님과의 사이에 풀어야 할 더 깊은 문제가 있다. 남편의 말이나 행동은 "낙타를 주저앉히는 마지막 지푸라기"일 뿐이다.

끝으로 나의 가장 중요한 권고는 무엇일까? **기도하라**는 것이다. 당신의 삶과 부부관계가 기도에 달린 것처럼 기도하라. 묘하게도 정말 기도에 달려 있다! 길이 멀고 험할 수 있으나 반대편에 도착해서 한 걸음 물러나 하나님이 이미 행하셨고 앞으로 행하실 모든 일을 보면, 그 험로조차도 다 그만한 가치가 있다. 지금은 새해인데 나의 새해 결심 중 하나는 남편을 사랑하고 흠모하고 축복할 새로운 길들을 찾는 것이다. 예순이 되어서도 날마다 남편의 새로운 면을 발견하며 하루하루 그와 뜨거운 사랑에 빠지고 싶기 때문이다!

회복의 여정에 오르는 당신과 당신 부부에게 주께서 큰 복을 주시기를 빈다! 물길이 너무 험해지거든 잊지 말라. ... 당신에게 구명 뗏목이 있으니 바로 예수 그리스도시다. "평안하라"는 그분의 말씀 한 마디면 바다가 잔잔해진다. 그분의 온전한 **평안**, 거기야말로 정말 당신이 있고 싶은 자리가 아닌가.¹

좋은 결혼이면 좋은 결혼이다

보다시피 메건 부부는 무슨 숨은 비결을 찾아낸 게 아니다. 몇 가지 평범한 진리를 꾸준히 적용하면서 서서히 관계를 봉합했을 뿐이다. 하나님과 가까워지면서 점차 서로와도 가까워졌다. 계속 함께 성숙해 가려면 그 작업을 계속해야 한다. 구습으로 돌아가면 이전의 감정과 소외가 되살아날 것이다. 우리도 다 마찬가지다.

메건처럼 우리도 대부분 자신의 결혼생활을 꾸준히 평가한다. 그 사실을 자신도 모를 수 있으나 이런 무언의 생각이 부부관계에 대한 우리의 감정과 만족도를 결정한다.

유명한 프랑스 계몽주의 작가 볼테르(Voltaire)는 완벽한 수준을 고집하느라 양호한 수준을 저버려서는 안 된다고 경고했다. 다음과 같은 의미에서 그것은 결혼생활의 구호로 나쁘지 않다. 우리는 좋은 결혼을 "좋은" 결혼이라 부를 수 있는가, 아니면 당신의 머릿속에서는 그것이 "나쁜" 결혼인가? 어떤 사람들은 **완벽한** 결혼이 아니면 무조건 나쁜 결혼이라 생각한다. 좋은 결혼을 참고 견디지 못하고 그 이상을 원한다.

그러나 마태복음 6장 33절을 삶의 목표로 삼으면, 알다시피 우리의 만족은 결혼생활 바깥에서 온다. "좋은" 결혼도 즐거운 삶의 자리가 될 수 있다. 삶의 목표가 오로지 결혼생활뿐이라면 좋은 결혼 정도로 참고 견딜 마음이 없을 것이다. 지극히 비범한 결혼에 도달해야 한다고 생각하고, 거기에 도달하지 못하면 결국 원망을 품거나 아예 이혼하고 천생연분을 찾아 나설 수도 있다. 이런 실망과 지나친 기대 때문에 파경을 맞은 부부가 비일비재하다.

모든 결혼은 결국 실망의 지점에 이른다. 그 어떤 인간관계에도 궁극적 만족이 없음을 마침내 깨닫는다. 어떤 의미에서 이것은 거룩한 순간이요 신성한 환멸이다. 결혼이 아무리 놀랍더라도 우리가 그 이상을 위해 지음 받았음을 깨닫기 때문이다. 영적으로 성숙한 사람은 그런 환멸에 이렇게 반응할 줄 안다. "이 정도면 좋은 결혼이다. 내가 누리는 다른 모든 사랑—자녀와의 사랑, 친구들과의 사랑, 하나님과의 동행 등—을 생각하면 설령 내 결혼생활이 영영 지금보다 '나아지지' 않는다 해도 내 영혼에 감사가 넘쳐흐른다."

다시 말해서 우리는 지금 결혼생활에 '없는 부분'을 혹평하는 게 아니라 '있는 부분'을 즐거워한다. 좋은 결혼을 좋은 결혼이라 부른다. 결혼이란 아주 즐거운 부대 혜택이 곁들여진 사명 지향의 동반 관계다! "나와 함께 여호와를 광대하시다 하며 함께 그의 이름을 높이세"(시 34:3).

이거야말로 결혼의 기초로 삼아야 할 만큼 가치 있는 열망이다. 이 열망은 점점 뜨거워질 수 있다. 이 열망을 지속시키는 힘은 우리의 감정이 아니라 하나님이다. 이 열망은 우리를 하룻밤의 데이트 때만 아니라 영원히 맺어 준다. 이 열망은 죽은 듯한 결혼도 다시 살려낼 수 있다. 그러니 당신도 시도해 보라.

평생사랑 가꾸기

🍁🍁🍁

1 돌아보면 당신의 결혼생활에도 그런 최악의 순간이 있었는가? 어쩌면 메건처럼 이혼을 생각하던 때일 수도 있다. 그렇게까지 된 원인이 무엇이라 보는가? 여태 부부로 남은 것은 무엇 때문인가?

2 메건처럼 당신도 서로 좌절하여 소원해진 부부가 다시 친밀한 동반자가 되는 게 가능하다고 보는가? 우리의 "본능적" 사고방식대로라면 서로를 대하는 방식을 고치기보다 배우자를 갈아 치우는 게 불행을 해결하는 최고의 방법이다. 왜 그렇다고 보는가?

3 메건은 자기 부부가 다시 가까워지는 데 도움이 되었던 다섯 가지 실제적 방법을 제시했다. 이 다섯 가지에 당신이 더 보탤 것이 있는가? 자칫 서로 소원해질 수 있는 부부에게 당신이 권해 주고 싶은 일은 무엇인가?

4 당신은 "좋은" 결혼으로 충분히 삶이 행복할 수 있다는 데 동의하는가? 아니면 결혼이란 비범해야 한다고 믿는가? 그런 비범한 결혼을 하나라도 알고 있는가? 어떻게 하면 균형을 유지하여, 한편으로 부부관계가 더 깊어지기를 바라면서도 한편으로 현재의 부부관계로 인해 감사할 수 있겠는가?

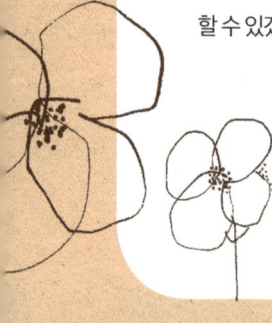

Prayer

우리를 치유하시는 여호와 라파 하나님이여, 서로 소원해진 모든 부부를 부디 주님의 품 안에 거두어 주소서. 우리가 망가뜨린 것을 주님이 바로잡으실 수 있다는 희망, 그 희망으로 살아가게 하소서. 우리가 허문 것을 주님은 재건하실 수 있습니다. 우리가 거부한 결혼에 주님은 새 생명을 주실 수 있습니다. 지금 이 순간 우리의 생각 속에 실제적 진리들을 말씀하여 주소서. 사랑을 회복하기 위해 우리가 실천하기를 바라시는 두세 가지 일은 무엇입니까? 우리의 결혼을 적절한 문맥 속에 두게 하소서. 결혼에 대한 기대가 너무 과하지도 않게 하시고, 그렇다고 너무 낮은 수준에 안주하지도 않게 하소서. 예수님의 이름으로 기도합니다. 아멘.

3

더 깊은 사랑을 추구하는 열정

가장 중요한 일, 뜨겁게 서로 사랑하기

내 고등학교 시절의 육상팀에는 "인터벌"이라는 것을 싫어한 친구들이 있었다. 인터벌은 단거리를 전속력으로 달리는 고강도 훈련으로, 무산소 운동 역량과 속도를 높이기 위한 것이었다. 느린 속도로 장거리를 달리는 거라면 팀 동료들도 대체로 개의치 않았다. 그럴 때는 달리면서 웃고 얘기하며 농담도 주고받을 수 있었다. 그러나 코치가 다 지켜보는 가운데 트랙을 도는 인터벌은 별로 인기가 없었다.

나는 인터벌을 좋아했다. 물론 힘들었지만 내 안에 잠재된 강박 성향에 딱 들어맞았다(공언한 바 있듯 나는 강박 장애 진단까지는 나오지 않을지 몰라도 그것과 한 동네의 바로 옆집에 살고 있다).

인터벌이 육상 선수에게 필수인 이유는 어차피 모든 경주란 속도전이기 때문이다. 결국, 중요한 것은 그것뿐이다. 100m를 달리든 42.195km를 달리든 심사 기준은 얼마나 빨리 경주를 끝내느냐는 것뿐이다. 몸의 자세는 평가되지 않는다. 복장에 따라 점수가 더해지거나 깎이지도 않는다. 선수가 산양처럼 보이든 고릴라처럼 보이든 관계없다. 누가 결승선에 먼저 들어오느냐가 중요할 뿐이다.

기독교 윤리에도 비슷하게 "정말 중요한 것은 이것뿐이다"에 해당하는 요소가 있다. 예수로 시작해 바울과 베드로를 지나고 물론 요한에 이르기까지 신약의 모든 윤리는 사랑을 칭송한다.

예수는 이웃 사랑을 지상 계명의 필수 요소로 꼽으셨다(마 22:37-40). 요한은 우리가 사랑하지 않으면 그리스도인이 아니라고 했다(요일 4:7-8). 그는 당신이 포르노를 보면 그리스도인이 아니라거나, 험담하면 그리스도인이 아니라거나, 가끔 술에 취하면 그리스도인이 아니라고 하지 않았다. 그는 "사랑하지 아니하는 자는 하나님을 알지 못하나니"라고 **말씀**하셨다.

마찬가지로 베드로도 사랑을 그리스도인이라는 존재의 필수 요소로 보았다. "너희가 진리를 순종함으로 너희 영혼을 깨끗하게 하여 거짓이 없이 형제를 사랑하기에 이르렀으니 마음으로 뜨겁게 서로 사랑하라"(벧전 1:22).

우리는 경건을 곧잘 항목별로 따지지만("데이트할 때 넘지 말아야 할 선은 어디까지인가?" "그리스도인이 담배를 피워도 되는가?" "도박과 식탐 중 어느 쪽이 더 악한가?"), 신약의 윤리는 경건을 "당신은 사람들을 사랑하고 있는가?"의 차원에 올려놓는다. 물론 여성을 노예화하고 비하하고 매매까지 하는 포르노 산업을 옹호하는 것은 사랑이 아니다. 남을 험담하며 사회적으로 명예를 훼손하는 것도 사랑에 역행한다. 술에 취하면 남에게 미련하게 행동할 소지가 훨씬 커지고 운전 중에 사람을 죽일 수도 있기에 이 또한 그리스도인으로서 용납할 행위가 아니다. 하지만 이런 죄들의 주요 골자는 가장 중요한 일인 사랑을 하지 못하게 우리를 막는 데 있다.

그리스도인이라면 약하고 미지근한 사랑으로 부족하다. 우리는 사랑에 탁월한 백성이 되어, 그냥 사랑하는 게 아니라 마음으로 **뜨겁게** 사랑해야 한다. 결혼생활이 우리에게 바로 그것을 가르쳐 줄 수 있다.

바울에 따르면 당신이 기도해도 사랑하지 않으면 아무것도 아니다(고전 13장). 누구보다 성경을 더 잘 알아도 남을 가장 적게 사랑한다면 당신은 가정이

나 교회에서 가장 미성숙한 그리스도인이다.

관건은 사랑이다.

베드로전서로 다시 가 보자. 우리는 뜨겁게 서로 사랑해야 한다. 당신이 배우자를 어떻게 사랑하고 있는지 생각해 보라. 배우자를 해치지 않는 것만으로 부족하다. 가끔 친절하게 배려하는 것만으로 부족하다. 배우자의 생일이나 밸런타인데이에 특별히 잘해 주는 것만으로 부족하다. 당신은 배우자를 뜨겁게 사랑하고 있는가? 당신의 배우자에게 내가 "남편이나 아내에게 뜨겁게 사랑받고 계십니까?"라고 묻는다면 어떤 대답이 나오겠는가?

육상에서 나는 가장 깨끗한 신발을 신을 수도 있고, 최장거리를 달릴 수도 있고, 달리는 자세를 완벽하게 다듬을 수도 있다. 하지만 결국 중요한 것은 해당 종목에서 다른 누구보다도 더 빨리 달릴 수 있느냐는 것뿐이다.

기독교 신앙과 그리스도인의 결혼생활에도 그와 비슷한 구심점이 있다. 결국, 중요한 것은 사랑뿐이다. 사랑하면 나머지는 다 해결되기 때문이다.

그렇다면 당신의 사랑은 어떤가? 뜨겁게 사랑하고 있는가? 사랑에 탁월한가? 그렇지 못한 정도만큼 우리는 결혼생활에 실패하고 있다.

이것이 참으로 신성한 결혼이라는 삼각의자의 세 번째 다리다. 이것이 있어야만 평생사랑을 가꿀 수 있다.

결혼은
기회의 문이며
사랑의 학교

16

달리기를 즐기다 보니 나는 거미줄에 질색하게 되었다. 입속으로 빨려든 거미줄을 나도 모르게 삼킨 적이 한두 번이 아니다. 땀에 젖은 몸이나 머리칼에서 끈적끈적한 거미줄을 뜯어내야 했던 적도 많다. 그보다 나는 거미줄이라는 개념 자체가 싫다. 이 곤충의 생산물은 말 그대로 남을 옭아매서 자기만의 세계로 끌어들인 뒤 통째로 삼키는 게 목표다.

배우자 중에도 그런 사람이 있다. 그들은 자신의 필요를 채워 줄 것 같은 사람을 끌어들여 결혼이라는 거미줄을 친다. 그러고는 (인정, 섹스, 지원, 재정 등에) 굶주릴 때마다 배우자를 "뜯어 먹는다." 거미는 아무에게도 주지 않는다. 평생 덫을 짜내서 무엇이든 걸려드는 대로 뜯어 먹을 뿐이다.

과거를 돌아보면 자신도 거미의 마음으로 결혼했노라고 솔직히 고백할 사람들이 있을 것이다.

"의대를 졸업하도록 그가 돈을 대 주겠다고 했다."

"성욕을 억누를 수 없었는데 마침 그녀가 나와 결혼할 뜻을 내비쳤다. 그래서…"

"내 아이들에게 아빠가 필요했는데 그 사람이 좋은 아빠가 돼 줄 것 같았다."

"부모님 집에서 나와야 했는데 그가 쉬운 답을 제시했다. 부모님의 등살에서 벗어날 좋은 기회로 보였다."

"그녀는 중독자인 나를 잘 도와준다. 그녀가 늘 감시해 주지 않으면 결국 자멸로 치달을 것 같았다."

결혼에 골인한 후에도 우리는 거미 같은 배우자가 되기 쉽다. 로맨틱한 언어로 포장하면 상대에게 나를 위한 삶을 바라는 것도 그리 악해 보이지 않는다. 게다가 상대가 한창 홀딱 반했을 때는 정말 나를 위해 살았을 수도 있다. 그 사실이 우리에게 이런 믿음을 준다. 그때도 그랬는데 어째서 이 상태가 끝난단 말인가?

그러나 그리스도인으로서 우리가 배우자를 향해 품어야 할 최고의 소원은 배우자가 먼저 하나님 나라를 구하고 마음과 목숨과 뜻과 힘을 다해 그분을 사랑하는 것이다. 사랑이라는 이름으로 상대를 삼키려 하는 것은 이기적인 거짓이다.

배우자에게서 뭔가를 얻어낼 궁리를 하고 있다면 지금 당신이 거미처럼 행동하고 있음을 알아야 한다. 물론 부부간에 정당한 필요가 있으며 그것을 요청하는 것은 잘못이 아니다. 그러나 그런 필요가 나의 결혼생활을 규정하거나 내 하루의 구심점이 되어서는 안 된다. 어떻게 배우자를 사랑하고 섬기고 지원할 수 있을까를 놓고 하나님께 기도하기보다 어떻게 배우자를 조종해서 내 뜻대로 하게 만들까를 궁리하기에 더 바빠서는 안 된다. 그것만은 부디 하나님이 막아 주셔야 한다. 예수는 우리에게 주는 것이 받는 것보다 더 낫다고 가르치셨다.

나는 결혼의 관건이 사랑하고 베풀고 섬기고 격려하고 돕는 일임을 깨닫는 데 오랜 세월이 걸렸다. 다분히 그 이유는 내게 가장 필요한 것이 무엇인가에 관한 관점이 하나님의 관점과 완전히 달랐기 때문이다. 에베소서 5장이 결혼생활에 일대 혁명을 몰고 올 수 있음을 나는 미처 몰랐다. 부부관계에 대해 자주 인용되는 22절("아내들이여, 자기 남편에게 복종"하라)이나 25절("남편들아, 아내 사랑하기를 그리스도께서 교회를 사랑[하심]… 같이 하라")을 두고 하는 말이 아니다. 그보다 이것은 1~2절에 대한 말이다. "그러므로 사랑을 받는 자녀 같이 너희는 하나님을 본받는 자가 되고 그리스도께서 너희를 사랑하신 것 같이 너희도 사랑 가운데서 행하라. 그는 우리를 위하여 자신을 버리사 향기로운 제물과 희생제물로 하나님께 드리셨느니라."

당신은 왜 결혼했는가?

자신에게 이렇게 물어보라. "나는 왜 결혼했는가?"

답하기 전에 잠시 생각해 보라.

나는 기도 중에 이 질문에 부딪쳤을 때 나 자신의 답에 충격을 받았다. 하나님 앞에서 숨길 수는 없었다. 나는 완전히 이기적인 이유로 결혼했다.

결혼하지 않거나 다른 사람과 결혼하기보다 리자와 결혼하면 내 삶이 더 나아질 것 같았다. 그래서 나는 리자가 나와 결혼해 주기를 바랐다. 내가 원한 것은 그녀의 외모와 행실과 사고방식뿐이었고, 좋은 엄마가 될 것 같다는 내 판단뿐이었다. 이기적이었다. 맞다, 나는 거미 같은 배우자였다.

내가 주로 이기적인 이유로 결혼했다는 깨달음은 일대 충격이었다. 특히 지금은 하나님이 결혼을 설계하신 목적 중 일부가 나의 이기심과 교만을 제하시고 내게 "사랑 가운데서 행하는" 법을 가르치시려는 것임을 알기에 더하다. 결혼식 날 하나님과 내가 이루려 한 목표는 서로 전혀 달랐다. 나는 사랑받기를 원했으나, 하나님은 내가 사랑하는 법을 배우기를 원하셨다.

미혼 남녀들을 위한 책 《연애학교》(CUP)에서 나는 마태복음 6장 33절과 영적 사명을 기준으로 배우자를 선택할 것을 당부했다. 든든한 기도의 동반자와 훌륭한 엄마나 아빠(미래의 자녀들에게 선물이다)가 될 배우자를 원하는 것은 이기적인 일이 아니다. 사실 나는 "동정심에서 결혼하는" 어리석음을 범하지 말라고까지 경고했다. 그러므로 아직 미혼인 독자들은 먼저 그 교훈부터 숙고한 후 지금 말하려는 교훈을 잘 통합하기 바란다. 그러나 기혼자들을 상대로 말할 때는 각자의 사고를 재조정할 것을 촉구하지 않을 수 없다.

내가 많은 청중 앞에서 말해도 아무도 이의를 제기한 적이 없듯이, 우리는 사실상 모두가 이기적인 이유로 결혼한다. 거기까지는 이해할 만하다. 그러나 신성한 결혼으로 들어가려면 그 수준을 넘어서야 한다. 그러려면 우선 우리에게 가장 필요한 것을 하나님의 관점에서 보아야 한다.

사랑받는 것 vs 사랑하는 것

나는 차이티라떼를 화씨 180도(섭씨 82.2도)로 뜨겁게 해서 즐겨 마신다. 그런데 삶에 가장 필요한 것에 대한 내 생각도 처음에는 하나님의 생각과 180도로 달랐다.

내 생각에 우리 대부분이 결혼하고 싶어 하는 이유는 자신의 가장 큰 필요가 사랑받는 것으로 생각하기 때문이다. 우리가 찾으려는 배우자는 항상 내 편이 되어 주고, 백 퍼센트 충실하고, 필요할 때마다 내 곁을 지켜 주고, 사랑이 식지 않고, 내 사랑이 식어도 용서해 주고, 끝까지 나를 떠나지 않을 존재다.

잠시 생각해 보라. 그런 존재를 생각하면 정말 떠오르는 게 누구인가? 인간이 과연 그런 역할을 할 수 있는가? 하지만 우리는 거기에 목말라 있다. "사람이 사모하는 것은 인자함이니라"(잠 19:22 NIV). 그런데 성경은 그것을 얻기가 힘들다고 말한다. "많은 사람이 각기 자기의 인자함을 자랑하나니 충성된 자를 누가 만날 수 있으랴"(잠 20:6). 결국 우리가 그것을 얻을 수 있는 곳은 하나뿐인데 거기가 부부관계는 아니다. "[나 하나님은] 나를 사랑하[는] … 자에게는 천 대까지 은혜[인자함]를 베푸느니라"(출 20:6).

홀딱 반해 있는 동안에는 배우자의 사랑이 변함없을 것처럼 느껴질 수 있다. 그러나 결국, 살면서 입증되듯이 우리를 그렇게 사랑할 수 있는 인간은 없다. 그러면 우리는 속에서 사기당했다는 생각이 든다.

하나님의 관점에서 보면 우리의 가장 큰 필요는 사랑받는 게 아니다. 사랑받을 필요가 없어서가 아니라 방금 막 잔칫상으로 포식한 사람이 또 먹을 필요가 없는 것과 같은 이치에서다. 하나님은 처음부터 우리를 사랑하셨고 지금도 사랑하고 계시며 앞으로도 사랑하실 것이다. 그 누구도 우리를 그렇게 사랑할 수는 없다. 하나님과의 관계에 우선순위를 두지 않으면 그 사랑을 인격적으로 경험하지 못할 수 있다. 그래도 그 사랑은 우리 곁에 있어 우리가 받기만 하면 된다. 하나님은 우리를 피해 숨어 계신 분이 아니다.

따라서 나와 당신에게 가장 필요한 것은 사랑받는 게 아니다(그 필요는 하나님이 이미 채워 주셨다). 우리에게 가장 필요한 것은 **사랑하는 법**을 배우는 일이다.

그것이 에베소서 5장 1~2절의 배후를 이루는 열쇠다. 우리는 하나님의 "사랑을 받는 자녀"이므로 사랑받아야 할 필요가 이미 채워졌고, 그래서 이제 하나님을 본받아 "사랑 가운데서 행해야"(나는 이 말이 참 좋다) 한다. 그리스도께서 우리를 사랑하시고 우리를 위해 자신을 버리신 것처럼 말이다. 하나님은 그분의 몫을 다하셨고 지금도 다하고 계신다. 즉 우리를 사랑하셨고 계속 사랑하신다. 그래서 이제 우리도 **사랑받는** 자녀로서 "사랑 가운데서 행하는" 가장 중요한 일에 집중할 수 있다.

골로새서 3장 14절에 바울은 "이 모든 것 위에 사랑을 더하라. 이는 온전하게 매는 띠니라"라고 썼다. 베드로의 서신에도 거의 똑같은 표현이 나오는 것을 보면 그만큼 이것이 초대 교회의 일관된 가르침이었다는 증거다. "무엇보다도 뜨겁게 서로 사랑할지니 사랑은 허다한 죄를 덮느니라"(벧전 4:8).

바울은 고린도전서 13장에 더없이 강경하게 역설했다. "내가 예언하는 능력이 있어 모든 비밀과 모든 지식을 알고 또 산을 옮길 만한 모든 믿음이 있을지라도 사랑이 없으면 내가 아무 것도 아니요 내가 내게 있는 모든 것으로 구제하고 또 내 몸을 불사르게 내줄지라도 사랑이 없으면 내게 아무 유익이 없느니라"(2~3절).

사랑, 사랑, 또 사랑이다. 성경의 두 저자는 어법까지 똑같다. "이모든 것 위에" 사랑하라. "무엇보다도" 사랑하라. 예수는 사랑을 지상계명의 필수 요소로 선포하셨다. 하나님이 자기 뜻을 이 이상 명확히 알리실 수는 없다. 그분은 우리가 사랑하는 법을 배우기를 원하신다.

당신의 결혼생활에 다음 사실을 받아들이는 것보다 더 큰 혁명은 별로 없다. 당신의 가장 큰 필요는 사랑받는 게 아니라 사랑하는 법을 배우는 것이다. 할리우드식으로 사랑하는 게 아니라 예수께서 사랑하셨고 사도 바울이 정의한 대로 사랑해야 한다. 내가 누구에게나 도전하는 게 있다. 성경에 칭송된 사랑, 사랑의 희생적 정의, 계속 사랑하라는 명령 등을 공부한 뒤에 나한테 이렇게 말해 보라. "내 걱정은 말라. 사랑이라면 나는 완전히 뗐다. 다음 교훈으로 넘어가도 된다."

자신의 가장 큰 필요가 사랑받는 것으로 생각하는 사람은 배우자의 사랑이 기대에 못 미치면 원망과 원한을 품는다. 그러나 자신이 사랑하는 법을 배워야 한다고 진심으로 믿는 사람은 결혼생활의 **하루하루**

가 그 부분에서 자라 갈 풍성한 기회가 된다. 사랑 가운데서 행하기를 무엇보다도 갈구하는 사람은 그래서 부부관계를 날로 더 소중히 여기게 된다. 제대로 된 가장 큰 필요를 얼마나 수용하느냐에 따라 결혼생활의 전반적 만족도가 다분히 결정된다. 사랑받는 것을 가장 큰 필요로 아는 사람은 배우자를 잘못 골랐나 하는 의문에 자주 빠질 것이다. 그러나 사랑 가운데서 행하기를 참으로 열망하는 사람은 장담컨대 결혼생활에 자족하는 정도가 보통의 배우자들보다 높을 것이다.

사랑하라는 부르심

요한일서 3장 11절에 있듯이 우리가 "처음부터" 들은 메시지는 서로 사랑해야 한다는 것이다. 하나님이 우리에게 주신 메시지의 시작은 사랑하는 법을 배워야 한다는 것이다. 요한은 이어 18절에 사랑의 방법을 말한 뒤("말과 혀로만 사랑하지 말고 행함과 진실함으로 하자") 23절에 예수의 계명도 우리가 서로 사랑하는 것이라고 밝혔다.

바울은 에베소서 5장 25~26절에서 남편들에게 명하기를 그리스도께서 교회를 사랑하시듯 아내를 사랑하라 했고, 골로새서 3장 19절에도 똑같이 말했다. "남편들아, 아내를 사랑하며 괴롭게 하지 말라." 결혼 얘기만 나왔다 하면 남자들에게 사랑을 권고한 것이다. 그가 우리에게 하는 말은 이것이다. "남자들이여, 사랑에 탁월해지라! 사랑하기를 잊지 말라! 사랑을 키우는 데 주력하라." 사랑하는 법이야말로 가장 중요하게("이 모든 것 위에") 배워야 할 기술이다. 그런데 우리 남자 중에 결혼생활을 참으로 그런 권고를 받아야 할 장으로 보는 사람이 얼마나 될까?

바울은 여자들을 향해서도 침묵하지 않고 늙은 여자들이 젊은 여자들에게 남편을 사랑하는 법을 교훈하도록 했다(딛 2:4). 그는 디도에게 명하기를 교회마다 강습반을 만들어서라도 젊은 아내들에게 남편을 사랑하는 탁월한 기술을 길러 주라고 했다. 여기에는 사랑에도 훈련이 필요하다는 전제가 깔려 있다. 사랑이 저절로 되는 사람은 없으므로 그것은 놀랄 일이 아니다. 하지만 현대인들은 남편을 사랑하도록 아내를 훈련한다는 개념에 반감을 품는 경우가 많다.

사랑의 역량이란 남녀 모두 통달할 수 있는 게 아니다. 우리는 그저 여정에 오를 뿐이다. 바울은 "너희가 다 각기 서로 사랑함이 **점점 더 해 감이니**"(살후 1:3 NIV)라며 데살로니가 교인들을 칭찬했다. 나는 5년 전보다 오늘 사랑이 더 많아야 하고, 10년 전보다 오늘 훨씬 더 사랑이 동기가 되어야 하며, 바라기는 오늘보다 5년 후에 사랑이 훌쩍 더 자라 있어야 한다. 사랑을 계속 가꾸어야 한다. 그래서 결혼은 맞춤형으로 우리를 이 가장 큰 필요에서 자라가게 해 준다.

삶에 성공하려면 나를 무조건 사랑해 줄 배우자를 찾아야 한다는 말이 성경에 한 구절이라도 있는가? 항상 내 편이 되어 줄 그 사람을 찾지 못하면 내가 미완으로 끝난다고 한 성경 본문이 하나라도 있는가? 물론 하나님은 아담에게 혼자 사는 것이 좋지 않다고 말씀하셨다. 그건 나도 인정한다. 그러나 성경에 나오는 권면의 본문들을 보면 나를 사랑해 줄 사람을 찾는 데 집중하라는 말은 하나도 없다. 온통 남을 사랑하는 역량을 키우는 데 집중하라는 말뿐이다. 기꺼이 사랑 가운데서 행하라는 것이다.

목마를 때마다 꼭 물을 마시라는 말은 성경에 시도 때도 없이 반복되지 않는다. 말이 필요 없는 본능의 영역이기 때문이다. 그러나 사랑의 사람이 되어야 할 우리의 절실한 필요에 대한 가르침은 성경에 넘쳐난다. 생각해 보면 거의 과할 정도다. 그만큼 이 진리가 우리 모두의 본성에 어긋난다는 증거다. 그래서 우리가 자아도취와 이기심에 대해 죽으려면 성령의 초자연적 열매가 필요하다.

베드로는 우리에게 "다시 사람의 정욕을 따르지 않고 하나님의 뜻을 따라 육체의 남은 때를 살"라고 권면한다(벧전 4:2). 사람의 정욕은 사랑받고 싶은 마음이 90%이지만, 하나님의 뜻은 우리가 사랑하는 것이다. 이거야말로 가장 중대한 전환인데 결혼생활이 우리를 그쪽으로 훈련해 줄 수 있다. 그러려면 결혼을 사랑의 학교로 보아야 하고, 사랑을 키울 이 기회를 중시해야 한다. 필요를 인식하지 못하면 기회를 중시할 수도 없다.

질문이 바뀌면 삶이 달라진다

내가 적극적으로 추천하는 린다 딜로우(Linda Dillow)의 훌륭한 책 《나와의 결혼생활이 어떤가요?》(*What's It Like to Be Married to Me?*)에 보면 크리스타(Krista)라는 아내의 실화가 나온다. 그녀의 남편 케일럽(Caleb)은 이라크에서 여단 하사로 복무하는 군인인데, 그곳에 배치된 지 6개월 만에 2주간의 휴가 통지서를 받고 아내에게 이메일로 알려 왔다. 아내는 대뜸 이런 생각부터 들었다. '잘됐다! 6개월 동안 혼자서

애들 보느라 힘들었으니 이제 나도 남편에게 아이들을 맡기고 사우나에도 다니고 친구들도 만나 봐야지.'

그러나 처음에 그러고 싶던 마음이 끝까지 가지는 않았다. 이런 표현을 쓰지는 않았지만, 그녀는 다시 생각했다. '나의 가장 큰 필요가 사랑받는 게 아니라 사랑하는 법을 배우는 거라면 어떨까? 그러면 이 상황에서 어떻게 해야 할까?' 어느새 그녀의 입에서 이런 기도가 나왔다. "남편은 전쟁터에 복귀해서 6개월을 더 지내야 하는데, 제가 어떻게 남편의 몸과 마음과 영혼을 재충전해 줄 수 있을까요?"

그녀가 믿기로 하나님은 그 기도에 몇 가지 아주 실제적인 아이디어로 응답하셨다.

- ◆ 그녀는 편지로 케일럽에게 2주 동안 먹고 싶은 음식을 모두 말해 보라고 했다.
- ◆ 침실에서 입을 자신의 속옷을 일곱 가지 색깔로 각기 한 벌씩 샀다.
- ◆ 친구에게 아이들을 맡기고 케일럽과 단둘이서 24시간을 보낼 수 있도록 미리 조치해 두었다.
- ◆ 마사지 책을 사서 공부했다.

크리스타는 아이들과 함께 공항에서 케일럽을 맞이한 뒤 밖에서 저녁 식사를 했다. 그 후에 아이들을 맡기고 와서 그들은 "그럴 수 있다는 이유만으로 애무를 즐겼다!" 그녀는 남편의 사랑 언어가 신체 접촉임을 잘 알았다.

이어 그녀는 욕실에 들어가 남편을 목욕시켜 주었다. 이 장면은 워낙 감동적이라 그녀의 말로 직접 들어야 한다.

> 나는 큼직한 때수건을 들고 욕조에 걸터앉아 전쟁의 냄새를 닦아내기 시작했다. 전쟁의 악취를 씻어내면서 남편의 영혼도 죽음과 파괴의 영으로부터 씻어 달라고 기도했다. 머리를 감아 줄 때는 "주님, 남편의 머릿속에 스쳐 간 어떤 생각도 남편을 해치지 못하게 해 주세요"라고 기도했다. 눈을 닦아 줄 때는 "주님, 남편이 보았던 어떤 광경도 마음속에 남지 않게 해 주세요"라고 기도했다. 귀를 씻어 줄 때는 "주님, 남편이 들었던 어떤 소리도 심령까지 가 닿지 않게 해 주세요"라고 기도했다. 그렇게 남편의 모든 부위를 씻어 가며 기도했다. 그 무엇도 뿌리를 내리지 못하고 모든 악이 씻겨 나가도록 하나님께 간절히 기도했다.

매우 영적인 순간이었다. 마치 기름이라도 붓는 것처럼 그녀는 말 그대로 남편의 모든 신체 부위를 위해 기도하며 하나님께 치유와 회복을 주시도록 간구했다. 정말 아주 신령한 순간이었다.

그 뒤로는 아주 육체적이었다.

크리스타는 욕조 안에 함께 들어가 말했다.

"여보, 색깔을 하나 골라 보세요."

케일럽은 당연히 어리둥절했다.

"그냥 골라 보세요. 그러기를 잘했다 싶을 거예요."

케일럽이 색깔을 하나 고르자 크리스타는 욕조에서 나왔다가 잠시 후에 남편이 선택한 바로 그 색깔의 속옷을 입고 욕실에 다시 나타났다. 다시 그녀의 말이다. "남편이 귀가하고 나서 첫 24시간 동안 우리는 성관계를 다섯 번이나 했다. ... 이게 육체적으로 정말 가능한 일인가?" (나도 잘 모르겠다. 군사 훈련이 필요할 수도 있으리라.)

며칠 후에 크리스타는 새로 배운 마사지 기술을 실행에 옮겼다. 케일럽은 마사지를 받다가 완전히 긴장이 풀려 연속 두 시간을 자고 나서 이렇게 말했다. "참 신기해요. 이라크에서는 한 번도 이렇게 푹 자 본 적이 없는데."

남편이 시간을 주겠다며 그동안 못했던 일들을 하라는데도 그녀는 오로지 남편에게 집중했다. 내가 보기에도 정말 놀랍다. 아이들을 혼자 키우는 젊은 엄마라면 당연히 남편이 집에 와 있는 시간을 자신을 위해 이용할 만도 하다. 하지만 그녀는 자신의 가장 큰 필요를 이 새로운 렌즈로 보았고, 거기서 비롯된 경험은 내 생각에 대부분의 아내에게 "전설"로 통할 것이다.

이 말을 들어 보라. "우리의 2주간은 주님과 더불어, 그리고 서로 간에 누린 친밀함의 초자연적 향연이었다."

아내 중에 남편과 함께 "친밀함의 초자연적 향연"을 한번이라도 누려 보았다고 말할 수 있는 사람이 얼마나 될까? 이것은 정말 놀라운 표현이다. 머리를 굴리고 성적인 수법을 쓰고 이기적으로 요구해서 얻어낸 게 아니라 섬김과 겸손과 너그러움에서 태동한 것이기에 더욱 놀랍다.

크리스타의 말은 이렇게 이어진다. "나는 정말 남편의 몸과 마음과 영혼을 최대한 사랑했을까? 그래서 그는 준비된 상태로 전쟁터로 돌아갔을까? 귀대한 지 3일 만에 남편이 보내온 이메일에 이런 말이 적혀 있었다. '내 평생 최고의 2주간을 보내게 해 주어 고맙소.'"

다시 말하지만 크리스타와 같은 상황인 여자라면 누구나 이렇게 생각할 만도 하다. '이제 내 차례다. 드디어 나도 쉬는구나. 이럴 때 남편 덕 좀 봐야지.' 하지만 크리스타는 본능을 따라가지 않고 초자연을 선택했다. 그녀는 어떻게 사랑받을 것인가에 집중하지 않고 어떻게 사랑할 것인가를 물었고, 그 질문으로 결혼생활 속에 하나님을 모셔 들였다. 그 결과는 본인의 표현대로 "친밀함의 초자연적 향연"이었다.

당신은 오직 하나님만이 당신의 가장 큰 필요-온전히 알려지고 사랑받는 것-를 다 채워 주실 수 있음을 받아들이겠는가? 나아가 그 사랑의 위안 속에서 이제 당신의 가장 큰 필요는 사랑하는 법을 배우는 일임을 받아들이겠는가?

그렇게만 한다면 당신은 결혼생활을 통해 깊은 영적 친밀함과 비할 데 없는 영적 만족의 자리에 이를 것이다.

"새 계명을 너희에게 주노니 서로 사랑하라. 내가 너희를 사랑한 것 같이 너희도 서로 사랑하라. 너희가 서로 사랑하면 이로써 모든 사람이 너희가 내 제자인 줄 알리라"(요 13:34~35).

평생사랑 가꾸기

1 약혼하던 날을 떠올려 보라. 당신이 결혼한 주된 동기는 무엇인가? 사랑받는 게 당신의 궁극적 필요라는 믿음은 어떻게 결혼생활의 만족을 해쳤으며, 어떻게 배우자의 삶을 힘들게 했는가?

2 "사랑 가운데서 행하는" 기술을 향상할 생각을 의식적으로 해 본 적이 있는가? 이 여정을 시작하기(또는 지속하기) 위해 지금부터 당신이 해야 한다고 생각되는 두 가지 일은 무엇인가?

3 평소에 안 하던 방식으로 배우자에게 사랑을 넉넉히 베풀어 보면 어떨까? 비교적 쉽게 그리할 만한 상황을 생각해 보라. 이 도전을 받아들여 당신의 마음과 행동에 대해 기도하면서 그에 걸맞게 자라가겠는가?

4 지금 배우자가 겪고 있는 상황 속에서 어떻게 당신도 크리스타처럼 될 수 있겠는가?

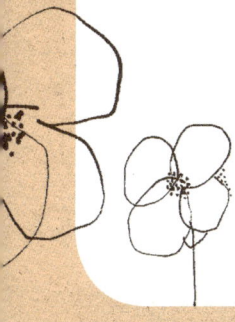

Prayer

오 사랑의 하나님이여, 주님이 우리를 얼마나 깊이 사랑하시는지 알게 하소서. 주님은 우리를 "사랑을 받는 자녀"라 부르시건만 우리는 정죄당한다고 느낄 때가 있습니다. 우리가 사랑할 수 있음은 오직 주께서 먼저 사랑하셨기 때문임을 주님의 말씀을 통해 잘 알고 있습니다. 그러니 주님의 압도적인 사랑으로 우리를 씻어 주소서. 우리를 더 깊은 데로 부르셔서 주님의 사랑을 의식적으로 경험하게 하소서. 그렇게 새로워진 상태에서 우리의 가장 큰 필요는 사랑하는 법을 참으로 배우는 일임을 성령께서 깨우쳐 주소서. 그동안 우리가 부부관계에서 얼마나 이기적으로 행동해 왔는지를 주님의 은혜 아래서 보게 하소서. 비뚤어진 우선순위로 서로를 얼마나 비참하게 만들었는지를 인식하게 하소서. 사랑의 주여, 그리하여 우리를 사랑의 삶으로, 예수가 사신 삶으로, 성령의 임재와 능력을 통해 우리에게 약속된 그 삶으로 인도하여 주소서. 예수님의 이름으로 기도합니다. 아멘.

배우자에게 절대적 호의 베풀기

17

당신이 배우자를 사랑하는 이유는 무엇인가?

아내의 애교 때문인가?

남편이 잘해 주기 때문인가?

아내의 강인함 때문인가?

남편의 유머 때문인가?

아내가 아주 훌륭한 엄마라서 그런가?

남편이 남달리 자상한 아빠라서 그런가?

유명한 청교도 조나단 에드워즈의 말을 믿는다면 이 모두는 열등한 이유이고 열등한 사랑이다.

이 주제에 대한 에드워즈의 글[1]은 너무 학구적이라 차마 직접 인용할 생각조차 없다. 그랬다가는 일부 독자들이 잠들 테니 말이다. 대신 나처럼 평범한 사람도 알아들을 수 있게 풀어 써 보면 이렇다. 아내를 사랑하는 이유가 아내의 친절 때문이라면 당신이 사랑하는 것은 아내가 아니라 친절이다. 남편을 사랑하는 이유가 남편의 배려 때문이라면 당신이 사랑하는 것은 남편이 아니라 배려다. 참 사랑은 절대적 호의(absolute benevolence)다. 절대적 호의란 상대가 가장 잘되기를 바라는 마음가짐이다. 성령의 내적 강권으로 말미암아 상대에게 가장 유익하게 행동하며 상대의 최고선을 구하는 자세다.

계속 언급되는 "사랑"이 무슨 뜻인지 확실히 밝히고자 이 문장을 한 번 더 말하고 싶다. 사랑이란 성령의 내적 강권으로 말미암아 상대에게 가장 유익하게 행동하며 상대의 최고선을 구하는 마음이다.

기억하겠지만 그리스도는 우리가 아직 죄인 되었을 때 우리를 위해 죽으셨다(롬 5:8). 그분이 우리를 사랑하심은 우리의 순종이나 친절이나 배려 때문이 아니다. 그분은 절대적 호의로 우리를 사랑하셨다. 중복처럼 들리겠지만, 그분이 우리를 사랑하심은 우리를 사랑하시기 때문이다. 이 사랑에 다른 설명은 있을 수 없다. 누구든지 객관적으로 조사해 보면 이런 결론을 내릴 수밖에 없다. "하나님은 이 남자나 저 여자를 왜 굳이 사랑하실까? 말이 안 된다."

남자들에게 그것은 이런 뜻이다. 나는 그리스도께서 교회를 사랑하시듯 아내를 사랑하도록 부름 받았는데(엡 5:25), 이는 곧 절대적 호의로 아내를 사랑하라는 부름이다. 그런 사랑의 본보기가 되려면 우리는 주변 사람들에게서 이런 말이 나올 정도로 철저히 호의적으로 사랑해야 한다. "와, 이 사람은 정말 아내를 사랑하는구나. 남자가 왜 여자를 저렇게까지 사랑할까?"

우리 기혼자들은 배우자를 향해 절대적 호의의 태도를 품도록 부름 받았다. 늘 배우자의 최고 유익을 구해야 한다. 내 좋은 친구 스티브 윌키(Steve Wilke) 박사는 기준을 아주 높여 부부간의 학대를 "애정이 빠진 모든 행동"이라 정의했다. 사랑은 늘 상대를 잘되게 해 주려 한다. 따라서 상대의 유익이 모든 행동의 동기가 되어야 한다. 하나도 빠짐없이 우리의 모든 행동이 그래야 한다.

어떻게 그런 사람이 될 수 있을까? 현실적으로 가능하기나 한가? 작은 행동이 큰 태도를 빚어낼 수 있다. 지난 추수감사절에 우리가 시애틀 지역을 방문했을 때 아니나 다를까 비가 내렸다! 리자는 본래 북서부에서 자랐지만, 남부의 휴스턴에 산 지 3년이 넘었다. 나는 아내를 최대한 빨리 나의 부모님 댁 안으로 들여보낼 생각밖에 없었다. 그래서 차에서 내려 트렁크를 열고 내 가방만 꺼낸 뒤 다시 닫았다.

리자가 두어 걸음쯤 뒤따라오며 말했다. "다시 열어 주면 내 가방은 내가 꺼낼게요."

아내는 본래 짐 가방을 옮기는 것을 싫어하는데 나를 배려해서 그렇게 말한 것이다. "내가 가져올 테니 신경 쓰지 말아요. 게다가 비까지 오잖소." 내가 말했다.

"그러면 당신이 내 것까지 가져오느라 빗속에 두 번이나 나가야 하잖아요."

아내의 말은 논리적이었으나 나는 그 상황을 논리적으로 보지 않았다. 어떤 의미에서 성경적으로 보려 했다.* 나는 더 좋은 남편이 되려면 아직 멀었지만, 이 경우만은 정말 관심의 초점이 오로지 리자에게 맞춰져 있었다. 어떻게 하면 아내를 가장 잘 섬길 수 있을까? 아내는 짐 가방을 드는 것도 좋아하지 않고 가족들과 저녁식사를 하기 직전에 머리가 젖는 것도 싫어한다. 나 자신이 비를 오래 맞는 것쯤은 신경조차 쓰이지 않았다. 그저 아내가 싫어하는 일을 대신해 주고 싶은 마음뿐이었다.

아주 작고 사소한 예지만 이런 작은 순간들이 습관으로 변하고 습관이 성품을 빚어낼 수 있다. 절대적 호의를 품고 싶다면 일상의 평범한 상황들 앞에서 이렇게 자문해야 한다. "여기서 어떻게 하면 아내를 축복할 수 있을까?" 성령의 내적 강권으로 말미암아 늘 상대에게 가장 유익하게 행동하려는 마음, 그것이 곧 간단히 말해서 절대적 호의다.

승리하는 사랑

절대적 호의를 다르게 표현하면 승리하는 사랑 또는 **평생사랑**이다. 아내를 사랑하기 때문에 사랑한다면 나는 아내가 건강하거나 젊거나 예쁘거나 돈이 많거나 경건하거나 자녀를 낳아 주었기 때문에 사랑하는 게 아니다. 따라서 아내가 병들거나 늙거나 외관이 망가지거나 빚을 지거나 하나님께 반항해도 아내를 향한 내 사랑은 중단되지 않는다. 내가 아내를 사랑함은 그야말로 아내를 사랑하기 때문이다.

---

*성경과 논리를 대치시키려는 것은 아니다! 부디 문맥을 살려 읽어 주기 바란다.

결혼생활은 우리를 절대적 호의와 무조건적 헌신으로 부르기 때문에 하나님의 임재가 없어서는 안 된다. 그분만이 절대적 호의의 유일한 참 근원이다. 생각해 보라. 어떻게든 말꼬투리를 잡아 자신을 죽이려던 사람들에게 자진해서 사랑으로 말씀을 전하신 분이 누구인가?

예수다.

자신을 십자가에 못 박는 사람들을 위해 자진해서 기도하신 분이 누구인가?

예수다.

자신에게 반항하는 사람들을 위해 죽으신 분이 누구인가?

예수다.

따라서 절대적 호의가 생성되려면 무조건 더 열심히 해서는 안 되고 하나님께 가서 그분의 사랑을 받아 전수해야 한다. 그분이 우리를 변화시켜 주셔야 우리도 사랑할 수 있다. 그분이 먼저 우리를 사랑하셨기 때문이다. 너무 영적으로 들릴지 모르지만 이거야말로 내가 내놓을 수 있는 가장 실제적인 조언이다. 날마다 하나님을 예배하지 않고는 배우자를 절대적 호의로 사랑할 수 없다. 우리 힘으로는 그런 사랑이 불가능하다.

사랑하는 손은 강인한 손이다

절대적 호의란 배우자의 학대를 내버려둔다는 뜻이 아니다. 한 아내가 남편의 말에 어떻게 반응해야 할지 모르겠다며 내게 이메일을 보내왔다. 남편의 말인즉 자신을 "받아들이려면" 자신이 술기운으로 살아가는 알코올 중독자임도 받아들이라고 했다는 것이다. 그러나 사랑은 상대가 자신을 망치도록 방관하지 않는다.

하나님도 우리를 사랑하시기에 또한 징계하신다. "우리가 판단을 받는 것은 주께 징계를 받는 것이니 이는 우리로 세상과 함께 정죄함을 받지 않게 하려 하심이라"(고전 11:32). 하나님은 우리를 편안하게 지옥으로 걸어 들어가게 두시느니 차라리 수치와 고통과 실직과 심지어 세상적 굴욕까지도 당하게 하신다. 그분이 우리를 징계하심은 바로 우리의 유익을 위해서다.

나를 찾아온 한 부부는 아내의 잘못된 우선순위 때문에 고통에 시달리고 있었다. 남편은 너무 오래 참느라 원한에 사무쳐 있었다. 그가 생각한 사랑은 억지로 웃으며 참는 것이었다. 하지만 그것은 단기 전략에 지나지 않는다. 그가 베풀 수 있는 최고의 사랑은 지금처럼 둘이 상담실에 와서 문제를 해결하는 것이었다. 아이들이 아직 어린데도 아내는 몇 가지 취미 생활과 SNS에 푹 빠져 살았다. 그녀는 남편의 사랑을 원했지만, 자신의 우선순위를 의지적으로 조정하는 것이 남편에게 더 사랑받는 길임을 몰랐다. 성경에 보면 그리스도는 교회를 사랑하시기에 교회의 성화(거룩함에 자라가는 일)를 도우셨다(엡 5:26).

부부의 모든 행동은 마땅히 절대적 호의에서 비롯되어야 한다. 아내와 별거해야 한다면 나는 그렇게 하겠다. 단 그것이 아내에게 가장 유익한 경우에 한해서다. 예컨대 구타가 그런 경우다. 이 상황에서 아내의 최고 유익은 남편의 손찌검을 막는 일이다. 따라서 남편의 구타를 중단시킬 수 있는 길이 둘이 떨어져 지내는 것밖에 없다면 아내는 그렇게 해야 한다. 그런 마음으로 한다면 이 행동조차도 절대적 호의다(이기적인 남편은 아내를 비난하며 딴소리를 하겠지만 말이다).*

따라서 올바른 대응책을 찾으려면 하나님의 관점에서 이렇게 물으면 된다. 진정 배우자에게 가장 유익한 길은 무엇인가? 그러면 내가 의지적으로 해야 할 일이 무엇인지 알 수 있다. 나는 배우자에게 가장 유익하게 행동하고 싶다. 배우자에게 가장 유익한 길은 무엇인가? 이것이다! 그러면 나는 그대로 할 것이다.

절대적 호의로 사랑한다면 얼마나 많은 이혼이 예방될까? 절대적 호의 앞에서 얼마나 많은 싸움의 해결이 우스꽝스러워 보일까? 절대적 호의에 기초한다면 얼마나 많은 결정을 내리기가 훨씬 쉬워질까? 자신의 안락과 행복과 사리보다 절대적 호의를 추구한다면 모든 부부관계가 얼마나 달라질까? 그러나 이런 사랑과 이런 결혼생활을 추구할 사람이 과연 얼마나 될지 의문이다. 장담컨대 이것을 추구할수록 배우자를 향한 당신의 사랑은 더 새로워진다. 아내를 절대적 호의로 사랑하면 아내의 이름만 듣거나 미소만 떠올려도 말로 설명할 수 없이 가슴이 뭉클해진다.

의지적으로 아내를 절대적 호의로 사랑할수록 내 마음속에 아내가

---

*가정 폭력에 교회가 어떻게 대응할 것인지에 대해서는 부록에 중요한 내용을 간략히 소개했다.

더 소중해진다. 우리의 삶 속에 성령이 계시기에 우리는 이 부분에서 자라가기로 선택할 수 있다. 그러려면 질문을 제대로 하면서 우리의 의지를 하나님의 능력과 임재에 복종시켜야 한다. 자신에게 이렇게 물어보라. "내가 아내를 사랑함은 **정말 나를 위해서인가** 아니면 아내를 위해서인가? 내 일상의 행동은 이기심에 **역행하는가** 아니면 이기심을 더 **굳혀 주는가**?" 아침에 눈뜰 때마다 이런 질문을 던지며 우리의 이기적인 마음을 하나님께 올려 드리자. 그러면 그분이 그 마음을 타인 중심적인 예수의 마음으로 대체해 주실 것이다. 예수는 섬김을 받으러 오신 게 아니라 섬기러 오셨다.

평생사랑 가꾸기

1 배우자의 장점 중 당신이 특히 좋아하는 것을 몇 가지 꼽아 보라. 이런 배우자를 주신 하나님께 감사하라.

2 약간 억지 같겠지만 그래도 유익할 테니 다음의 기준으로 배우자를 향한 당신의 사랑에 점수를 매겨 보라. 1점은 배우자를 사랑하는 이유가 주로 상대를 통해 얻는 유익이나 상대의 조건 때문이라는 뜻이고, 10점은 당신이 생각하기에 배우자를 절대적 호의로 사랑하고 있다는 뜻이다(10점을 기대하지는 않겠다).

1 — 2 — 3 — 4 — 5 — 6 — 7 — 8 — 9 — 10
나 자신을 위해 사랑한다   절대적 호의로 사랑한다

당신의 답을 가지고 하나님 앞에 앉아 그분이 이끄시는 대로 그분과 대화해 보라. 이제부터 어떻게 하면 하나님이 당신을 사랑하시는 것처럼 - 즉 절대적 호의로 - 배우자를 사랑할 수 있겠는가?

3 절대적 호의에 초점을 맞추는 게 왜 중요하다고 보는가? 이런 사랑을 추구하면 결혼생활에 대한 당신의 느낌과 생각이 어떻게 달라지겠는가?

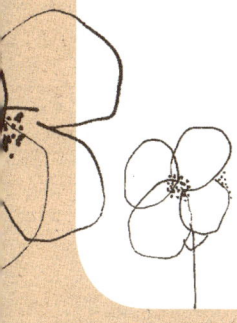

Prayer

하늘의 하나님이여, 주님은 우리가 죄 중에 있을 때도 우리를 사랑하셨습니다. 주님은 우리가 반항할 때도 안으로 이끄시며, 또한 우리의 유익을 위하여 징계하십니다. 우리도 주님께 받은 사랑으로 서로를 사랑하게 도와주소서. 여태까지 그렇게 사랑해 본 적이 없더라도 이제부터 배우게 하소서. 이기심 때문이 아니라 서로의 유익을 위하여 사랑하게 하소서. 이 사랑으로 우리의 감정도 새로워지게 하시고, 주님의 성품과 내주하시는 성령을 닮은 관계를 가꾸게 하소서. 예수님의 이름으로 기도합니다. 아멘.

결혼은
가장 영광스러운
사랑의 여정

18

"나는 지금도 남편을 어느 정도 사랑하긴 하는 것 같아. 더 이상 사랑에 **빠져** 있지 않을 뿐이지."

당신의 친구에게서 그런 말을 들은 적이 얼마나 많은가?

어쩌면 **당신도** 그렇게 말한 적이 있을지 모른다.

여기 혁명적인 생각이 있다. 왜 우리는 "성경적 사랑"보다 "사랑에 빠지는" 것을 더 중요하게 여기는 것일까? "사랑에 빠진" 상태를 어떻게 정의하든 간에 왜 그 상태가 평생의 부부관계를 떠받치는 기초라고 생각하는 것일까? 다행히 결혼을 통해 우리는 가장 근본적인 질문에 맞닥뜨리게 된다. 질문의 시작은 "사랑"의 의미다. 사랑에서 우리가 중시하는 것은 무엇인가?

성경은 우리에게 사랑하라고 명할 뿐 우리가 생각하는 의미대로 "사랑에 빠지라"는 말은 없다. 성경적 사랑은 느껴야 할 감정이 아니라 지켜야 할 헌신이다. 감정은 억지로 만들어낼 수 없지만, 행동은 하나님의 뜻에 복종하기로 선택할 수 있다. 그러므로 사랑을 성경이 정의하는 대로 정의하면 배우자를 사랑하기로 선택할 수 있다. 하지만 다시 "사랑에 빠지기로" 선택할 수는 없다.

물론 "사랑에 빠진" 상태도 감사함으로 받아야 할 놀라운 감정이며, 시와 노래와 소설로 그것을 예찬하기도 한다. 오늘 누가 내게 하나님의 관점에서 보아 "당신은 아내와 사랑에 빠져 있는가?"라고 묻는다면, 나는 조금도 주저 없이 "물론 그렇다!"라고 답할 것이다. 하지만 이어 "당신 부부는 결혼한 지 29년 동안 매 순간 그렇게 느꼈는가?"라고 묻는다면 내 대답은 "그건 아니다"가 될 것이다.

하나님은 우리를 창조하실 때 감정적으로 홀딱 반하는 역량을 주셨다. 따라서 나도 그런 감정을 부정하거나 하나님이 창조하신 취지 이하로 축소할 마음은 없다. 다만 아내를 향해 뭔가를 "느끼라"는 명령은 성경에 단 한 번도 없는 반면, 감정과 무관하게 사랑을 명하는 대목은 자주 나온다. 따라서 성경적으로 살고 싶고 참으로 신성한 결혼을 원한다면 (내가 선택할 수 있는) 후자의 사랑을 열망해야지 (내 소관 밖인) 전자의 사랑에 너무 집착해서는 안 된다. 분명히 말하지만, 평생사랑은 평생 홀딱 반한다는 뜻이 아니다.

가장 유명한 사랑

고린도전서 13장은 성경에서 가장 유명한 장의 하나다. 당연히 그럴 만하다. 성경적 사랑이 수려하게 정의되어 있다. 우선 "사랑은 자랑하지 아니하며"라는 짤막한 문구 하나만 생각하며 그것을 결혼생활에 적용해 보자.

이런 말을 내가 얼마나 자주 듣는지 아는가?

"보세요, 집안일은 물론 아이들을 태워 나르고 밤에 재우는 일도 내가 다 합니다. 시간제 일까지 하면서 말이죠. 그런데 남편은 고작 8시간 일하고는 퇴근하자마자 털썩 주저앉아 버리면 끝이거든요."

내가 그 남편과 대화한다면 전혀 다르게 말할 것이다. 하지만 지금은 대화 상대가 아내 쪽인 만큼 고린도전서 13장을 적용하려면 이렇게 말해야 할 것이다. 예수의 일관된 접근 방식대로, 남편의 행동을 다루기 전에 아내의 마음부터 다루려면 말이다.

"당신은 방금 5분 동안 자신이 얼마나 훌륭한 아내인지 자랑하셨습니다. 그런데 성경에 보면 사랑은 자랑하지 않는다고 했습니다. 그렇다면 당신은 생각만큼 사랑이 많은 아내가 아닐지도 모릅니다. 적어도 성경적 기준으로는 말이지요."

그녀의 행동은 하나님이 의당 칭찬하실 것이다. 하지만 그런 태도는 분명히 싫어하신다. 예배를 조금이라도 중시한다면 그녀는 자랑을 그칠 것이다. 섬길 때 자신의 왼손이 하는 일을 오른손이 모르게 할 것이다. 섬김을 자랑하며 분개하는 게 아니라 즐거이 섬기는 사랑을 열망할 것이다.

또 다른 아내는 내게 이렇게 말했다.

"남편은 열여덟 살 때 지각 대장이라 패스트푸드점에서 해고당했고, 스물네 살 때는 마지막 과목을 마치지 않아 대학에서 쫓겨났고, 서른 살 때는 전화를 안 받는 습관 때문에 놓친 통화가 너무 많아 실직했답니다. 인생을 통째로 망치고 있는 거죠."

그럴지도 모른다. 하지만 그녀 역시 아내로서 철저히 망치고 있다. 성경에 "사랑은 ... 악한 것을 생각[기억]하지 아니하며"라 했는데 그녀의 목록은 아주 길기 때문이다(그나마 일부는 내가 생략했다).

내 말이 가혹하게 들릴 수 있다. 하지만 성경에 이런 말이 어디 있는가? "남편을 사랑하되 그가 학생 때 실직했거나 대학에서 쫓겨났거나 건망증 때문에 해고당했다면 예외다." 아무래도 내가 그 구절을 놓쳤나 보다. 하지만 "사랑은 ... 악한 것을 생각[기억]하지 아니하며"라는 말은 성경에 분명히 나와 있다.

물론 방금 말한 두 아내의 결혼생활에는 마땅히 다루어야 할 이슈들이 있다. 그 점에 관해서는 나도 그들의 생각에 동의한다. 목사로서 각각의 남편과 여러 번에 걸쳐 나누어야 할 긴 대화가 눈에 보인다. 지금 나는 이 남편들의 행동이나 결점을 두둔하는 게 아니다. 하지만 이 아내들이 눈멀어 보지 못하는 것이 있다. 자신의 마음 상태와 사랑의 성경적 정의다. 그 놀랍고도 혁명적인 정의에 따르면 사랑이란 거의 불합리해 보일 정도로 철저히 상대를 위한다는 뜻이다(하나님이 철저히 우리를 위하시듯이 말이다. 참조 롬 8:31). 배우자에게 결함이 있을 때도 우리는 가장 든든한 지원자가 되어 주어야 한다. 하나님이 죄인인 우리의 가장 든든한 지원자가 되어 주시듯이 말이다. "우리가 아직 죄인 되었을 때에 그리스도께서 우리를 위하여 죽으심으로 하나님께서 우리에 대한 자기의 사랑을 확증하셨느니라"(롬 5:8).

그런데 우리는 자신에게 성경적 의미의 사랑이 없어도 별로 걱정하지 않는다. 많은 경우 그 죄를 아예 인식조차 못한다. 내가 고린도전서 13장을 통해 그것을 지적해 주면 사람들은 대개 충격을 받는다. "그런 식으로는 생각해 본 적이 없는데요." 그들은 영적으로 전혀 무감각해 자신이 성경적 사랑에 역행하고 있음을 자각하지 못한다. 그러면서 어떤 사소한 이유로든 감정이 식으면 결혼생활에 문제가 있다며 당황한다.

안타깝게도 대다수의 배우자는 자신의 행동이 성경에 정의된 사랑에 정면으로 어긋난다는 사실보다 자신에게 감정이 없다는 사실에 더 기겁한다. 당신이 평생사랑을 참으로 원한다면-그러기를 바란다-우선 참 사랑이 무엇인가에 대한 성경적 정의를 가장 중요한 것으로 받아들여야 한다.

그러기 위해 지금부터 고린도전서 13장을 쭉 훑어 나가면서 "나는 배우자를 이렇게 사랑하고 있는가?"라고 자문해 보자. 당신의 배우자를 평가하는 게 아니다. 이 부분에서 배우자는 당신의 소관이 아니다. 우리 자신의 마음을 살펴보자. 당신은 결혼생활에 더 많은 "사랑"을 원하지 않는가? 여기 참 사랑을 가꾸는 길이 있다.

1 사랑은 오래 참는다. 언젠가 로이드와 팸 버스터드(Lloyd & Pam Bustard)라는 훌륭한 부부가 샬럿(Charlotte)에서 우리 부부를 차에 태우고 다닌 적이 있다. 설교자이자 목사이자 음악가인 로이드는 다재다능한 사람인데 시내에서 두 블록을 채 못 가서 길을 잘못 들곤 했다. 그런데 팸은 우리 부부가 여태 보았던 가장 놀라운 인내를

보여 주었다. 목소리에 조금도 짜증이 섞여 있지 않았다. "여기가 아니에요, 여보. 당신이 잘못 회전했어요. 유턴해서 돌아가야 돼요."
"하지만 여기 같은데."
"저 뒤쪽이 맞아요."
"아, 그렇군."
팸의 목소리에는 놀람의 정도가 더해 가는 기색이 없었다. 생색을 내지도 않았고 전혀 존중심을 잃는 기미조차 없었다. 남편의 잦은 실수에도 전혀 짜증을 내지 않았다. 팸은 그저 로이드의 옆에 앉아 고린도전서 13장에 명한 대로 사랑했을 뿐이다. 당신도 배우자의 한계를 대할 때 팸이 로이드에게 한 것처럼 하는가?

2 사랑은 온유[친절]하다. 최근에 당신이 배우자에게 해 준 일은 무엇인가? 지난 7일 동안 친절을 베푼 행동을 진지하게 꼽는다면 그 목록이 얼마나 길거나 혹 짧을까? 상대의 필요를 보고 애써 채워 주었는가? 상대에게 사랑과 관심을 보이기 위해 당신이 능동적으로 할 만한 일을 생각해 본 적이 있는가?

3 사랑은 시기하지 않는다. 배우자가 당신을 배려하는 것이 당신이 배우자를 배려하는 것만 못하면 억울한가? 이것도 시기다! 이상하게 들릴지 모르지만 그런 경우를 꽤 많이 보았다. 자신이 배우자를 대우하는 것만큼 자신도 똑같이 대우받고 싶은 것이다. 이는 자신이 베푸는 그 호의를 시기하는 영적 악습이다.

가정에서 배우자의 역할이 때로 당신보다 쉽거나 나아 보이면 억울한가? 이 또한 시기다. 참 사랑은 배우자의 상황이 나보다 "나은" 것을 다행으로 여긴다. 우리 마음에 성경적 사랑이 충만하면 그럴 때 원망하기보다 오히려 기뻐할 것이다.

4 사랑은 자랑하지 않고 교만하지 않다. 당신이 배우자보다 "더 낫다"고 생각할 때가 얼마나 많은가? 그런 태도를 품으면 사랑에 탁월해지거나 사랑에서 자라 갈 수 없다. 오히려 원한과 원망만 들끓는다. 나아가 당신을 바리새인으로 만들기까지 한다. 장기적으로 "더 나은" 배우자가 될 수 없다는 뜻이다. 사랑은 결코 이렇게 말하지 않는다. "나는 당신을 위해 이것도 하고 저것도 한다. 나는 계속 이렇게 많이 하는데 당신은 도대체 나를 위해 하는 일이 무엇인가?"

제자들이 예수께 도대체 무엇을 드렸는지 말해 보라. 비율로 따졌을 때 그들은 그분께 얼마나 보답했는가? 예수께서 이렇게 말씀하신 적이 있는가? "나는 너희를 위해 기적을 행한다. 먹여 준다. 기도해 준다. 종일 가르친다. 너희를 위해 죽기까지 할 것이다. 그런데 너희가 나를 위해 할 일은 무엇이냐?" 잊지 말라, 우리는 예수처럼 사랑하도록 부름 받았다. 예수께서 생각하실 것처럼 생각해 보라. 당신이 배우자에게 내뱉고 싶어 입이 근질거리는 그 말을 예수라면 제자들에게 하시겠는가?

5 사랑은 무례히 행하지 않는다. 상대를 함부로 대하지 않는다는 뜻이다. 당신은 말과 태도로 배우자를 비꼴 때가 자주 있는가? 사람들 앞에서 배우자를 어떻게 대하는가? 당신의 목표는 까다로운 배우자를 둔 데 대해 사람들의 동정을 사는 것인가? 아니면 보란 듯이 배우자를 귀히 여기는 것인가? 당신의 약점과 죄가 허다한데도 하나님은 당신을 귀히 여기신다. 당신을 즐거워하신다. 하나님이 아시는 당신의 죄가 당신이 아는 배우자의 죄보다 무한히 더 많다. 그분은 다 아시면서도 우리에게 무례히 행하지 않으신다. 우리는 고작 조금밖에 모르면서 배우자에게 무례히 행할 것인가?

6 사랑은 자기의 유익을 구하지 않는다. 배우자에게 당신의 사랑 언어를 충족시켜 달라고 또는 각각 남편의 필요인 존경과 아내의 필요인 사랑을 채워 달라고 요구하지 않도록 주의하라. 이런 것들은 배우자를 사랑하는 법을 가르쳐 주려고 고안된 유익한 도구인데 자칫 저자들의 의도에 어긋나게 오용될 수 있다. 기준에 미달한다고 배우자를 비난하는 무기로 쓰일 수 있다. "결혼의 두 가지 차원"(앞의 본문 13장)을 잊지 말라. 당신은 어느 차원에서 살아가고 있는가?

7 사랑은 성내지 않는다. 이런 사랑은 쉽게 짜증 내지 않는다. 누가 조금만 건드려도 상대에게 마구 퍼붓는 게 아니라 침착함과 온유함을 잃지 않는다. 매사에 이해하려 한다. 모든 상황 속에 차분한 평정

심을 불어넣는다. 해로운 논쟁을 경계하며, 그럴 낌새가 보이면 이렇게 되뇌인다.

"나는 미끼를 물지 않겠다. 심호흡하고 가만히 있겠다."

8 사랑은 피해당한 일을 속에 품어 두지 않는다. 평소에 배우자가 당신에게서 받는 것은 은혜인가 비판인가? 당신은 배우자를 수용하며 세워 주는가, 아니면 실망했다며 배우자의 기를 죽이는가? 배우자의 삶이 당신의 기대치에 못 미친다는 말을 입에 달고 사는가? 배우자는 자신의 행위나 성격 중에서 당신이 답답해하는 부분보다 당신이 좋아하는 부분을 훨씬 더 많이 알고 있어야 한다. 그것이 성경적 사랑의 목표다. 물론 높은 목표다. 나도 거기까지 가려면 아직 멀었다. 그러나 그것이 참된 성경적 사랑의 목표다.

9 사랑은 불의를 기뻐하지 않고 진리와 함께 기뻐한다. 부부 싸움이 났을 때 당신은 자기 몫의 잘못을 인정하는 쪽과 자신의 옳음을 입증하는 쪽 중 어디에 더 관심이 있는가? 자신의 주장을 옹호하기보다 진실을 구하라. 그러나 여기에는 다음과 같은 뜻도 있다. 배우자가 원하는 성적인 행동이 나에게 도덕적으로 문제가 될 때 성경적 사랑은 거기에 굴복하지 않는다. 배우자가 사기죄를 범하거나 자녀를 멀리하거나 자신의 삶을 망친다면, 다 괜찮다는 듯이 비위를 맞추는 것은 사랑이 아니다. 사랑은 강인하고 용감하며, 늘 듣기 좋은 말만 하는 게 아니라 진실을 말한다.

10 사랑은 모든 것을 참는다. 우리는 배우자의 약점 중 일부만 아니라 전부를 참도록 부름 받았다. 전부다. 그렇다, 지금 당신의 머릿속에 떠오르는 그것까지도 말이다. "정말인가?"라는 반문이 절로 나오겠지만 정말이다. 바로 그것까지도 포함된다.

11 사랑은 모든 것을 믿으며 모든 것을 바란다. 당신은 배우자에 대한 믿음을 버렸는가? 배우자의 삶 속에 하나님이 온전히 알려지고 계시될 수 있다는 꿈을 버렸는가? 당신은 배우자에 대한 희망을 버렸는가? 다시 실패할 게 뻔하다고 직접 대놓고 말할 정도인가? 배우자가 하나님이 창조하신 본연의 모습이 될 수 있다는 희망이 당신에게 있는가? 배우자에 대한 희망을 버리는 것은 **하나님에 대한**, 그리고 사람의 마음을 변화시키시는 그분의 능력에 대한 희망을 버리는 것과 같다. 아주 무서운 일이다.

12 사랑은 모든 것을 견딘다. "모든 것"이라는 말이 또 나온다. 사랑은 모든 것을 견딘다. 배우자가 아무리 힘들게 하고 인생길이 아무리 험해도 내 사랑의 소명은 견디는 것이다. "견딘다"는 말은 그만큼 문제가 즉각 풀리지 않고 지속된다는 뜻이다. "모든 것"이라 했으니 나의 목표는 그 지속되는 도전이 무엇이든 간에 부르심에 합당한 결혼생활을 가꾸는 것이다. 마라톤을 달리고 있는데 비가 오면 나는 비를 견딘다. 언덕이 나오면 언덕을 견딘다. 덥고 습해지면 더위와 습도를 견딘다. 다리에 쥐가 나면 쥐를 견딘다. 결승선에

이르기까지 무엇이든 다 견딘다. 그것이 부부의 성경적 사랑이다.

13 사랑은 언제까지나 떨어지지 않는다. 당연하다! 고린도전서 13장대로만 사랑한다면 어떻게 우리 사랑이 실패로 끝날 수 있겠는가? 배우자는 변하지 않을지 모르고 결혼도 파경에 이를 수 있다. 모든 게 "고쳐질" 거라는 약속은 성경에 없다. 그러나 우리는 자신의 **사랑**이 떨어지지 않게 하는 데 집중해야 한다. 배우자가 정신질환이 있는데 치료를 거부하거나 상습적으로 바람을 피우거나 약물 중독자이거나 물리적 폭력을 일삼는다면, 당신의 결혼은 살아남지 못할 수도 있다. 하지만 그렇다고 당신의 사랑이 떨어졌다는 뜻은 아니다. 심지어 배우자가 결혼을 파국으로 몰아가도 당신은 그리스도께서 우리를 사랑하시듯 배우자를 계속 사랑할 수 있다. 그리스도께서 반항하는 죄인들을 놓아 보내시듯 당신도 배우자를 떠나보내야 할 수도 있다. 하지만 그것은 사랑이 떨어진 게 아니라 사랑의 표현이다.

"사랑은 격렬하게 느껴진다"는 말이 성경에 한 번도 없다는 데 주의하라. 이제부터 감정에 대한 걱정일랑 그만두고 예수의 방식으로 사랑할 생각만 하자. 우리 마음을 이 본문의 진리에 정직하게 비추어 본다면 감정은 한시도 고민거리가 못 될 것이다. 삶의 내실을 키우느라 여념이 없어질 것이다.

병간호 중에 되찾은 사랑

결혼생활에 대한 나의 강연이 끝난 후 60대의 한 여성이 줄을 서서 기다리다가 자기 차례가 오자 눈물부터 흘렸다. 뭔가 할 이야기가 있는데 연신 눈물을 닦느라 선뜻 말을 꺼내지 못했다.

"당신의 말이 정말 맞아요." 그녀는 그렇게 말문을 뗀 뒤 잠시 감정을 추슬렀다. "나는 20년째 호스피스 간호사로 일하고 있답니다. 사람을 간호하는 게 내 직업이지요. 그런데 이상하게 집에서는 그래 본 적이 없어요. 다른 사람들에게는 온종일 해 주는 그 일을 남편에게 하려면 정말 싫었거든요."

다시 잠시 말이 끊겼다가 이어졌다. "그러다 남편이 암에 걸렸어요. 첫 수술을 받고 나서 6주간 집에 있을 때 나도 곁을 지켰는데 여태까지 우리 결혼생활에서 가장 좋은 시간이었답니다."

생각해 보라. 그녀는 신혼여행을 꼽을 수도 있었다. 원기 왕성했던 젊은 날, 벅찬 마음으로 새 직장에 출근하던 시절, 피곤하지만 그래도 아이들이 태어난 감격에 젖었던 때도 있었다. 빛나는 시절이 참으로 많았건만 그녀는 남편이 암으로 투병하던 때를 결혼생활에서 가장 좋은 시간으로 꼽았다.

왜 그랬을까?

"튜브를 뽑고 봉합 부위를 세척하면서―간호사니까 다 내가 할 수 있는 일이지요―드디어 그간 남들에게 해 준 모든 일을 남편에게도 해 주었습니다. 결혼생활 내내 남편을 그렇게 섬겨 본 적이 없었는데 이제야 시작한 거지요. 그러니까 내 마음이 달라지더군요. 남편을 보는 눈도 달라지고요. 그렇게 섬기는 사이에 둘이 서로 얼마나 가까워졌는지 모릅니다."

대개 배우자 쪽에서 먼저 나서 주어야 결혼생활이 좋아질 거로 생각한다. 그런데 이 아내의 말은 자신이 먼저 나섰더니 결혼생활이 좋아졌다는 것이다. 배우자의 의료용 튜브를 뽑고 봉합 부위를 세척하면서 로맨스를 가꾼다는 말은, 나도 어떤 결혼 서적에서든 본 적이 없다. 하지만 이 귀한 여성은 우연히 강력한 진리와 마주쳤다. 그녀는 예수의 방식으로 사랑하기 시작했다. 그러자 그것이 과연 영광스러운 사랑이라는 뜨거운 고백이 터져 나왔다.

요한복음 13장의 예수를 당신도 기억할 것이다. 성경에 보면 그분은 최후의 만찬 도중에 자리에서 일어나 제자들에게 자신의 지극한 사랑을 보여 주셨다. 어떻게 하셨는가?

그들의 발을 씻어 주셨다.

따르는 사람들의 발을 씻어 주심을 통해 자신의 겸손과 섬김을 보이셨으니 그것만으로도 굉장한 일이다. 그런데 그분은 한 걸음 더 나아가 이렇게 말씀하셨다. "내가 주와 또는 선생이 되어 너희 발을 씻었으니 너희도 서로 발을 씻어 주는 것이 옳으니라. 내가 너희에게 행한 것 같이 너희도 행하게 하려 하여 본을 보였노라"(요 13:14~15).

그리고 이어 약속이 나온다.

"너희가 이것을 알고 **행하면** 복이 있으리라"(17절).

당신은 다른 사람들을 섬기는 데는 후하면서 배우자를 섬기는 데는 인색한가? 남편들이여, 굳이 말할 필요도 없지만, 일체의 남성우월주의는 예수께서 말씀하신 정신에 완전히 어긋난다. 아내가 기본적으로 당신을 섬기기 위해 존재한다는 인식은 잘못된 것이다. 바울이 우리에게 그리스도께서 교회를 사랑하시듯 아내를 사랑하라고 한 말은 특권의 지도자가 아니라 섬김의 지도자가 되라는 뜻이다. 당신은 그런 지도자인가? 아내들이여, 당신은 가족 이외의 사람들을 보살피고 돌볼 때는 정성을 다하면서 정작 자기 집에서 비슷한 돌봄을 베푸는 데는 질색하는가?

지금까지 3부에서 16장의 취지는 우리의 가장 큰 필요인 사랑하는 법을 배우는 일을 이해시키는 데 있었다. 바로 앞 17장에 언급한 "절대적 호의"와 이번 18장의 취지는 사랑을 정의해 사랑이 얼마나 혁명적인 것인지 알리는 데 있다. 바라건대, 이런 이해를 바탕으로 우리가 결혼의 진가를 새삼 깨닫고 중시했으면 좋겠다. 결혼생활은 우리가 사랑의 사람이 되어 가는 데 큰 도움이 될 수 있다.

우리들의 가정과 교회의 상태에 대해 솔직해지자. 사람들은 교회에 그런 사랑의 사람들이 가득하다고 생각할까? 아니면 그런 사람과 교회를 찾아보기 힘들다고 생각할까? 혹시 우리는 우리만의 사랑으로 행복해지는 데 급급한 나머지 자신의 결혼생활을 통해 예수를 세상에 보여 주는 데는 무심하지 않은가?

결혼생활의 과정이 얼마나 위력적일 수 있는지 알겠는가? 여태 당신이 걸어온 이 여정이 참으로 얼마나 신성한지 알겠는가?

그러나 사랑의 정의는 아직 끝나지 않았다. 사랑을 향한 우리의 여정은 여기서 한 걸음 더 나아갈 수 있다.

평생사랑 가꾸기

1 자신의 마음 상태를 평가할 때 당신이 더 자주 살피는 것은 다음 중 어느 쪽인가? 배우자에 대한 당신의 감정이 어떤지를 보는가, 아니면 당신의 사랑이 성경에 명한 사랑에 얼마나 잘 부합되는지를 보는가? 성경적 사랑에 더 관심을 두는 쪽으로 사고를 전환하려면 당신이 할 수 있는 일은 무엇인가?

2 부부 중 한쪽에서 고린도전서 13장대로 사랑하려 애쓸 때 배우자가 그것을 악용할 수도 있는가? 만일 그렇다면 이에 대한 가장 성경적인 반응은 무엇이겠는가?

3 고린도전서 13장에 나오는 목록을 다시 한 번 훑어보라. 그중 당신이 앞으로 몇 주 동안 집중해야 할 것 두 가지를 골라 보라.

4 한 여성의 사랑은 병든 남편의 튜브를 뽑아 주면서 새로워졌다. 당신의 부부 관계에도 당신이 뽑아 주어야 할 "튜브" - 남들에게는 해 주었을지 몰라도 배우자에게는 해 주지 않은 섬김의 행위 - 가 있는가? 주님 앞에 앉아서 그분께 지적해 달라고 기도하라.

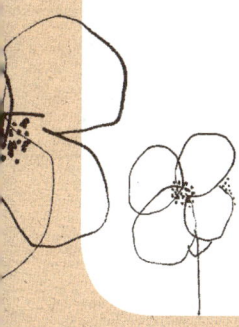

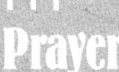

Prayer

지극히 높으신 하나님이여, 우리 마음은 너무 때에 찌들어 있어 주님이 알려 주지 않으시면 사랑이 무엇인지도 모릅니다. 우리는 사랑을 주님이 선포하신 사랑과 사실상 정반대로 바꾸어 놓았습니다. 오늘 우리를 새롭게 하여 주소서. 사랑의 의미를 다시 정의하여 주소서. 그리하여 더 깊이 사랑하고 싶다는 우리의 말이 바로 그런 의미이게 하소서. 주님이 정의하신 사랑에 비추어 우리 마음과 행동을 정직하게 평가하게 하소서. 은혜로 주님의 용서를 받아들여 우리의 연약한 부분을 그대로 직시하게 하소서. 나아가 성령의 능력을 주셔서 바로 그 부분에서 자라가게 하소서. 예수님의 이름으로 기도합니다. 아멘.

마르지 않는
사랑과
쉬 마르는 갈망

19

　미혼과 기혼을 막론하고 오늘날 가장 잘못된 생각 중 하나는 갈망과 사랑이라는 두 단어에 대한 이해다. 둘은 같지 않은데 우리는 같다고 생각한다. 그래서 "나는 그녀를 사랑한다. 정말 사랑한다!"라고 외치는 미성숙한 25세 청년의 말은 아마도 다섯 살배기의 마음으로 이렇게 말하는 것과 같다. "나는 사탕을 사랑한다. 정말 사랑한다!"

　그는 자신이 그녀를 정말 갈망하기 때문에 정말 사랑한다고 생각한다. 하지만 그 둘은 천지 차이다. 물론 공존할 수는 있지만, 개념상 동의어가 아니다. 이 둘을 혼동하는 한 우리는 양쪽을 다 오해할 수밖에 없다. 그리고 참으로 신성한 결혼이 무엇으로 이루어지는지도 알 수 없다.

　다섯 살배기가 사탕을 "사랑한다"는 말은 그것을 원한다는 뜻이다.

먹고 싶은 것이다. 마찬가지로 미성숙한 25세 청년이 여자를 "사랑한다"는 말도 그녀를 갈망하기 때문이다. 그녀와 동침하고 싶거나 최소한 곁에 있고 싶은 것이다. 나아가 그는 여자 쪽에서도 자기를 똑같이 갈망해 주기를 원한다.

성경이 우리에게 명하는 사랑은 상대를 잘되게 하는 게 핵심이다. 우리의 갈망조차 자신의 유익이 아니라 상대의 유익을 위한 것이다. 다섯 살배기가 사탕을 먹으면 사탕은 소멸한다. 25세 청년이 자신의 배우자가 아닌 여자를 갈망해 동침하면 그녀를 욕되게 하는 것이다. 두 경우 모두 사랑의 예가 아니라 소비의 예다.

이미 보았듯이 성경적 사랑을 가장 잘 보여 주는 개념은 아마 호의(benevolence)라는 구식 단어일 것이다(물론 그것으로 다 정의되지는 않는다). 요한복음 15장 13절에 보면 가장 큰 사랑은 가장 큰 갈망이 아니라 자신을 희생하는 호의의 행위다. "사람이 친구를 위하여 자기 목숨을 버리면 이보다 더 큰 사랑이 없나니."

사랑과 갈망을 서로 떼어 놓으면 기혼 여성의 이런 말이 얼마나 어불성설인지 알 수 있다. "나는 남편을 사랑하지만, 사랑에 빠져 있지는 않다." 이 말은 이제 남편을 이전처럼 갈망하지 않는다는 뜻이다. 하지만 사실 이 여자는 순서를 뒤집었다. 사랑은 갈망이 아니지만, 갈망을 자아낸다. 상대에게 사랑으로 행할수록 상대를 더 갈망하게 된다. 자녀를 돌보지 않는 빗나간 부모는 지독히 냉담해질 수 있다. 내 사무실에 찾아와 자신의 어린 시절을 이렇게 회고하는 사람들이 많다. "부모라는 사람이 어떻게 나한테 그럴 수 있습니까? 어떻게 자기 자식이 자라는 모습을 볼 마음조차 없습니까?" 그 답은 다분히 다음 사실에 있다. 사랑 없이 행하면 갈망도 차단된다. 더 완고하고 냉랭하고 멀어진다. 반대로 자녀를 실제적인 방식으로 사랑하는 부모는 관심을 끊을 수 없다. 불가능한 일이다. 그러므로 당신이 자녀를 사랑하는 자상한 부모라면 사람이 어떻게 자식을 돌보지 않고 학대하고 저버릴 수 있는지 결코 이해할 수 없다. 그동안 당신의 마음이 사랑의 행위를 통해 부드러워졌기 때문이다. 냉담한 행위를 통해 마음이 완고해지는 것과 같은 이치다.

그런데 우리는 결혼생활에 대해 말도 안 되는 생각을 품고 있다. 갈망의 이기적 측면(나는 당신과 함께 있고 싶고 당신을 보거나 목소리를 들으면 기분이 좋다)이 우선이어야 하며, 갈망이 있어야만 행동을 지속할 수 있다고 생각하는 것이다. 그러나 성경적 관점에서 보면(또한, 실제로도 그렇다) 사랑이 없으면 결국 갈망은 없어진다. 하룻밤의 정사에는 갈망은 많을지 모르나 사랑은 없다. 두 사람이 서로의 이름도 모른 채 헤어질 수 있다. 사랑하지 않는데 그런 게 다 무슨 소용인가. 그들은 갈망했을 뿐이다. 이제 갈망이 채워졌으니 아무 일도 없었던 것처럼 떠나면 그만이다. 음식을 다 먹은 사람이 미련 없이 식당을 나가는 것과 다를 바 없다.

대체로 세상은 갈망이 끝나면 결혼생활도 끝이라고 생각한다. 하지만 하나님은 사랑을 멈추면 결혼생활이 힘들어진다고 말씀하신다. 그 차이는 엄청나다. 그 둘을 힘써 구분해 보라. 매일의 행동과 헌신 속에서, 사랑은 갈망이 아니고 갈망은 사랑이 아님을 절대 잊지 말라.

사랑은 호의다. 상대의 유익을 바라고 그것을 위해 노력하는 것이다. 결혼생활은 우리를 그 자리로 부른다.

사랑은 상대의 갈망대로 해 주는 게 아니다

갈망이 사랑이 아니라는 사실은 또 다른 면에서 우리에게 영향을 미친다. 당신이 원한다는 이유만으로 내가 그대로 해 주어야만 사랑인 것은 아니다. 사랑은 갈망이 아니다. 그러므로 당신이 나에게 갈망하는 일이 당신이나 타인에게 해로운 일이거나 하나님이 싫어하시는 일이라면 당신은 이렇게 말할 수 없다. "나를 사랑한다면 이것도 해 주겠지." 바로 당신을 사랑하기에 나는 그렇게 해 줄 수 없다.

배우자의 악한 조종과 학대를 그냥 당하는 것은 절대로 성경적 사랑이 아니다. 중독이나 구타나 불법 행위에 굴복하는 것도 사랑이 아니다. 사랑의 척도는 위험을 무릅쓰고 함께 법을 어긴다든지 상대의 자멸 행위를 두둔하는 게 아니다. 사랑의 척도는 하나님께 충실한 것이며 그러려면 위법이나 자해를 저지해야 한다.

꼭 악한 일이 아니더라도 거부해야 할 때가 있다. 마리아와 마르다는 예수께서 오빠 나사로를 죽기 전에 치유해 주시기를 원했다.

"주님, 우리를 사랑하신다면 오빠가 죽기 전에 당장 오셔서 낫게 해 주시겠지요."

얼마든지 그들이 했을 법한 말이다. 하지만 예수는 그들을 사랑하시기에 나사로가 죽은 후까지 기다리셨다. 하나님의 영광과 능력을 보여 주시기 위해서였다. 그분의 사랑을 그들은 이해하지 못했다. 그분은 그들을 심히 사랑하셨기에 비난과 오해와 무지와 잘못된 의분에 빠지도록 두셨다. 이야기의 배후를 보면 분명히 예수와 이들 일가족은 아주 친밀한 사이였다. 그들이 그냥 군중 속의 일원이었다면 그분이 오시기를 바라지도 않았을 것이다. 그들은 사랑받는 친구였고 막역한 사이였다.

나사로가 죽은 후 마리아와 마르다는 예수의 사랑에 실망했다. 자신들이 갈망하던 일을 그분이 해 주지 않으셨기 때문이다. 예수께서 이 일을 통해 보여 주셨듯이 상대의 갈망대로 해 주는 게 반드시 사랑은 아니다. 사랑의 구심점은 인간의 갈망이 아니라 하나님의 목적에 있다. 때로는 사랑하기에 거절해야 한다. 상대가 그것을 사랑이 아니라고 느낄지라도 말이다.

목표를 바꾸어야 한다

갈망과 사랑의 차이를 아는 게 영적으로 그토록 중요하다면 결혼생활의 목표도 그것에 맞게 바뀌어야 한다. 나와 상담하는 대다수 부부에게 결혼생활의 목표란 이전에 홀딱 반했을 때처럼 서로에 대한 갈망을 유지하는 것이다. 물론 나도 아내를 향한 갈망이 여전히 그렇게 뜨거울 때도 있다. 하지만 내가 정말 추구해야 할 일관된 목표는 사도 요한의 말 속에 가장 잘 표현되어 있다.

"만일 우리가 서로 사랑하면 하나님이 우리 안에 거하시고 그의 사랑이 우리 안에 온전히 이루어지느니라"(요일 4:12).

바로 이것이 신성한 결혼이다! 우리가 헌신적으로 사랑을 표현하면 우리의 결혼생활 속에 하나님이 거하신다. 그분의 사랑이 우리의 결혼생활 속에 온전히 이루어지고 그것을 지탱시켜 준다. 이것은 인간의 갈망 이상이다. 말 그대로 예배(그분의 탁월하심을 인정하고 즐거워함)와 복종(그분의 임재에 순복함)이다.

문제는 허다한 아내들과 남편들이 자기도 모르게 이렇게 묻고 있다는 것이다. "이렇게 이기적이고 무정하고 교만한 남자를 어떻게 내가 계속 갈망할 수 있겠는가?" "사사건건 나를 비난하고 나와 함께 사람들 앞에 나다니는 것을 창피해하는 여자를 어떻게 내가 계속 갈망할 수 있겠는가?"

그래서는 가망이 없다.

이런 문제의 근원에는 갈망이 행복하고 만족스러운 결혼생활의 가장 중요한 요소라는 전제가 깔려 있다. 실수가 많은(약 3:2) 타락한 한 인간을 도저히 갈망할 수 없다면 내 결혼생활은 끝난 거나 다름없다.

하지만 그것은 성경적 목표가 아니다.

성경적 목표는 하나님이 우리 안에 거하시고 그분의 사랑이 우리 안에 온전히 이루어짐을 함께 경험하는 것이다. 아내가 나를 존중하지 않는다면 그런 아내를 향해 갈망이 생기지 않을 수 있다. 하지만 그래도 나는 여전히 호의로 행동할 수 있다. 나는 하나님이 내게 부어 주시는 사랑을 즐거워하면서 그 풍성한 사랑으로 다른 사람들에게 부어 줄 수 있다("우리가 사랑함은 그가 먼저 우리를 사랑하셨음이라"). 나는 달라스 윌라드(Dallas Willard)의 표현이 참 좋다. "첫째 지상계명[하나님을 사랑함]이 둘째 계명[이웃을 사랑함]을 실현할 수 있게 한다."[1]

신성한 결혼을 추구하는 것은 결국 결혼생활 속에서 하나님을 추구하는 것이다. 그분의 사랑(우리의 갈망이 아니라)과 그분의 임재(우리의 행복이 아니라)와 그분의 영광(우리의 만족이 아니라)을 경험하고자 애쓰는 것이다.

영적으로 눈먼 사람들에게는 이것이 터무니없이 불합리해 보인다. 그러나 하나님의 선하심을 맛본 사람들은 그분의 사랑이 우리의 갈망을 압도함을 안다. 하나님의 임재가 가져다주는 기쁨이 그분의 대지진이라면 그 앞에서 인간의 "행복"은 미미한 진동에 불과하다. 하나님의 영광은 모든 면에서 인간의 옹졸한 이기심보다 훨씬 더 우리를 만족하게 해 준다.

신성한 결혼은 우리를 다음과 같은 덫에서 구해 준다. 당신이 갈망하는 바가 어차피 당신을 만족하게 해 줄 수 없다면 설사 그 갈망을 이룬다 해도 결코 만족은 없다. 세상에는 사랑에 실망한 영혼들이 넘쳐난다. 그들은 "하나뿐인 참 사랑"을 만난 줄 알았는데 어느 날 눈떠 보니 그 하나뿐인 참 사랑이 별로 사랑도 없었고 오래가지도 않았다. 그러나 당신의 소망을 하나님의 사랑에 두면 "소망이 우리를 부끄럽게 하지 아니함은 우리에게 주신 성령으로 말미암아 하나님의 사랑이 우리 마음에 부은바 됨"이다(롬 5:5).

갈망은 우리가 지속시킬 수 없다. 그러나 성경의 약속대로 하나님은 **사랑**을 지속시켜 주신다. 성령을 통해 계속 우리 마음에 사랑을 부으시기 때문이다. 갈망에 기초한 결혼은 마치 범람원에서 살아가는 것과 같다. 어떤 때는 물속에 잠기지만 어떤 때는 바싹바싹 마른다.

솔직히 대다수 부부가 그 상태로 연명한다. 반면에 하나님의 사랑에 기초한 결혼은 늘 한결같은 계곡 물과 같아서 수원(水源)이 보이지는 않는데 생전 물이 마르지 않는다.

그렇다면 우리의 결혼생활의 수원은 무엇이 될 것인가? 오락가락하는 갈망인가, 아니면 결코 바닥나는 법이 없는 하나님의 영적 공급인가? 이제부터 얕은 갈망에 안주하지 말고 제대로 사랑하자.

여기 좀 더 까다로운 질문이 있다. 성적인 갈망은 이것과 무슨 관계가 있는가? 침실에서는 갈망이 생리적 필수 요소가 아닌가? 그야 그렇기도 하고 아니기도 하다. 이 문제는 마땅히 따로 다룰 만하므로 다음 장에서 살펴볼 것이다.

평생사랑 가꾸기

1 결혼에 대한 당신의 생각과 결혼생활에 임하는 태도를 정직하게 평가해 보라. "내 감정은 어떠한가?"와 "나는 어떻게 사랑하고 있는가?" 중에서 당신은 어느 쪽에 더 집중하는 편인가? 이 부분에서 어떻게 더 나아질 수 있겠는가?

2 이번 장의 내용에 기초해 만일 배우자를 향한 당신의 갈망이 시들해진다면 당신이 영적으로 의지할 것은 무엇인가? 어떻게 반응해야겠는가?

3 배우자의 잘못된 갈망을 사랑으로 거부하는 가장 적절한 방법은 무엇인가?

4 "하나님이 우리 안에 거하시고 그분의 사랑이 우리 안에 온전히 이루어짐"을 함께 경험하는 것이 당신의 결혼생활의 특징이라고 말할 수 있겠는가? 더 그렇게 되려면 이 책 전반에서 어떤 내용이 당신에게 도움이 되겠는가?

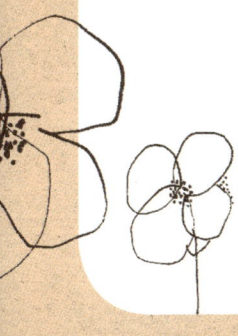

Prayer

참으로 갈망할 유일한 대상이신 하늘에 계신 아버지여, 우리 마음과 생각을 속속들이 변화시켜 주셔서 무엇보다도 주님이 우리 안에 거하시고 주님의 사랑이 우리 안에 온전히 이루어지기를 사모하게 하소서. 서로를 향한 우리의 갈망이 시들해질 때 정말 중요한 게 무엇인지 일깨워 주소서. 바른 행동으로 건강한 갈망에 다시 불을 붙이도록 이끌어 주소서. 사랑의 행위와 주님의 능력과 임재로 평생 우리의 갈망이 새로워지게 하소서. 예수님의 이름으로 기도합니다. 아멘.

즐거운 갈망은 사랑과 치유의 촉매제

20

"와!" 리자는 나를 보며 고개를 내둘렀다. 방금 막 둘에서 어느 젊은 커플을 만난 뒤였다. 그들은 아직 결혼한 사이는 아니지만 결혼할 생각이 간절했고 성적으로 친밀해지려는 마음도 똑같이 간절했다. 특히 남자는 갈망이 뚝뚝 떨어지다시피 했고 결혼을 석 달쯤 앞당길 방도까지 모색하고 있었다. 그러면 실제적인 준비 면에서 큰 차질이 빚어질 텐데도 말이다. 남자는 조바심에 애가 달아 있었다. 식탁 밑에 수건을 깔아 그의 페로몬을 받아낸다면 나중에 흠뻑 짜낼 수도 있을 것 같았다. 그는 성경의 가르침을 충실히 따르고 있었기 때문에 약혼녀와의 사이에 "배출구"가 없었다. 그가 우리에게 던진 질문의 절반은 그 절절한 갈망에서 비롯된 것이었다.

"당신에게도 그게 보였다니 그만큼 당신이 건강하다는 뜻이겠지요." 나는 리자에게 말했다. 남편이 50대가 되면 아내는 20대의 남자가 어떠할 수 있는지 잊기 쉽다.

한때 나는 성욕의 위력이 사실상 원망스러웠던 적이 있다. 그것이 나를 아내 앞에서 철저히 약자가 되게 했을 뿐 아니라 나의 도덕성이 그 거센 불꽃에 위태롭게 매달려 있었기 때문이다.

그래서 그게 원망스러웠다.

내 자유 의지 중 그 부분을 제물로 바치는 기도까지 했다. 하나님이 나를 좀 봐 주셔서 내 영혼의 성향 자체를 감쪽같이 고쳐 주셨으면 좋겠다는 생각이 들었다. 성욕이 훨씬 초점에 맞게 길들여지고 쉽게 통제될 수 있도록 말이다.

하나님은 그런 나를 부드럽게 꾸짖으셨다. 내가 성적인 갈망을 타락의 렌즈로 보았기 때문이다. 마치 그것이 사탄과 죄 때문에 생겨났다는 듯이 말이다. 이성적으로는 그런 생각을 물리쳤겠지만 두렵다 보니 때로 그렇게 느껴졌다. 성욕이 도구보다 유혹으로 보였다.

성욕을 타락 대신 창조의 렌즈로 보기 시작하면서 깨달은 것이 있다. 아내와의 관계에서 내가 이렇게 약자가 되는 것이 하나님의 섭리라는 사실이다. 성적인 열망이 없다면 하나님의 딸을 향한 나의 애정이 약해질 수 있음을 그분은 아신다. 나 때문에 부부 사이가 서서히 멀어지는데도 얼마나 멀어졌는지 내게 알려 줄 장치가 전혀 없어, 어느 날 깨어 보면 우리는 아예 남남이 되어 있을 수 있다. 하나님은 그분의 딸을 지극히 사랑하시기에 그런 일을 허용하실 수 없다. 그래서 나를 지으실 때 호르몬을 주셔서, 내가 그분의 딸에게 무관심해질 때마다 호르몬이 거의 울부짖게 하셨다.

마침내 나는 하나님이 나를 창조하실 때 아내를 갈망하게 하셨고 그 갈망으로 인해 약자가 되게 하셨음을 깨달았다. 그러자 성관계를 보는 눈이 완전히 바뀌었다.

하나님은 그렇게 부부의 성생활에 대한 나의 관점을 넓혀 주셨는데, 사실 이것은 작은 한 예에 불과하다. 나이가 들어 더 깊이 들여다볼수록 더욱 놀라게 되거니와, 섹스의 영향은 몸만 아니라 영혼과 관계에까지 두루 미친다.

이 갈망은 치유를 낳는다

잘만 하면 부부의 성생활은 더할 나위 없는 치유의 경험이 될 수 있다. 우리 대부분은 성장기에 자신의 몸에 대해 이런저런 불안감을 품게 된다. 그래서 누군가가 (올바른 이유로) 나를 성적으로 원하고 갈망하고 즐거워하고 추구해 주면 그것이 망가진 자아상에 특효를 발휘할 수 있다.

즉 앞 장과 연결해 말하면 갈망은 좋은 것일 수 있다. 갈망은 사랑과 치유의 촉매제가 될 수 있다.

아가서의 시대는 여자들이 돈을 들여가며 살을 태우던 시대가 아니었다(당대의 문화에서는 살갗이 휠수록 더 좋았기 때문이다). 그 당시의 한 신부가 부끄러워하며 친구들에게 이렇게 당부했다. "내가 햇볕에 쬐어서 거무스름할지라도 흘겨보지 말 것은 내 어머니의 아들들이 나에게 노하여 포도원지기로 삼았음이라. 나의 포도원을 내가 지키지 못하였구나"(아 1:6).

이 처녀는 사람들이 자신을 쳐다보며 감탄하는 게 아니라 햇볕에

검게 그을린 모습에 놀랄까 봐 두려웠다. 그래서 자신이 온갖 엉뚱한 이유로 시선을 끈다는 자아상을 품은 채로 결혼했다.

그런데 남편이 그런 생각을 바로잡아 주며 그녀를 "여인 중에 [가장] 어여쁜 자"라 불렀고(8절) "내 사랑아, 너는 어여쁘고 어여쁘다 … 여자들 중에 내 사랑은 가시나무 가운데 백합화 같도다"라고 거듭 말해 주었다(아 1:15, 2:2).

이 본문을 이해하면 부부의 성생활을 보는 남자의 관점이 바뀔 수 있다. 포르노로 성적인 관심을 키운 사람에게 섹스의 핵심은 자신이 절정에 도달하는 것이다. 하지만 본문에서 섹스의 핵심은 여자를 인정해 주는 일이다. 그녀는 아름다움 면에서 자신에게 뭔가 중요한 게 부족하다고 생각하며 자랐다. 그래서 사람들의 놀림감이 되었고 실제로 당시의 문화적 기준으로 보면 아름답지 못했다. 그런데도 남편은 그녀를 아름답다 못해 여인 중에 가장 아름답게 여겼다.

부부의 성생활에서 남편이 아내를 더 갈망하지 않거나 다른 여자들을 갈망하기 시작하면 아내는 다시금 자신이 기준 미달이라는 생각이 든다. 남편들이 자신의 마음을 지키고 성관계에 대한 갈망을 (신체적으로 가능한 한) 유지해야 할 가장 성경적인 이유 중 하나는 그래야 아내의 자아상의 치유 과정이 지속될 수 있기 때문이다. 그래야 아내가 자신을 아름답고 매력 있는 여자로 볼 수 있다. 이것은 아내가 29세이든 49세이든 69세이든 나이와 관계없다.

한 그리스도인 여성이 최근에 블로그에 올린 글을 보면 여자들은 남편이 무조건 자신을 뜨겁게 갈망해 주기를, 그녀의 표현으로 "취(取)

해 주기를" 바란다. "여보, 오늘 밤 당신이 좋다면 나도 좋소. 하지만 아니어도 괜찮소." 이런 식의 지나치게 나긋나긋한 말은 장기적으로 통하지 않는다(현실은 때로 그럴 수 있지만 말이다).

남자가 다음과 같이 생각하면 크게 잘못될 일은 없다.

"신체적 아름다움에 대한 문화적 기준은 터무니없이 제정신을 잃어 사리에 어긋난다. 내 아내는 평생 그런 문화 때문에 상처를 입었다. 이제 내가 결혼이라는 안식처 안에서 내 사랑으로 아내를 보호해 주겠다. 온 힘을 다해 아내를 인정하고 사모하고 갈망하고 추구하고 말로 칭찬해 영혼을 치유해 주겠다. 과거에 다른 사람들한테 당했던 모든 상처와 조롱과 비난이 내 열정의 위력 앞에서 거의 소멸할 정도로 그렇게 아내를 갈망하고 사랑하고 싶다."

다시 말해서 중요한 것은 단지 남자의 성적 욕구가 아니라 아내의 아픈 영혼이다. 남편의 갈망으로 아내의 갈망을 채워 주어야 한다. 아내의 아름다움에는 남편을 사로잡는 힘이 있다. 남편은 아내가 그 힘을 음미하고 귀히 여길 수 있게 해 주어야 한다.

"내 신부야 … 네 눈으로 한 번 보는 것[으로] … 내 마음을 빼앗았구나"(아 4:9).

자신이 남편의 마음은 물론 시선과 생각까지도 빼앗았음을 알면 아내는 자신감을 얻는다. 이것은 남자가 아내에게 줄 수 있는 엄청난 선물이다. 이 선물을 의지적으로 주려면 자신의 마음과 생각과 눈을 지켜야 하고, 아내라는 한 여자에게만 끌리는 마음을 가꾸어야(빗나갔을 때는 다시 가꾸어야) 한다.

신혼 첫날밤에는 갈망이 문제가 되지 않을 수 있다. 하지만 결혼한 지 10년이나 25년이 되었을 때는 어떤가? 갈망은 **평생사랑**과 어떻게 맞아 드는가?

카나리아를 살려 두어야 한다

한 젊은 아내가 나에게 이렇게 설명했다. "나는 남편과 멋진 성생활을 하고 싶은데 남편은 내가 하는 일마다 비난합니다. 내가 요리도 제대로 못하고, 운전도 제대로 못하고, 아이들도 제대로 키우지 못한다는 거예요. 그러니 침실에서도 사사건건 비난하는 건 당연하지요. 성생활까지 망친다는 소리는 정말 듣고 싶지 않아요."

이 아내는 좋은(멋진!) 성생활을 원하지만 비난받는 데 질렸다. 그녀가 부부의 잠자리에 냉담해진 것은 섹스와 무관하게 순전히 침실 바깥에서 벌어지는 일 때문이다. 남편이 그녀의 몸을 더워지게 하려면 성인용품을 사거나 새로운 체위를 시도하거나 심지어 고린도전서 7장을 인용하는 것만으로는 안 된다. 육욕에 대한 그녀의 갈망을 죽이고 있는 관계적 독소를 제거해야 한다. 솔직히 말해서 이 아내는 오르가즘을 갈망하는 마음보다 비난을 질색하는 마음이 더 크다.

내가 보기에 성욕의 결핍은 그 유명한 "광산의 카나리아"와 비슷하다(물론 종종 신체적 원인을 해결해야 하는 경우는 예외다). 옛날의 광부들은 갱도 깊숙한 곳에 카나리아를 두곤 했다. 이 조그만 새는 허파가 워낙 작아서 지반에서 비교적 무취의 독가스가 새어 나와도 금방 죽어버렸고, 그러면 이를 경고 삼아 광부들은 갱도에서 빠져나와 맑은 공기를 들이마셨다. 마찬가지로 신체적 원인이 없이 성욕이 시들해지면 대개 가정에 관계적 "독소"가 있다는 징후다. 부부관계가 그 독소 때문에 아직 죽지는 않았지만, 병들어 가는 것이다. 그래서 부부에게 맑은 공기가 필요하다.

섹스는 간편한 척도다. 부부에게 "마지막으로 성관계한 게 언제입니까?"라고 물어 그들이 답을 모른다면 이것은 중요한 단서다.

결혼 초기에는 대개 성욕이 문제가 못 된다. 홀딱 반한 상태에서는 "사랑에 빠진 기분"이 절로 드는 것과 같다. 성적인 끌림이 강하고 모든 게 새로워 부부는 아무리 함께 있어도 부족하기만 하다. 그러나 성적인 관심을 유지하는 것은 전혀 다른 도전이다. 이런 진부한 말을 나도 자주 들어 보았다. 부부가 신혼 첫 2년 동안 성관계할 때마다 병에 구슬을 하나씩 넣었다가 그 뒤로 성관계할 때마다 하나씩 꺼낸다면 평생 가도 병이 비지 않는다. 물론 누구나 다 그렇지는 않겠지만 아마도 대개는 사실일 것이다. 그렇다면 참으로 서글픈 일이다. 전에 강사로 참여했던 어느 집회에서 나는 (긴장하시라!) 6명의 그리스도인 성 치료사들과 한자리에 앉았다. 그들의 전문가적 고견에 따르면 부부의 성생활은 20년이 지나야 절정에 이르러 이전 어느 때보다도 즐거워질 수 있다. 하지만 그것을 추구하려면 성장하기 쉽지 않은 많은 분야에서 부부로서 자라가야 한다. 사실 활력적이고 만족스러운 성생활을 장기적으로 유지하는 일은 결혼생활의 큰 도전이다(동시에 가장 가슴 설레는 일 중 하나다. 속속들이 알고 깊이 사랑하며 수많은 즐거운 추억을 공유한 사람을 그토록 갈망한다는 것은 놀랍기 그지없는 일이다).

성적인 관심을 장기적으로 유지하기 힘들다는 사실은 오히려 축복일 수 있다. 성적인 만족을 얻으려면 거의 억지로라도 관계 기술을 개발해야만 한다. 그런데 그렇게 개발한 기술이 결혼생활의 모든 면에 유익이 된다. 겸손해져야 하고, 까다로운 말도 들어야 한다. 또 상대의 필요를 앞세울 줄 알아야 하고, 배우자가 어떤 사람이며 참으로 갈망하는(또는 갈망하지 않는) 게 무엇인지 이해할 수 있어야 한다. 대화할 때나 갈망을 털어놓을 때도 서로의 품에 안길 때처럼 완전히 벌거벗으려면 많은 용기가 필요하다. 성생활에서 참된 친밀함을 추구하기보다 그냥 조용히 있는 게 더 쉽다. 공감과 인내와 아량도 자라가야 한다.

그래서 나는 초기의 성적인 끌림이 식은 뒤로 부부간에 성적인 친밀함을 장기적으로 유지하기가 그토록 힘들 수 있다는 게 하나님의 자비의 표라고 믿는다. 덕분에 어쩔 수 없이 기술을 개발해야 하는데, 결혼생활의 모든 차원에서 성공하려면 바로 그 기술이 필요하다. 당신이 점점 더 겸손해지고, 경청하는 법을 배우고, 비겁한 침묵 대신 용기를 길러 문제를 제기한다 하자. 또한, 창피할 만큼 "벌거벗은" 삶의 실상까지도 자세히 들여다볼 수 있는 분위기를 가꾼다 하자. 이렇게 새로 강화된 관계 기술이 유익을 끼치지 못할 영역은 당신의 결혼생활에 하나도 없다.

그렇다면 부부의 성생활에서 갈망은 중요한가? 물론이다! 그러나 관건은 새로운 기법이나 체위를 찾아내 갈망을 유지하는 게 아니라 갈망의 공급원이 될 관계를 가꾸는 것이다.

조립식 장난감

내 생각에 줄리 슬래터리 박사가 아주 정확한 비유를 내놓았다. 부부의 장기적 성생활은 장난감 트럭보다는 레고에 더 가깝다. 트럭은 완성품으로 포장되어 있어 금방이라도 가지고 놀 수 있다. 아이들은 상자를 뜯자마자 그 장난감으로 고지를 공격할 수 있다. 하지만 레고는 전혀 달라서 조립하는 재미로 논다. 일단 조립이 끝나면 별 재미도 없고 오래가지도 않는다. 레고로 배를 만들 때는 즐거울 수 있지만, 그 배를 가지고 5분 이상 놀고 싶은 사람은 없다. 그래서 다시 부수고 다른 것을 조립한다.

마찬가지로 성적인 즐거움을 평생 유지하려면 배우자와의 성생활을 지었다가 허물고 다시 지어야 한다. 처음 결혼해 집에 둘뿐일 때는 즐겁기만 하던 섹스가 서로 익숙해지고 틀이 굳어지면 달라진다. 그러다 아이가 태어나면 또 다른 도전이 닥쳐온다. 임신과 수유 때문에도 그렇지만 둘 다 잠을 제대로 못 자 녹초가 된다. 아이가 걷기 시작할 때, 사춘기에 들어설 때, 노화로 점차 부부의 기력이 떨어질 때도 변화는 계속된다.

그중 어느 시기에든 자칫 포기하기 쉽다. 신혼 때 가꾸어 "통했던" 성생활이 집에 고만고만한 아이가 셋일 때도 꼭 통하리라는 법은 없다. 그러다 60대에 들어서면 낭패를 보기 십상이다. 성생활을 의도적이고 계획적으로 개혁하지 않으면 성생활이 그냥 사라져 버릴 것이다. 카나리아가 죽고 말 것이다.

다음 단락에서는 아주 "육체적으로" 접근해 보자. 하나님은 우리의 영혼뿐 아니라 몸도 지으셨다. 뇌를 포함해 몸의 기능을 알면 신성한 결혼에서 갈망과 사랑이 어떤 역할을 하는지 이해할 수 있다.

성욕의 주기

아내들이 알아 두면 유익한 사실이 있다. 옥시토신은 애정과 푸근한 느낌을 유발하는 신경화학 물질인데 남자가 여자보다 옥시토신의 양이 훨씬 적다. 옥시토신 수위가 아내는 높은 편이고 남편은 평균 이하라면 그 차이는 10배 단위가 될 수도 있다. 그런데 인간의 경험 중에 남자의 옥시토신 수위가 여자의 수위에 근접할 때가 한번 있다. 바로 성적인 절정에 이른 직후다. 그때 남자는 이 신경화학 물질 덕분에 아내에게 친밀감과 유대감을 느낀다.

여자들이여, 남편이 당신과의 섹스를 이토록 자주 원하는 이유는 무엇일까(본인이 그 이유를 알든 모르든 말이다)?* 성적인 극치에 도달한 직후만큼 당신이 가까이 느껴질 때가 아마도 없기 때문이다.

이것이 하나님의 설계임을 잊지 말라. 아내들은 이미 옥시토신 수위가 더 높다 보니 성관계 직후의 상승세가 남자만큼 확연하지 않을

---

*물론 아내와 가까워지려는 갈망이 아니라 정욕에 이끌리는 남자들도 많이 있으나 그것은 다른 주제다. 여기서는 하나님의 창조 원리에 초점을 맞추자.

수 있다. 이미 상당히 배부른 사람은 음식을 먹어도 기분이 딱히 더 좋아지지 않는 것과 같다.

이렇게 옥시토신이 부재한 상태에서 남자에게 존재하는 성호르몬과 테스토스테론의 전반적 영향까지 더해 보라. 이 "혼합"의 결과로 남자는 소위 "성욕의 주기"를 넘기면 성적인 갈망이 사실상 강박증으로 변한다. 난데없이 유방이 나타나 남자의 눈앞에 아른거린다. 여자의 다리를 보는 눈도 하루 이틀 전과는 달라진다. 도발적인 광고는 가히 충격적인 위력으로 남자의 시선을 잡아끈다. 테스토스테론이 만들어내는 예정된 렌즈는 온 세상에 성적인 의미를 부여한다.

성욕의 주기는 남자마다 다르며 나이가 들면서 당연히 변한다. 당신 남편의 주기는 24시간일 수도 있고 3일일 수도 있고 1주일일 수도 있다. 그러나 주기가 지났는데도 당신을 통해 채움을 받지 못하면 성욕이 화물 열차처럼 그를 당신에게서 다른 무엇–또는 누군가–에게로 끌어갈 수 있다.

아내를 통해 성욕이 채워지면 신기하게도 그 주기는 다시 원점으로 돌아간다. 대부분 남자는 여전히 정욕과 싸워야 하겠지만, 그 차이는 잔뜩 포식한 후 디저트를 사양하는 것과 사흘을 쫄딱 굶은 후 햄버거를 물리치는 것만큼이나 크다. 전혀 다른 싸움이다.

여기 양쪽 모두의 보상이 있다. 남편의 성욕을 채워 줌으로써 아내는 남편의 뇌에 아주 긍정적인 각종 옥시토신을 분비시켜 주고, 그러면 남편은 아내와 다시 연대감을 이룬다. 남편은 아내를 신뢰하는 법을 배운다. 그가 약자의 위치에 있을 때 아내가 그것을 그에게 불리하게 이용하지 않았기 때문이다. 남편은 아내를 소중히 여기는 법을 배운다. 그에게 아내가 필요할 때 아내가 곁에 있어 주었기 때문이다. 남편은 아내가 고마운 존재임을 알게 된다. 그를 지배할 것만 같던 격한 갈망이 아내의 품 안에서 해소되었기 때문이다. 덕분에 남편은 지옥 같은 정죄와 죄의식 속에서 일탈에 빠질 필요가 없이 에덴동산 같은 기분을 맛볼 수 있다.

다시 남자들에게 말한다. 남자의 성욕은 부부관계에 복이 될 수도 있고 자신의 도덕성을 망칠 수도 있다. 하나님께 독신의 은사를 받은 경우가 아니라면 성욕을 무시하는 것은 어리석은 일이다. 자신이 성욕에 이끌리지 않을 것처럼 또는 성욕을 건강하게 충족시키지 않고도 존재할 수 있을 것처럼 행세해서는 안 된다. 성생활이 없이도-한동안-결혼생활을 해 나갈 수 있다고 자기를 과신하는 남자들을 나는 수없이 많이 상담해 보았다. 그 "한동안"은 비참하게 끝났고, 그래서 그들은 우는 아내와 함께 못내 수치스러운 얼굴로 내 사무실에 앉아 있는 것이다.

하나님이 우리에게 이런 강한 갈망을 주심은 부부가 갈라지지 않고 연합을 지키게 하시기 위함이다. 그러므로 우리는 의지적으로 그 갈망을 부부의 성생활에서 해소해야 한다. 이미 성생활이 무너졌다면 남편에게 촉구하거니와 그 이유를 찾아내야 한다. 그러려면 자신이 침실 바깥에서 어떤 행동으로(또는 어떤 행동을 하지 않아서) 아내의 의욕을 꺼뜨리고 있는지 살펴보아야 한다. 병원에 가 본다든지, 아내의 직장 일이나 집안일을 도와준다든지, 자신의 외모나 매력을 저하하는 행위에 대한 지적을 귀담아들어야 한다.

아울러 자신의 갈망에 초점을 맞추기보다 아내의 갈망을 채워 주고자 더 의지적으로 배려해야 한다.

갈망의 깊이

"세상의 정복이 따로 없네요!"

아내는 한동안 바쁘게 지냈다. 그래서 나는 의도적으로 아내가 즐거워할 만한 저녁 시간을 계획했다. 재즈 클럽에서 외식하고 와서 로맨스의 밤을 보낼 참이었다. 일부러 온종일 성적인 기운을 모락모락 풍겼다. 저녁이 되려면 아직 멀었는데 결국 리자의 입에서 이런 말이 나왔다. "그냥 지금 하면 안 될까요?" 하지만 나는 미소만 지으며 속으로 '그럴 수야 없지'라고 생각했다.

클럽으로 가는 길에 나는 아내의 차에 기름을 넣었다. 주유를 싫어하는 아내가 이튿날 운전을 해야 했기 때문이다. 별로 성적인 유혹처럼 들리지 않을지 모르지만, 무엇이 전희인지를 결정하는 일은 남자의 소관이 아니다. 남자들이여, 정말이지 주유 같은 일도 특효를 발휘할 수 있다. 분위기를 고조시켜 아내에게 '남편이 나를 챙겨 주고 있구나'라는 생각이 들게 하는 것이다. 영적으로 건강한 아내는 자신을 챙겨 주는 남편을 지극정성으로 챙겨 주는 경향이 있다.

유기농 식단을 즐기는 리자의 식성에 비하면 "저녁 식사"(샐러드 대용의 양상추, 대충 요리해서 육즙 소스를 얹은 치킨, 인스턴트 으깬 감자)는 아주 형편없었다. 하지만 음악과 분위기는 아내의 마음에 꼭 들었다. 나 혼자 갈 곳은 아니었다. 아내도 거기가 자신을 위해 간 곳임을 알고 있었다.

식사 중에 일부러 아내를 살짝살짝 만졌으나 주변의 눈총을 살 정도는 아니었다. 우리 교회의 어느 교인이 바로 뒷자리에 앉아 있었다 해도 눈치조차 채지 못했을 것이다. 하지만 아내와 29년을 함께 살다 보니 나는 공공장소에서도 접촉과 손길만으로 서서히 아내를 비등점 가까이 끌어가는 법을 훤히 알고 있다. 그 정도면 보는 사람이 가히 불쾌하게 여길 수도 없거니와 아예 무슨 일인지 모를 수도 있다. 30년 가까이 서로를 즐거워한 사이인지라 순진해 보이는 애무나 단순한 접촉만으로도 과거의 추억이 되살아날 수 있다. 아내의 머리칼을 살짝 쓸어 올려 주기만 해도 그것이 얼마 후에 벌어질 진한 쾌락을 예고할 수 있다.

집에 돌아와서 나는 생각해 둔 대로 했다. 거창한 것은 아니고 다만 계획과 배려와 약간의 준비가 드러났다. 몇 분도 안 되어 리자는 드러누워 이렇게 말했다. "세상의 정복이 따로 없네요!"

그 말은 이런 뜻이었다. "당신은 이미 내 마음을 정복했으니 이제 뜻대로 하세요."

《그레이의 50가지 그림자》(시공사) 3부작이 처음 나왔을 때 얼마나 많은 부부와 그리스도인들이 블로그에 갑론을박을 벌였는지 모른다. 그래서 남자들에게 한마디 하고 싶다. 꼭 수갑과 밧줄을 써야만 아내 쪽에서 완전한 항복의 짜릿함을 느낀다면 당신은 잘못하는 것일 수 있다.

아내를 유심히 살피며 아내의 기분과 몸 전체를 알아 가라. 여체의 가장 인기 있는 세 부위만 아니라 전신을 말이다.

날마다 친절을 베풀어 보라.

영적 소통을 시도해 보라. 당신이 기도로 아내를 지원하고 있음을 확실히 알려 주라.

여러 해에 걸쳐 이타적으로 아내에게 쾌락을 선사하라. 그러면 아내는 매번 일이 시작될 때마다 자신이 당신의 요구대로 이용당하는 게 아니라 당신의 손길을 통해 황홀해지리라는 것을 알게 된다.

자녀와 아내를 늘 돌보아 주라.

어떻게 아내의 기대치를 능가할 것인지 궁리해 보라. 우리가 아내를 얼마나 기분 좋게 해 줄 수 있을지를 생각하면 참 신기하다. 우리 자신의 쾌락에만 집중하느라 아내를 만족하게 해 주지 못할 때의 그 비참함과는 얼마나 대조적인가.

아내를 유심히 살피며 이 모두를 적용하면 수갑이 하등 필요 없어진다. 당신이 실천해 온 위와 같은 일들이 훨씬 더 강하고 위력적이며 훨씬 큰 흥분과 만족을 가져다준다. 평생사랑으로 약속을 지키며 너그러이 섬겨 왔기 때문이다.

우리 아이들이 어려서 집에 있을 때는 그냥 아이들을 잘 보살펴 주는 게 수갑보다 훨씬 효과가 좋았다. 아이들이 힘든 시기를 지날 때 내가 밖으로 데리고 나가거나 아이들이 위험한 선택을 하려 할 때 내가 함께 앉아 대화하고 기도하면, 리자는 자연히 이런 반응을 보였다. "당신은 참 좋은 아빠예요. 자녀를 사랑하는 남자에게 아내가 어떻게 보답하는지 보여 줄게요."

내 아내는 여자들이 배려 깊은 남편과 실제의 섹스를 충분히 즐기고 있다면 가상의 백만장자와의 섹스를 글로 읽을 마음이 덜할 거라는 주의다. 그렇다고 리자의 말이 여자가 성애를 다룬 소설을 읽으면 그녀의 남편이 사랑에 형편없다는 뜻은 아니다. 다만 침실에서 뭔가가 삐끗하기 시작했다는 증상일 수 있다는 뜻이다. "나는 대다수의 여자가 고통을 원하거나 그런 책들에 묘사된 섹스를 원한다고 생각하지 않아요. 그냥 지금보다 좀더 창의적인 무엇을 원한다고 봐요." 리자가 내게 한 말이다.

남자들이여, 하나님은 우리에게 아내를 초월적 쾌락의 자리로 데려갈 수 있는 몸의 역량을 주셨다. 복된 짧은 시간 동안 우리는 아내가 자신이 코를 닦아 주고 기저귀를 갈아 주어야 하는 엄마라는 사실을 잊게 해 줄 수 있다. 아내는 자신이 게으른 직원의 상사이거나 얼빠진 상사의 직원임을 잊을 수 있다. 집을 청소하고, 시간 맞추어 병원에 가고, 차 안을 치우고, 아픈 친구에게 전화해야 함을 잊을 수 있다. 아내는 안도의 한숨과 웃음과 즐거움과 거룩한 쾌락이 있는 신성한 자리로 옮겨질 수 있다. 다 끝나고 나면 우리는 이전 어느 때보다도 더 아내가 친밀하게 느껴질 것이다.

이런 일을 가능하게 하실 분은 하나님뿐이다.

세상적 방식의 쾌락은 거의 언제나 진품의 값싼 대용품이며 결코 진품만큼 만족스럽지 못하다. 《그레이의 50가지 그림자》에 나온다는 쾌락이 어떻게 장기적으로 지속될 수 있을지 의문이다. 장기적 친밀함을 희생시켜 당장의 갈망을 채우면 그것이 그 주말 동안에는 유효할지 모른다. 하지만 자녀들이 고등학교를 졸업할 때까지 당신의 결혼생활을 지속시켜 주지는 못한다.

그런데도 당장의 갈망은 늘 우리를 단기적 해결책 쪽으로 몰아간다. 그렇지 않은가? 아내를 흥분시키지 못하는 남자는 다른 남자들이 어떻게 여자를 흥분시키는지 보려고 포르노를 본다. 아내를 적절한 항복의 자리로 데려가지 못하는 남자는 수갑과 밧줄처럼 어이없는 수단이나 고통처럼 심각한 수단을 동원해 침실에 약간의 "맛"을 가미한다.

나는 그리스도인들이 해야 할 행동과 해서는 안 될 행동의 목록 따위를 작성할 생각은 없다. 당신 부부가 즐겨 온 특정한 방식에 대해 왈가왈부할 생각도 없다. 그러니 부디 오해하지 말기를 바란다. 다만 부부의 성생활에서 장기적 만족은 수법의 차원을 훨씬 벗어나야 한다는 말일 뿐이다. 이따금 수법을 쓰고 싶다면 그거야 부부가 알아서 할 일이니 괜찮다. 하지만 그런 수법이 오랜 세월 당신 부부를 지속시켜 줄 거로 생각한다면 그것은 자신을 기만하는 일이다.

장기적 만족을 원한다면 특정 신체 부위에만 몰두할 게 아니라 아내의 전부를 유심히 살피라. 다정하게 만져 주고 너그럽게 만족시켜 줌으로써 여러 해에 걸쳐 신뢰를 쌓으라. 당신의 손에 자신을 맡기면 잠시나마 삶의 궂은일은 다 잊어버리고 온통 행복감에 젖어들게 됨을 아내에게 알게 하라. 공공장소에서 옷을 다 입은 상태로는 아내를 흥분시킬 수 없고 "벌거벗겨 수갑을 채워야만" 몸을 달아오르게 할 수 있다면, 필시 당신은 아직 아내를 충분히 잘 모르는 것이다.

남자가 아내를 성적으로 즐겁고 짜릿하게 해 줄 방도를 모색하는 것은 지극히 거룩하며 하나님을 영화롭게 하는 일이다. 하나님은 자신의 딸들이 열심히 일하고 있으며 세상에서 무시당하며 살아가고 있음을 아신다. 그런데 당신이 아내를 아껴 주고, 갈망하고, 그 과정에서 영혼을 치유해 주고, 아내의 유익을 위해 그분이 설계하신 극도의 황홀경을 누리게 해 줄 때 하나님이 그것을 문제 삼으실 것 같은가?

천만의 말이다. 솔직히 내 생각에 하나님은 우리가 섹스를 덜 하는 게 아니라 훨씬 더 많이 하기를 원하실 것이다.

배우자와 성관계를 하고 싶은 갈망에 굴복하는 것은 경건한 일이다. 단 1초라도 다른 여자에 대해 공상하는 것보다 아내를 새로운 쾌락의 경지로 데려갈 방도를 공상하는 편이 훨씬 낫다.

그러므로 이상의 모든 내용을 요약하자면, 갈망은 과연 중요하며 특히 침실에서는 더하다. 아가서에도 성적인 갈망이 칭송되어 있다. 지금껏 당신의 결혼생활에 배우자를 향한 정열로 불타오르던 순간들이 없었다면 참 애석한 일이다. 여기 당신이 알아야 할 놀라운 경험이 있다. 당신이 원하는 모든 것이 바로 곁에서 당신을 기다리고 있으며 만족도 보장되어 있다. 속임수도 없고 거짓말도 없고 말뿐인 약속도 없다. 이렇게 재미있고도 거룩한 방식으로 쾌락의 갈망이 충족될 수 있다니 얼마나 큰 복인가.

하지만 우리가 죄인과 결혼한 죄인이라는 사실을 고려할 때, 무엇이 그런 갈망을 오랜 세월 창출하고 지속시켜 줄 것인가? 지금까지 이 책에 다룬 모든 내용이다. 일단 적용하기만 하면 말 그대로 이 책의 모든 장이 당신의 성생활에 도움이 된다.

앞장에서 우리는 참된 사랑을 "하나님이 우리 안에 거하시고 그분의 사랑이 우리 안에 온전히 이루어짐을 함께 경험하는 것"이라 정의했다. 섹스가 그것을 잘 보여 준다. 섹스와 참 사랑은 서로 경쟁 관계가 아니다. 자고로 수많은 주석가가 아가서를 하나님을 향한 우리의 뜨거운 갈망의 모형으로 해석한 데는 그만한 이유가 있다.

갈망은 문젯거리가 아니다. 초점만 제대로 맞추면 갈망은 축복이다. 그러나 평생사랑을 유지하려면 갈망만으로는 안 된다. 그 반대가 되어야 한다. 사랑이 갈망을 지속시키는 것이지 갈망이 사랑을 지속시키는 게 아니다. 침실 바깥에서 참으로 아내를 사랑한다면 이불 속에서도 아내의 손길에 목마를 것이고 아내 또한 마찬가지다. 먼저 갈망이 있어야만 사랑할 수 있다면 나의 성생활과 태도는 날씨만큼이나 들쭉날쭉하여 하루가 다르게 더웠다 추웠다 할 것이다.

평생사랑 가꾸기

1 성적인 친밀함을 장기적으로 가꾸고 지속하는 일의 중요성에 대해 이번 장에 제시된 내용은 무엇인가?

2 지금까지 당신 부부의 성생활은 상처보다 치유를 더 가져다주었는가? 왜 그렇다고 생각하는가? 부부로서 앞으로 이 부분에서 자라가려면 당신이 해야 할 일은 무엇인가?

3 당신 부부의 성생활에서 쾌락이 가장 격렬하게 느껴졌던 한두 번의 때에 대해 배우자와 대화해 보라. 어떻게 그렇게 되었는가? 배경은 어땠는가? 이를 통해 당신의 부부관계에 대해, 그리고 앞으로 갈망을 가꾸는 법에 대해 배울 수 있는 것은 무엇인가?

4 아내들이여, 당신은 남편의 성욕의 주기를 알고 있는가? 남편들이여, 섹스가 강박증처럼 느껴지기 전까지 당신이 섹스 없이 버틸 수 있는 기간이 얼마나 되는지 아내에게 솔직히 말해 주라.

5 아내들이여, 당신에게 성적으로 가장 만족을 주는 게 무엇인지 남편에게 담대히 말해 주라. 남편에게 과녁을 알려 주라! 남편이 거기에 초점을 맞추는 것은 건강한 일이며, 당신에게 톡톡한 보상이 돌아갈 것이다.

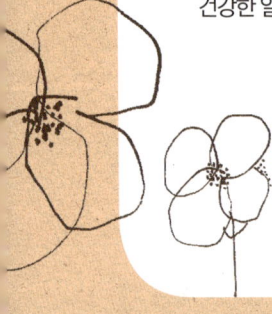

Prayer

우리의 창조주 하나님이여, 주께서 우리의 몸과 뇌를 설계하셨고 우리를 남편과 아내로 부르셨습니다. 우리 부부가 성적인 쾌락의 친밀함을 담대히 주장하게 하소서. 용기를 주셔서 서로에게 솔직해지게 하시고, 침실 바깥에서 새로운 차원의 친밀함에 도달하여 침실 안에서도 새로운 차원의 쾌락과 만족에 이르게 하소서. 우리에게 종의 마음과 깨끗한 양심을 주셔서 부부간의 사랑의 깊이를 그것으로 측량하게 하소서. 예수님의 이름으로 기도합니다. 아멘.

> 힘들여서
> 거창하게보다
> 작지만 꾸준하게!

21

어떤 남자가 결혼에 대한 나의 강연을 듣고 내가 제의한 대로 적용하기로 했다. 남자들이 성적인 유혹에 부딪칠 때마다 이를 계기로 아내를 위해 적극적으로 뭔가를 하자는 내용이었다. 남자가 다른 여자들에 대한 정욕을 물리치는 최고의 방법 중 하나는 아내를 사랑하는 일에 몰두하는 것이다. 넘어지지 않는 데 급급하기보다 넘치도록 사랑하는 데 집중하면 훨씬 성과가 좋다. 그래서 아주 실제적으로 말해서 우리에게 유혹이란 죄에 빠질 기회가 아니라 오히려 부부관계에 주목할 기회다.

이 남자의 경우에 그 조언이 큰 도움이 되었다. 그가 평소보다 일찍 퇴근해 보니 집에 아내가 없었다. 평소 같았으면 그럴 때 포르노를 보려는 유혹이 거세게 고개를 쳐들었을 것이다.

그는 내 말을 떠올리며 평소에 아내가 하던 집안일을 대신 하기로 했다. 잔디를 깎은 것이다.

집에 돌아온 아내는 잔디 깎는 기계를 치우는 그를 보고 충격을 받아 물었다. "웬일이에요?"

"아무것도 아니오. 집에 일찍 왔는데 잔디가 자라 있기에 당신이 바쁜 것 같아 내가 좀 거든 것뿐이오."

아내는 진심으로 고마워 하며 그를 껴안아 주었다. 몇 주 만에 처음인 것 같았다.

"단순히 그것 하나 한 것뿐인데 이렇게 큰 변화가 뒤따를 줄은 몰랐습니다." 나중에 그가 한 말이다.

때로 사람들은 마치 "죄를 버리면" 손해인 것처럼 말한다. 내가 자주 말하는 것은 죄의 대가(對價)다. 죄는 우리에게서 뭔가를 앗아간다. 우리는 대부분 바쁘다. 아무 죄에든 죄에 빠지면 그것이 시간을 잡아먹어 뭔가 다른 것이 죽어야 하는데, 대개는 좋은 것들이 죽는다. 기회가 날아가고 관계가 방치된다. 그뿐 아니라 죄는 우리를 자아에 매몰되게 하고, 그래서 우리는 주는 데 집중하는 삶에서 오는 감격스러운 기쁨을 잃는다.

당신은 자신이 어느 특정한 죄 때문에 무엇을 잃고 있는지 자문해 본 적이 있는가? 그 죄에 드는 대가는 무엇인가? 단순히 그 죄를 끊는 데 집중하기보다 이 유혹을 계기로 사랑의 행위를 실천해 보면 어떨까? 누군가의 허드렛일을 해 주라. 격려의 편지를 쓰라. 뜻밖의 선물을 준비해 보라. 사랑하는 사람에게 이메일이나 문자를 보내라.

이 모든 가르침은 다음과 같은 나의 이해에 기초한 것이다. 우리는 실제로 유혹을 이용해 그리스도를 더 닮아갈 수 있다. 이상하게 들릴지 모르지만, 그리스도인의 **삶**이란 곧 주는 것임을 알면 그렇지도 않다. 유혹을 계기로 줄 수 있다면 유혹에 무너지는 게 아니라 오히려 그것을 선용할 수 있다.

참된 제자의 가장 확연한 변화는 쾌락과 자신의 안락을 위해 살던 이기적인 사람이 남을 헌신적으로 섬기는 제자로 바뀌는 것이다.

"내가 모든 사람에게서 자유로우나 스스로 모든 사람에게 종이 된 것은 더 많은 사람을 얻고자 함이라"(고전 9:19).

예수의 특징은 그분이 주시는 분이라는 것이다. 그분의 가장 큰 사랑은 다른 사람들을 위해 자신의 목숨을 주시는 것으로 나타났다. 그분이 친히 말씀하셨듯이 이보다 더 큰 사랑은 없다(요 15:13).

예수께서 참으로 우리 안에 살고 계신다면 우리도 주지 않고는 배길 수 없다. 어떻게든 주고 싶고, 주는 게 즐겁고, 줄 기회를 애써 찾게 된다. 우리는 주는 일에 결코 지쳐서는 안 된다.

"우리가 선을 행하되 낙심하지 말지니 포기하지 아니하면 때가 이르매 거두리라. 그러므로 우리는 기회 있는 대로 모든 이에게 착한 일을 하되 더욱 믿음의 가정들에게 할지니라"(갈 6:9~10).

두 여인이 쓴 훌륭한 매일의 묵상집이 20세기 초반에 엄청난 베스트셀러가 되었다. 《주님의 음성》(규장)에 보면 그들은 하나님이 자신들에게 이렇게 말씀하시는 것을 느꼈다. "풍성하게 주라. 너희가 부자임을 느끼라. 마음속에 일체 인색한 생각을 품지 말라. 사랑도 주고 생각도 주고 너희에게 있는 모든 것을 주라. 너희는 세상 최고의 주시는 분을 따르는 사람들이다. 시간, 개인의 안락과 위안, 안식, 명예, 치유, 권력, 동정, 이 모두와 그 이상을 다 주라. 이 교훈을 배우면 너희는 큰 동력이 되어 사람들을 돕고 능한 일을 할 것이다."[1]

주고 주고 또 주라.

형제자매들이여, 우리 삶의 소명 중에서 주고 주고 또 주는 법을 결혼생활과 자녀 양육처럼 잘 가르쳐 주는 게 또 있을까? 이 훈련장에서 우리는 주 예수의 통치를 받는다는 의미를 깨우친다. 최고의 주시는 분인 그분이 우리에게 성령을 주시기에 우리도 성령의 강권하심과 능력으로 말미암아 한없이 줄 수 있다.

당신의 이기심을 흙 묻은 축축한 옷이라 생각하라. 피곤할 때는 옷을 벗기도 귀찮다. 아무 데도 흙이 묻지 않게 하면서 축축한 셔츠를 머리 위로 당기고 바지를 밑으로 잡아 빼야 한다. 그냥 그대로 앉아 있는 게 훨씬 쉽다. 그러나 옷을 벗고 샤워하고 깨끗한 옷으로 갈아입을 때의 그 개운하고 상큼한 기분을 생각해 보라.

하늘을 날아갈 것 같다!

우리는 자신의 이기심을 벗겨내야 한다. 그것은 더럽고 축축해 결국 우리를 병들게 한다. 그냥 그대로 앉아 있는 게 가장 쉽지만, 하나님은 우리가 그것을 벗겨내고 씻고 성령으로 옷 입기를 원하신다. 성령은 주시는 영이다. 어떤 사람들은 거룩함이 결혼생활에 부담이 된다고 말한다. 웃음이 대화에 부담이 되고 다정한 애무가 살갗에 부담이 된다면 거룩함도 결혼생활에 부담이 되리라.

주는 것이 받는 것보다 복이 있다고 예수께서 친히 말씀하셨다(행 20:35). 그러므로 이것은 진리다. 예수의 경제학에서는 주는 게 받는 것보다 낫다. 그렇다면 당신이 주기만 하고 받는 건 별로 없다는 그 불평은 무엇인가? 예수에 따르면 당신은 횡재한 셈이다. 당신은 하늘에 엄청난 상을 쌓으며 일취월장 자라고 있다. 그런데 당신의 가련한 배우자는 차갑고 축축하고 더러운 옷을 입은 채로 그냥 앉아 있다. 당신이 딱하게 여겨야 할 사람은 자신이 아니라 배우자다!

그게 아니라면 당신은 예수의 그 말씀이 진리임을 믿지 않는다는 말인가?

하나님은 가정을 통해 당신이 주는 삶을 중요하게 여기게 되기를 바라신다. 그분의 바람대로 따르겠는가? 주는 삶을 받아들이겠는가? 나아가 이렇게 풍성히 줄 수 있는 장을 당신에게 허락하신 하나님께 감사하겠는가?

선을 베풀기를 아끼지 말라

많은 사람이 정의하는 탁월한 배우자의 기준은 우리가 하지 **않는** 행동에 있다. 나는 배우자를 거칠게 대하지 않고, 배우자를 험담하지 않고, 배우자에게 소리 지르지 않고, 바람을 피우지 않는다는 식이다. 그러나 잠언 3장 27절은 그것을 새로운 차원으로 끌어올려, 탁월함은 단지 우리가 삼가는 일에 있는 게 아니라 우리가 **행하는** 일에 있다고 말한다.

잘 들어 보라. "네 손이 선을 베풀 힘이 있거든 마땅히 받을 자에게 베풀기를 아끼지 말며." 당신에게 배우자를 축복할 기회도 있고 능력도 있는데 게으름이나 악의나 이기심 때문에 일부러 행동을 거둔다면 당신은 이 가르침을 정면으로 위반하는 것이다. 이 구절의 관점에 따르면 죄란 단지 "작위(作爲)"가 아니라 "부작위(不作爲)"다.

아내가 대화를 원하는데 내가 그럴 능력이 있으면서도 응하지 않는다면 잠언 3장 27절에 따르면 그것은 문제다. 아내에게 격려가 필요한데 내가 너무 바빠 알아차리지 못하거나 너무 무심해 아내를 세워 줄 창의적 방법을 찾아내지 못한다면 그것은 문제다. 배우자가 보기에 부부의 성생활이 메말라 버렸는데 내가 총력을 기울여 그것을 되살리지 않는다면 그것은 문제다. 배우자가 가계 재정 때문에 엄청난 스트레스를 받는데 내가 나서서 더 잘 관리하지 않는다면—수입을 늘리든 지출을 줄이든 둘 다를 통해서든—나는 성경에 역행하는 것이다.

"나는 이러이러한 일을 하지 않기에 탁월한 배우자다"라고 말할 게 아니라 거기서 한 걸음 더 나아가 이렇게 말하면 어떨까? "나는 탁월한 배우자가 되고 싶기에 오늘 이러이러한 일을 할 것이다."

당신이 배우자나 자녀에게 베풀 능력이 있는데도 어떤 이유에서든 베풀지 않고 있는 선(善)은 무엇인가? 안 한다고 해서 반드시 부작위의 "죄"에 해당되는 것일 필요는 없다(자녀에게 먹을 것을 주지 않거나 배우자와의 대화를 끊는 것은 명백한 죄다). 배우자나 자녀에게 복이 될 게 분명하고 당신에게 그럴 만한 능력이 있는데도 어떤 이유에서든—게으름, 무관심, 바쁜 삶 등—당신이 하지 않고 있는 일을 좀 더 깊이 생각해 보라. 주는 관점의 결혼을 받아들이라. "환상의 5개 항"이 도움이 될 것이다.

환상의 5개 항

아무래도 숫자 5에 뭔가가 있나 보다. 게리 채프먼(Gary Chapman)의 책 《5가지 사랑의 언어》(생명의 말씀사)는 베스트셀러 목록에 오른 지 하도 오래되어 이끼가 길 정도다. 더 최근에 션티 펠드한(Shaunti Feldhahn)은 《행복한 결혼의 뜻밖의 비결》(*The Surprising Secrets of Highly Happy Marriages*)이라는 베스트셀러를 썼다. 두 책 모두에 배우자를 사랑하는 법에 대한 정보가 풍성히 들어 있다.

이들 두 저자는 통째로 책 한 권씩을 들여 우리의 사랑을 충분히 준비시켜 주려 했다. 그러니 한 장도 아닌 절반의 지면에 내가 무엇을 할 수 있겠는가? 글쎄, 우선 그 책들 중 하나나 둘을 다 읽어서 더 보충하라고 말할 수는 있겠다. 하지만 웬만한 독자들은 어차피 그 책들을 이미 읽었을 테니 그냥 여기에 그 내용을 아주 간략히 요약하려 한다. 물론 다들 알다시피 배우자마다 다 다르다. 배우자가 받고 싶어 하는 게 무엇인지 알려면 각자 자신의 남편이나 아내를 잘 살펴야 한다. 나의 배우자가 다르게 반응한다면 아무리 99%의 배우자가 일정한 반응을 보인다 해도 큰 의미가 없다.

게리 채프먼이 말한 5가지 범주—인정의 말, 함께하는 시간, 선물, 봉사, 신체 접촉—는 이미 유명해졌다. 이 5가지 방식으로 배우자를 사랑하는 법에 대한 설명과 제안이 그의 책에 나와 있다.

션티는 연구를 바탕으로 남녀별 "환상의 5개 항"을 찾아냈다. 대다수 남편이 동의한 바에 따르면 남자는 아내가 다음 5가지를 해 줄 때 사랑받는다고 느낀다.

1 남편의 수고를 알아보고 진심으로 고마워한다.
2 "당신이 무엇무엇을 한 것, 참 잘했어요"라고 말해 준다.
3 다른 사람들 앞에서 남편을 칭찬해 준다.
4 남편을 성적으로 갈망하고 있고 남편을 통해 성적인 만족을 얻고 있음을 표현한다.
5 남편 덕분에 행복하다는 것을 분명히 알린다.

남자들이 아내에게 해 주어야 할 "환상의 5개 항"은 다음과 같다.

1 아내의 손을 잡아 준다.
2 아내를 생각하고 있다는 메시지(음성, 문자, 이메일)를 남긴다.
3 걸을 때는 아내에게 팔을 두르고 허리에 손을 대고, 공공장소에서는 아내의 무릎에 손을 얹는다.
4 "당신, 아름다워요"라고 말해 준다.
5 기분이 언짢거나 우울할 때는 이를 극복하거나 대화로 풀어야지 아내를 피해서는 안 된다.

이 모두가 능동적 요소임에 주목하기 바란다. 이 모두는 선물이고, 내 쪽에서 주도해야 함이 전제되어 있으며, 삶이란 곧 주는 것이라는 예수의 명제에 부합된다.

행복한 결혼생활을 원한다면 주는 사람이 되어야 한다. 배우자의 행복한 결혼생활을 원한다면 당신이 주는 사람이 되어야 한다. 정말 마음만 있다면 지금의 부부들은 이 목표를 이루기 위한 자원과 도구와 전반적 지식이 이전 어느 세대의 그리스도인들보다도 많다고 할 수 있다. 그렇게 된 데는 기독교 출판사들의 공로도 빼놓을 수 없다. 우리는 정말 사랑에 탁월해질 수 있다. 션티에 따르면 그 결과로 행복에도 탁월해질 수 있다.

힘들여서 거창하게가 아니라 느리더라도 꾸준하게

오래전에 내 친구 케빈 하니(Kevin Harney)가 약속을 지키는 사람들(Promise Keepers) 집회에 갔는데, 강사가 모든 남자에게 당부하기를 집에 돌아가 아주 실제적인 방식으로 아내를 사랑하기로 결단하게 했다. 어떤 남자들은 아내의 차를 세차해 주겠다고 자리에서 일어나 말했다. 어떤 사람은 양말을 잘 치우겠다고 했고, 다른 사람은 이제야 아내의 컴퓨터에 새로운 프로그램을 설치해 주겠다고 했다.

케빈은 대답하기 전에 기도했다(늘 위험한 일이다). 그런데 하나님이 이렇게 물으시는 게 느껴졌다. "셰리(Sherry)가 가장 하기 싫어하는 일이 무엇이냐?"

그거야 쉬웠다. 잠자리를 정돈하는 일이었다.

'알았습니다. 집에 가면 앞으로 5일 동안 잠자리를 정돈하겠습니다.' 케빈은 그렇게 생각했다.

그런데 하나님은 이렇게 대답하시는 것 같았다. "내 말은 그런 뜻이 아니다. 매일 하면 어떻겠냐? 그리고 그때마다 아내를 위해 기도하는 거다."

하나님은 케빈에게 평생의 헌신을 원하셨다. 말이 났으니 말이지만 그는 그 결단을 잘 지켜 왔다. 사실 최근에 계산해 보니 자신이 잠자리를 정돈하며 아내를 위해 기도한 게 어느덧 6천 회에 달한다고 한다. 심지어 그는 호텔에 묵을 때도 똑같이 한다. 아내를 위해 기도할 기회를 놓치고 싶지 않아서다.

친밀한 결혼의 기초는 거창한 순간들이 아니다. 물론 분에 넘치는 프러포즈라든가 생일이나 기념일의 대대적인 행사는 즐거운 한때가 될 수 있다. 그러나 무관심 일색의 황무지에서 가끔 파티를 즐긴 부부들이 이혼 법정에 넘쳐난다.

참으로 사랑을 키우려면 거창한 몸짓으로 사태를 수습하려 하기보다 작게 시작해 꾸준히 지속하는 게 낫다. 부부관계에 불안한 조짐이 보이거나 배우자 쪽에서 이에 대해 잔뜩 불만을 표할 때면, 한 번의 거창한 회개 행위로 상황을 해결하면 된다는 생각이 솔깃하게 다가온다. 문제는 거창한 몸짓을 계속할 수는 없다는 것이다. 그것은 나중에 시간이 지날수록 단맛이 빠지면서 허망해 보인다. 심지어 헛된 기대감마저 불러일으킨다. "거봐, 남편(또는 아내)도 나한테 잘해 줄 수 있잖아." 얄궂게도 이런 방식은 오히려 상황을 악화시킨다. 그런 일이 계속되지 않으면 그 전후의 공허함만 더욱 드러난다.

내가 션티의 가르침을 특별히 좋아하는 것은 작은 일을 꾸준히 한다는 개념을 잘 담아냈기 때문이기도 하다. 매일 반복해서 작은 친절을 베푸는 게 한번 후하게 인심을 써서 깜짝 놀라게 해 주는 것보다 훨씬 발전적이다. 예컨대 "당신은 도무지 나를 알아주지 않아요"라고 말하는 아내에게 당신이 외식을 시켜 주고, 카드에 고마운 점 50가지를 써 주고, 비싼 선물을 사 준다 하자. 아내는 몇 시간 동안은 인정받은 기분이 들 것이다. 그러나 당신이 문제가 해결된 줄로 알고 곧바로 이전의 모습으로 돌아간다면 72시간 후면 상태가 오히려 악화될 것이다. "눈치"가 빠하면서도 지금은 짐짓 모른 척하는 당신에게 아내는 화가 날 것이다. 그러나 만일 당신이 연속 50일간 시간을 내서 아내를 알아주기로 작정하고 날마다 새로운 점을 한 가지씩 말해 준다면, 일회성 사건으로는 어림도 없을 만큼 부부관계가 훨씬 진전될 것이다. 거기에 일주일에 4~5일씩 작은 친절까지 베푼다면 금상첨화일 것이다. 아울러 이런 방식으로 하면 당신의 내면까지 변화되는데, 이는 단번의 거창한 몸짓으로는 불가능한 일이다.

남편이 성적인 애정에 굶주려 보인다 하자. 호텔에서 둘이 특별한 하룻밤을 보내면 남편이 당분간 만족할 거로 생각한다면 그것은 서글픈 오산이다. 당신이 계획하고 잘 차려입고 섹스를 주도해 남편을 놀라게 해 준다 해도 말이다. 그렇게 하면 남편은 욕구가 고조되어 그것을 더 원할 뿐이다. 그럴수록 그것의 부재가 더 아쉽게 느껴질 것이다. 한 번의 거창한 몸짓으로 상황이 호전될 거로 생각하기보다는 일주일에 두세 번씩 꾸준히 성적인 사랑을 보여 주는 게 훨씬 낫다.

결혼의 관건은 성품을-각자의 성품만 아니라 관계의 성품까지-기르는 일이다. 그런데 성품은 작은 선택들이 꾸준히 계속될 때 자라간다. 친절을 베풀겠다는 선택, 경청하겠다는 선택, 함께 기도하겠다는 선택 등을 통해 우리는 더 친절하고 더 겸손하고 더 영적으로 친밀한 개인과 부부가 된다. 거창한 몸짓은 더 많은 것에 대한 욕구를 자극할 뿐 대개 영혼을 만족하게 해 주지 못한다.

"힘들여서 거창하게"나 "대단하지만 뜸하게"보다 "작지만 꾸준하게"가 훨씬 큰 진척을 이루어 낸다. 자신이 할 수 있는 일을 선택하라. 그리고 그 일을 꾸준히 하라.

당신의 배우자의 젤로는 무엇인가?

내 친구 폴과 버지니아 프리젠(Paul & Virginia Friesen)은 한 친구의 38년 된 결혼이 암 때문에 슬프고 고통스럽게 끝나는 모습을 지켜보았다. 가슴 아픈 일이었다. 웬디(Wendy)는 참담한 심정으로 남편에게 마지막 작별을 고해야 했다.

웬디의 표현으로 그녀와 존(John)은 "달콤한 결혼생활"을 했다. 그 달콤한 결혼생활의 일부로 그들은 해마다 두 번씩 하와이에 가곤 했다. 그 섬에는 둘이 함께 나눈 삶의 특별한 추억에 많이 서려 있었다. 존 없이 처음 하와이에 다시 갈 때 웬디는 폴과 버지니아에게 동행을 부탁했다. 이번만은 차마 혼자 갈 수가 없었다.

세 사람이 태평양을 내려다보며 발코니에서 함께 점심을 먹던 중에 웬디가 울음을 터뜨렸다.

"왜 그래요, 웬디?" 폴이 물었다.

그녀의 입에서 뜻밖의 대답이 나왔다. "존에게 젤로(Jell-O)를 더 많이 만들어 줄 걸 그랬어요!"

젤로라니? 이미 떠난 남편을 두고 젤로를 생각하고 있다니?

나머지는 폴과 버지니아의 설명으로 직접 들어 보자.

"그러면서 웬디가 웃음과 울음을 섞어 가며 하는 말이 존이 젤로를 아주 좋아했다는 것이다. 신혼 초부터 그는 늘 젤로를 만들어 달라고 했다고 한다. 그런데 웬디는 자기가 젤로를 좋아하지 않아서 대부분 퇴짜를 놓았다고 한다. 설탕과 색소뿐이라 영양가는 없고 열량만 높다면서 말이다. 그런데 이제 와서 돌아보며 그녀는 이렇게 되뇌었다. '왜 그냥 남편에게 젤로를 만들어 주지 않았을까?' 이어진 대화 중에 이런 말도 했다. '진짜 이유는 영양가 따위가 아니었어요. 내가 싫어하는 거라 그냥 만들어 줄 마음이 없었던 거죠. 만들기도 쉬운데, 그거면 남편의 하루를 좀 더 기쁘게 해 줄 수 있었을 텐데 ... 젤로를 더 많이 만들어 줄 걸 그랬어요.'"

훗날 당신의 결혼생활을 되돌아볼 때 당신의 "젤로"는 무엇이 될까? 당신이 배우자에게 주기를 거부했던 그 별것도 아닌 작은 것은 무엇일까? 폴과 버지니아는 이런 예리한 통찰을 덧붙였다. "나는 우리가 배우자의 필요를 자신보다 앞세울 때 최고의 모습이 되도록 지어졌다고 굳게 확신한다. 그렇게 하면 신기하게도 우리가 열망하던 친밀함이 정말 이루어진다. 웬디가 존에게 젤로를 더 많이 만들어 주지 못한 것을 아쉬워했듯이 우리도 사노라면 각자의 결혼생활을 돌아볼 때가 있을 것이다. 어떻게 하면 내가 바라던 결혼생활, 하나님이 지으신 본연의 결혼생활에 더 가까워졌을지 반추하게 될 것이다."[2]

어떻게 하면 그렇게 될까? 당신의 배우자의 "젤로"는 무엇인가?

은밀한 섬김

이와 관련해 마지막으로 생각해 볼 것은 우리의 행위를 은밀하게 한다는 성경적 개념이다. 물론 부부관계에는 확연히 눈에 보이는 사랑과 섬김과 베풂의 행위가 있어야 한다. 그러나 내가 믿기로, 소망을 심판 날에 둔 참으로 신성한 결혼에는 "은밀한 섬김"의 순간도 많이 있어야 한다. 배우자를 위해 뭔가를 하되 배우자가 눈치를 채거나 알지 못하게 하는 것이다.

이것은 4중의 승리를 안겨 주는 영적 연습이다. 배우자는 섬김을 받고(승리1), 주목받고 인정받으려는 나의 욕심은 십자가에 못 박히고(승리2). 그리하여 나는 참된 이타적 사랑의 행위에서 자라 갈 수 있다(승리3). 나아가 예수는 우리의 행위가 은밀하게 이루어질 때 하늘의 상을 기대할 수 있다고 말씀하신다(승리4).

이것은 즐겁고 아주 유익하면서도 하나님께 드리는 예배가 될 수 있다. 어떻게 하면 은밀한 섬김의 행위로 당신의 배우자를 사랑할 수 있을지 지금 잠시 시간을 내서 생각해 보라.

평생사랑 가꾸기

1 지금 당신의 삶 속에서 가장 큰 유혹은 무엇인가? (죄에 빠지는 게 아니라) 유혹에도 불구하고 배우자를 섬기면, 그 유혹을 물리치는 데 도움이 될 수 있다. 당신의 경우는 어떻게 그럴 수 있겠는가?

2 "네 손이 선을 베풀 힘이 있거든 마땅히 받을 자에게 베풀기를 아끼지 말며" (잠 3:27). 당신이 배우자에게 베풀기를 아끼고 있는 선이 있는가?

3 당신 자신의 "환상의 5개 항"을 직접 작성해 보라. 배우자가 어떻게 해 주면 당신은 특별히 사랑받는다고 느끼겠는가? 작지만 꾸준히 할 수 있는 5가지 일을 적어 보라. 이번에는 당신이 생각하는 배우자 쪽의 "환상의 5개 항"도 작성해 보라(션티의 목록을 출발점으로 활용해도 좋다). 나중에 데이트의 밤에 서로의 목록을 교환한 뒤 서로를 향한 사랑에서 자라간다는 주제로 대화해 보라.

4 "삶이란 곧 주는 것"이라는 사고방식을 몸에 익히기 위해 당신이 시작할 수 있는 매일의 작은 행위(예컨대 케빈 하니가 잠자리를 정돈하며 아내를 위해 기도하는 것과 같은)는 무엇인가?

5 다음 달에 어떻게 "은밀한 섬김"으로 배우자를 사랑할 수 있을지 기도해 보라. 당신이 하는 일을 하나님만이 아셔야 한다.

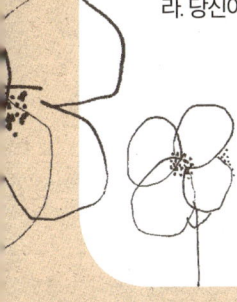

Prayer

진리의 하나님이여, 주께서 주는 것이 받는 것보다 복이 있다 하셨으니 우리 마음을 다해 그 말씀을 믿게 하소서. 우리는 이기적인 존재라서 한사코 그 반대로 생각하려 합니다. 주님의 진리를 읽었으니 이제 그 진리를 확신하게 하소서. 우리 마음을 새롭게 함으로 변화를 받아 후히 베푸는 사람이 되게 하소서. 서로의 필요와 갈망을 이해하게 하소서. 서로에게 응원과 격려가 될 작은 행위들을 찾아내서 주님처럼 너그러운 마음으로 열심히 그대로 실행하게 하소서. 예수님의 이름으로 기도합니다. 아멘.

에필로그

설교 예화 사전(Sermon illustration dictionary)에서 "a lifelong love"를 찾는다면 거기 짐과 앤 피어슨(Jim & Anne Pierson)의 사진이 실려 있을 것이다. 이 부부는 내 성인기의 대부분에 걸쳐 몇 년에 한 번씩 조우한 나의 핼리 혜성이다. 나는 케어 네트(Care Net)에서 섬기던 20대 때에 그들을 만났는데, 당시에 그들은 러빙 앤 케어링(Loving and Caring)이라는 비슷한 성격의 사역기관을 따로 운영하고 있었다. 우리는 여러 수련회나 집회에서 마주칠 때마다 서로의 근황과 사역을 나누곤 했다. 그들은 나의 자녀들이 자라는 것과 내 머리가 벗겨지는 것을 보았다.

30대에 케어 네트를 떠나 집필과 강연에 집중한 뒤로도 나는 여전히 여기저기 집회에 불려 다녔는데, 그때마다 짐은 나의 안식처였다. 나는 정서가 불안한 내성적 성격인데 외향적인 일로 부름 받았다. 그런 나에게 짐이 강의 시간 사이사이마다 든든한 피난처가 되어 주었다. 앤도 늘 나를 격려하고 믿어 주었다. 하나님이 나를 쓰시고 계시다고 그녀가 어찌나 열정적으로 말하던지 정서가 불안한 나까지도 그 말을 믿지 않을 수 없었다. 앤은 내가 당시에 막 시작한 일을 이미 10년 넘게 해 온 훌륭한 본보기였다.

짐은 워낙 거구라서 내 생각에 160~180kg까지 올라가지 않는 체중계는 그에게 무용지물이었을 것이다. 그는 허리둘레도 컸지만, 마음은 그보다 더 커서 수많은 사람에게 아빠, 목사, 상담자, 멘토가 되어 주었다. 아주 재미있는 면도 있었지만(언젠가 나는 그가 호텔용 소형 비누를 자신의 복부 앞에 들고는 장내의 모든 사람에게 "그러니까 이걸로 충분하단 말입니까?"라고 묻는 것을 본 적이 있다) 대체로 그는 막후에서 일했다. 앤은 교사이고 강사이고 훈련자였다. 짐은 앤이 강의할 때 서적 판매대에서 앤의 책을 소개하며, 앤의 일이 원활히 돌아가게 해 주었다.

짐이 슬쩍 자신에게 시선을 끌던 때도 있긴 있었다. 앤의 워크숍 때마다 그녀가 소개되고 나면 곧바로 짐은 맨 뒷자리로 빠지면서 스티비 원더(Stevie Wonder) 노래의 맨 앞 소절을 큰 소리로 부르곤 했다.

"그녀는 아름답지 않은가? 훌륭하지 않은가?"

여성이 대부분이던 청중은 자기 아내를 그토록 잘 인정해 주는 남편의 모습에 열광했다.

안타깝게도 짐은 길고도 힘겨운 죽음을 맞이했다. 특이한 종류의 공격적인 암에 걸려 의료진이 진단 후 두 주 내로 주님 곁으로 갈 거라고 말했을 정도였다. 짐은 7개월을 버텼으나 그 기간은 잔혹했다. 간간이 놀라운 사역의 시간도 있긴 했지만 말이다. 작별 인사를 하려고 그의 병실에 줄을 선 사람들이 어찌나 많았던지 지금도 앤은 남편이 그들을 위해 더 버텼다고 생각한다.

생명유지 장치와 관련된 의료비용이 워낙 비싸서 일찍이 짐이 주님께로 인도했던 한 부유한 사업가의 도움이 아니었다면 짐의 가정은 파산했을 것이다. 짐은 여러 해 동안 매주 전화로 그를 주님의 제자로 양육했었다.

"짐 덕분에 저는 훨씬 좋은 사람, 훨씬 좋은 아버지, 훨씬 좋은 남편이 되었습니다. 병원비를 제가 부담하고 싶습니다, 앤."

"얼마나 큰돈인지 모르시는 것 같군요." 앤이 말렸다.

그러자 그는 이렇게 대답했다. "짐이 저의 삶에 얼마나 큰 영향을 미쳤는지 모르시는 것 같군요. 제가 꼭 해 드리고 싶습니다."

마침내 짐을 사별한 앤은 다음번 집회에 갈 때 마음이 무거웠다. 늘 짐이 곁에 있었는데 이제 자신이 소개되어도 그가 열창하는 스티비 원더의 노래를 들을 수 없게 되었다. 그녀는 마음을 다잡아야 했다.

과연 소개가 끝나고 앤이 눈을 들어 보니 장내는 온통 침묵에 휩싸여 있었다. 그녀는 청중에게 사과했다. "죄송합니다. 잠깐 기도 좀 하고요."

그녀는 하나님께 힘을 얻고자 고개를 숙였다. 그런데 눈을 떠 보니 눈앞에 꽃병이 놓여 있었다. 앤은 깜짝 놀라 움찔했다.

"이게 뭐죠?" 그녀가 청중에게 물었다.

맨 앞줄의 한 여자가 설명하기를 그날 아침 자신이 눈을 떴는데, 강연을 시작하기 직전에 앤에게 뭔가 격려가 필요할 거라는 하나님의 감화가 느껴졌다고 했다. 그래서 남편을 시켜 꽃병에 든 꽃을 사 오라고 했다.

그러자 남편이 물었다.

"그런 걸 어디 가서 구한단 말이오? 여기는 우리 동네도 아닌데."

"어떻게든 구해 봐요." 그녀가 말했다.

그래서 그가 꽃을 사 왔다. 이어 앤은 그 자리에 모인 청중에게 말하기를,

강연하기 전마다 짐이 늘 노래를 불러 주었는데 이번에는 눈을 떠도 아무런 소리가 들리지 않을 게 무척 두려웠다고 했다. 또 이 꽃이 자신에게 얼마나 큰 의미가 있는지 모른다며, 비록 남편은 곁에 없어도 하나님이 여전히 그녀와 함께 계셔서 끝까지 도와주신다는 증거라고 말했다. 많은 사람이 들으며 눈시울을 적셨음은 물론이다. 그 남편은 아내가 꽃을 사오라고 했을 때 완강히 거부했었노라고 고백하며 앤에게 이렇게 말했다. "이제부터 저도 남편으로서 달라지겠습니다. 이런 작은 것들이 정말 얼마나 중요한지 몰랐습니다."

짐은 **죽어서도 또 한 남자를 주님의 제자로 양육한 셈이다.**

짐이 세상을 떠난 후 앤을 처음 만났을 때 나는 그녀의 훌륭한 남편을 함께 기억하며 약 15분 단위로 눈물을 억제해야 했다. 앤은 나를 호텔에 내려 주면서 잠시 이렇게 말했다. "나는 참 복도 많지요, 게리. 사람들에게 투자하고 그것을 남편과 공유했으니 이보다 복된 삶은 없을 거예요."

사람들이 늘 재능이 뛰어난 앤 피어슨을 극찬한다. 그런데 사역의 현장에서 내게 그녀의 이름이 한 번 들려올 때마다 "짐과 앤 피어슨"은 열 번도 더 들려왔다. 이들에게는 그 복된 단일한 정체성이 있었다. 이 두 사람은 그야말로 일심동체의 한 쌍을 이루었다.

짐과 앤에게는 웬만한 사람들이 생각하는 화려한 결혼생활의 요소는 별로 없었다. 평생 사역에만 몸담아 온 그들은 돈이 너무 없어, 짐이 자신의 딸에게 새 차를 사 주려고 유언장에 소액의 유산(1만 달러 이하)을 남길 때도 앤의 허락이 필요하다고 느꼈을 정도다. 그들은 앤젤리나 졸리와 브래드 피트 부부처럼 생기지도 않았다. 짐의 부고는 지방 신문에 실렸을 뿐 저녁 뉴스나 하다못해 기독교 잡지에도 언급되지 않았다. 하지만 당신이 아는 사람들 중에 소박하지만 영적으로 열매가 많았던 삶을 돌아보며 정직하게 이렇게 말할 수 있는 사람이 몇이나 되는가? "나는 참 복도 많지요. 사람들에게 투자하고 그것을 남편과 공유했으니 이보다 복된 삶은 없을 거예요."

꼭 아름답지 않아도 된다(짐과 앤은 모든 면에서 아름다웠지만 말이다). 부자일 필요도 없다. 유명하지 않아도 그런 삶을 누릴 수 있다. 당신도 짐과 앤처럼 되기만 하면 된다. 그들은 하나님을 예배했고, 의지적으로 그분의 나라와 의를 먼저 구했고, 사람들의 삶에 투자했고, 영원한 보상을 거두었다.

하나님은 당신도 그렇게 되기를 원하신다. 평생사랑과 작별할 때 당신의 입에서도 비슷한 고백이 나오기를 원하신다. "사람들에게 투자하고 그것을 배우자와 공유했으니 이보다 복되고 풍성한 삶은 없을 것이다."

예레미야 31장으로 이 책을 시작했으니 끝마무리도 거기서 하기로 하자. 하나님은 예레미야를 통해 "내가 영원한 사랑으로 너를 사랑하기에 인자함으로 너를 이끌었다 … 내가 다시 너를 세우리니 네가 세움을 입을 것이요"(3~4절)라고 말씀하신 뒤에 이렇게 덧붙이셨다.

"내가 그들을 넘어지지 아니하고 물 있는 계곡의 곧은길로 가게 하리라. 나는 이스라엘의 아버지요"(9절).

하나님은 우리를 걷게 하신다. "곧은길"로 인도하시며 넘어지지 않게 하신다. 그 이유가 무엇인가? 그분은 우리의 아버지시며 결혼한 후에는 시아버지나 장인이시다.

"그들이 와서 시온의 높은 곳에서 찬송하며 여호와의 복[을] ... 얻고 크게 기뻐하리라. 그 심령은 물 댄 동산 같겠고 ... 내가 그들의 슬픔을 돌려서 즐겁게 하며 그들을 위로하여 그들의 근심으로부터 기쁨을 얻게 할 것임이라 ... 내 복으로 내 백성을 만족하게 하리라. 여호와의 말씀이니라"(12~14절).

거룩함은 행복의 적이 아니라 행복의 수호자다. 부부관계에서 거룩하게 살면 하나님의 복으로 만족하고도 남는다.

안경 너머로 나를 바라보던 앤의 눈은 노안이었지만 만족한 눈이었다. 하나님의 복을 확신하며 날마다 감사하는 눈이었다.

결혼생활을 바쳐 하나님을 섬기면 그야말로 복되고 보람찬 삶이 된다. 그런 삶에 온전히 헌신하자. 죽는 날까지 "부부의 집"을 계속 지어 나가자. 서로를 추구하고 용서하고 사랑하면서 평생을 함께 자라가자. 그렇게 하면 우리도 앤처럼 평생사랑을 풍성한 복으로 누리게 된다.

부록
하나님은 가정 폭력을 미워하신다

크리스마스 이틀 전에 나는 우리 서재의 작은 탁자에 놓여 있던 장식용 순록을 실수로 떨어뜨렸다. 순록은 다섯 조각으로 깨졌다. 다 주워서 보니 다시 붙인다는 것은 불가능했다. 리자에게 증거를 제시했다.

"괜찮아요." 아내의 말은 좀 뜻밖이었다. "별로 비싼 것도 아니고 내 마음에 썩 들지도 않았어요."

부서진 물건에 대한 우리의 감정은 그것이 내게 얼마나 중요한 것인가와 직결된다. 언젠가 나는 리자의 할머니가 쓰시던 유리잔을 떨어뜨린 적도 있다. 물론 아내에게 소중한 물건이었다. 굳이 아내의 말이 없이도 그 격한 감정이 내게 고스란히 느껴졌다.

우리 남자들은 하나님의 딸-자신의 아내-이 그분께 한없이 소중한 존재임을 도대체 언제나 알 것인가? 아내를 해치거나 불행하게 할 때 그것이 그분께 불러일으킬 격한 감정은 우리의 상상을 초월한다. 아내를 향한 하나님의 사랑의 깊이를 이해하려 애쓰지 않으면 우리가 아내를 학대할 때 그분이 느끼실 진노의 넓이도 놓칠 수밖에 없다.

"외모로 보시지 않고 각 사람의 행위대로 심판하시는 이를 너희가 아버지라 부른즉 너희가 나그네로 있을 때를 두려움으로 지내라"(벧전 1:17).

신성한 결혼의 동력-사랑, 절대적 호의, 서로를 축복하고 드러내는 삶, 상대를 위해 존재함, 서로를 양육하고 격려함 등-은 모든 형태의 폭행과 정면으로 대치된다. 교회는 이혼을 미워하는 것만큼이나 가정 폭력을 미워해야 한다. 하나님이 가정 폭력을 이혼만큼 미워하지 않으신다고 생각한다면 그만큼 우리가 그분의 딸들을 향한 그분의 뜨거운 애정을 모른다는 증거다. 게다가 그 비참한 결과로 우리는 여자들을 잘못된 의무감에 빠뜨린다. 하나님이 미워하시는 위험한 상황 속에 그대로 남아 있어야 한다는 의무감이다. 하지만 위험한 가정을 피해서 나오는 여자에게 죄책감은 전혀 불필요하다. 오히려 그녀는 하나님의 목적에 부합되게 그분이 미워하시는 것-여자를 향한 폭력-을 종식시켰을 뿐이다.

달라스 윌라드는 **폭행**의 정의를 신체 폭력뿐 아니라 다른 모든 형태로까지 제대로 확대했다. "가정 폭력만 피해서는 가정은 여전히 '예리한 발언,' 경멸, 냉담한 태도, 철회나 무관심의 지옥이 될 수 있다. 기독교 가정과 심지어 기독교 지도자의 가정에서도 이런 지옥을 흔히 볼 수 있다."[1] 이런 행동이 무조건 다 이혼의 정당한 근거가 되지는 않겠지만, 하나님의 진노를 불러일으키는 것만은 분명하다. 그분이 미워하시는 이혼만큼이나 철저히 배격되어 마땅하다.

목사들은 부부간에 자행되는 모든 형태의 폭력을 하나님이 경멸하시는 것과 똑같이 경멸해야 한다. 때로 우리는 폭력의 종식보다 결혼의 유지에 관심이 많다. 사실은 폭력을 행사하는 남자들이 반드시 알아야 할 것이 있다. 결혼이 유지되려면 폭력이 당장 종식되어야 한다. 잘 보면 우리는 부담을 남자 쪽이 아니라 여자 쪽에 지운다. "남편이여, 당신이 아내를 해치는 한 우리는 아내의 잔류를 지원할 수 없다"라고 말하는 게 아니라 "아내여, 갈라서서는 안 된다"라고 말한다.

가정 폭력을 하나님이 미워하시는 만큼 미워하지 않는 한 우리는 남편에게 그런 조언을 할 수 없다. 가정 폭력은 자녀에게 해를 끼치고, 세상을 향한 우리의 전도를 무력하게 만들고, 여자의 영혼(몸은 말할 것도 없고)에 상처를 입히고, 가해자인 남자 자신에게 악영향을 미치며, 학대당하는 딸을 차마 보지 못하시는 하늘의 장인께 고통을 입힌다. 그야말로 흉악하기 이를 데 없는 죄다.

당신의 딸이 칼만 보면 움츠리거나 남편이 손만 대면 움찔하는데 당신이라면 딸에게 그곳에 남아 있으라고 조언하겠는가? 아침에 살아서 혹은 몸성히 깨어날지 불안하다는 딸에게 단 하룻밤인들 거기서 지내라고 하겠는가? 당신이라면 무슨 수를 써서라도 딸을 당장 거기서 빼내 오지 않겠는가?

모든 그리스도인 아내에게 남편의 손은 흉기가 아니라 공급원이어야 한다. 남편은 아내와 자녀를 위해 열심히 일해야 한다. 그의 손은 가해의 무기가 아니라 황홀한 성적 쾌락의 도구여야 한다. 결혼생활 내내 다정한 애무와 농익은 애정을 수없이 표현해야 한다. 남편의 손은 보호의 원천이어야 한다. 사랑하는 가족을 보호할 때만 주먹을 쥐어야지 단 한 번이라도 가족을 가격해서는 안 된다.

폭력적 상황을 그냥 두는 한이 있더라도 결혼을 유지하는 것만이 성경적

해법이라고 생각한다면 우리는 하나님의 참된 뜨거운 애정을 모른 채 이미 율법주의에 빠진 것이다. 물론 가정이 파괴되는 것은 끔찍한 일이다. 그러나 여자의 영혼이 파괴되고, 자녀가 정신적 상처를 입고, 믿음과 소망과 사랑이 있어야 할 곳에 두려움과 미움이 활개 치는 것 또한 그 못지않게 처참한 일이다.

나도 이혼에 대해서만큼은 결코 "유하지" 않다. 그동안 많은 부부에게 간곡히 화해를 당부했고, 지금의 잘못된 선택이 나중의 "더 나은" 만남을 위한 면책 조항이 될 수 없음을 늘 강조했다.

그러나 아내가-또한 그리스도인인 모든 여자가-하나님의 딸임을 참으로 안다면 가정 폭력이란 그저 "치료될" 문제로 끝나지 않는다. 하나님이 가정 폭력을 미워하시듯이 나도 그것을 미워하는 법을 배웠다. 여자를 그 집에서 빼내는 것만이 가정 폭력을 종식할 수 있는 유일한 길이라면 죄는 가해자인 남자 쪽에 있지 결코 피해서 나오는 여자 쪽에 있지 않다.

예수는 서기관들에게 아주 호되고 냉엄하셨다. 그들을 따로 지명하여 그야말로 신랄하게 비난하셨다. 무엇이 그분을 그토록 노하시게 했던가? 그들이 "과부의 가산을 삼키"는 자들이었기 때문이다(막 12:40).

하나님의 딸을 건드리면 곧 그분의 가장 아픈 곳을 치는 것이다. 그분의 가장 격노한 감정을 불러일으키는 것이다. 그분의 불같은 진노에 정면으로 맞서는 것이다.

내 친구인 스티브 윌키 박사는 부부간의 학대란 곧 "애정이 빠진 모든 행동"이라 역설했거니와, 그것이 이혼의 기준은 아닐지라도 모든 신성한 결혼의 척도인 것만큼은 더할 나위 없이 분명하다.

어떤 사람들은 학대당한 여자들이 이를 악물고 참아야 한다고 주장하면서 내 책 《결혼, 영성에 눈뜨다》를 그 논거로 제시한다고 한다. 여기에 나보다 더 기겁하실 분은 하나님이시다. 나의 입장에 대해 일말의 오해도 남기고 싶지 않아 이렇게 이 책에 부록을 덧붙인다. 절대적으로 명백히 밝히거니와 부부간의 학대와 특히 가정 폭력은 종류 여하를 막론하고 평생사랑에 정면으로 위배된다. 하나님 앞에서 당신에게 바치는 이 책의 각 장의 정신에도 어긋난다.

주

Part 1. 하나님이 설계하신 결혼은 경이로운 실체다

01. 새로운 차원으로 도약하려는 위대한 집념

1. Jonathan Edwards, *The Works of Jonathan Edwards*, 제2권, 개정판, Edward Hickman (London: Ball, Arnold, and Co., 1840), 5.
2. Gary Thomas, *Sacred Marriage: What If God Designed Marriage to Make Us Holy More Than to Make Us Happy* (Grand Rapids, MI: Zondervan, 2000). (《결혼, 영성에 눈뜨다》 좋은씨앗)

02. 하나님의 손에서 박수가 나오게 하자

1. Annejet Campbell 편집, *Listen for a Change* (London: Grosvenor, 1986), 90, 93.

03. 장차 올 천국을 기대하는 결혼생활

1. Jonathan Edwards, "The Christian Pilgrim," *The Protestant Pulpit: An Anthology of Master Sermons from the Reformation to Our Own Day*, Andrew W. Blackwood 편집 (Grand Rapids, MI: Baker, 1977), 41.
2. Edwards, *The Protestant Pulpit*, 41.
3. Edwards, *The Protestant Pulpit*, 44.
4. Edwards, *The Protestant Pulpit*, 48.

04. 평생사랑을 도우시는 성령 기대하기

1. 다음 글에 인용된 말이다. Harold Cooke Phillips, "An Angel in the Sun," *The Protestant Pulpit: An Anthology of Master Sermons from the Reformation to*

Our Own Day, Andrew W. Blackwood 편집 (Grand Rapids, MI: Baker, 1977), 254.

2. Rob Rienow & Amy Rienow, *Visionary Marriage: Capture a God-Sized Vision for Your Marriage* (Nashville: Randall, 2010), 19~20.

3. C. H. Spurgeon, *Lectures to My Students, Complete and Unabridged* (Grand Rapids, MI: Zondervan, 1954), 96. (《목회자 후보생들에게: 스펄전 설교론》크리스천다이제스트)

05. 목적이 있는 열정 공유하기

1. Kevin Miller & Karen Miller, *More Than You and Me: Touching Others Through the Strength of Your Marriage* (Colorado Springs: Focus on the Family, 1994), 3.
2. Miller & Miller, *More Than You and Me*, 6.
3. Miller & Miller, *More Than You and Me*, 7.
4. Miller & Miller, *More Than You and Me*, 8.
5. Julie Hatsell Wales, "Letters," *Marriage Partnership*, 1991년 겨울호, 8.
6. Miller & Miller, *More Than You and Me*, 서문.

08. 결혼, 참된 행복을 향한 뜻밖의 부르심

1. John Chrysostom, *On Marriage and Family Life*, Catherine Roth & David Anderson 번역 (Crestwood, NY: St. Vladimir's Seminary, 1986), 54.

Part 2. 더 친밀한 연합으로 세우는 결혼생활

1. Horace Bushnell, "Every Man's Life a Plan of God," *The Protestant Pulpit: An Anthology of Master Sermons from the Reformation to Our Own Day*, Andrew W. Blackwood 편집 (Grand Rapids, MI: Baker, 1977), 80.

09. 결혼을 변화시키는 초자연과학

1. Lauren Fleshman, "To Heck with Science," *Runner's World*, 2013년 9월, 56~57.
2. Calum MacLeod, "China Puts Up Roadblocks for Car Collectors," *USA Today*, 2013년 10월 23일, 10A면.

11. 권력 이동의 틀에서 벗어나기

1. Kayt Sukel, *This Is Your Brain on Sex: The Science Behind the Search for Love* (New York: Simon & Schuster, 2012), 5.
2. Kim Painter, "Moms Really Do Have a Nose for That Baby Smell," *USA Today*, 2013년 10월 2일, 5D면.
3. Annejet Campbell 편집, *Listen for a Change* (London: Grosvenor, 1986), 4.
4. 이번 단락의 인용문들은 사적인 강연, 강연 후 로버트슨 맥퀼킨 박사와 나눈 사담, 그리고 다음 책 등 세 가지 출처에서 왔다. Robertson McQuilkin, *A Promise Kept: The Story of an Unforgettable Love* (Carol Stream, IL: Tyndale, 1998), 3, 13, 18~19, 22, 31~33, 50~53. (《서약을 지킨 사랑》 복있는사람)

13. 결혼의 두 가지 차원, 친밀함과 소외감

1. John Chrysostom, *On Marriage and Family Life*, Catherine Roth & David Anderson 번역 (Crestwood, NY: St. Vladimir's Seminary, 1986), 62.

15. 사랑을 잃은 결혼을 살려낸 어느 부부

1. Gary Thomas, "Slowly Putting It Back Together: How One Couple Rescued a 'Love Lost' Marriage," Gary Thomas (블로그), 2013년 9월 25일, http://www.garythomas.com/rescued-a-lost-love-marriage/.

Part 3. 더 깊은 사랑을 추구하는 열정

16. 결혼은 기회의 문이며 사랑의 학교

1. Linda Dillow, *What's It Like to Be Married to Me?* (Colorado Springs: David C Cook, 2011), 111~13.

17. 배우자에게 절대적 호의 베풀기

1. 그 글은 그의 사후에 간행되었다. 다음 둘 중 하나를 참조하라. "The Essence of True Virtue," *The Works of President Edwards*, 제3권, S. E. Dwight 편집 (New York: S. Converse, 1829), 93~100. "The Nature of True Virtue," *Jonathan Edwards: Basic Writings*, Ola Winslow 편집 (New York: Signet Classic Books, 1966), 241~49.

19. 마르지 않는 사랑과 쉬 마르는 갈망

1. Dallas Willard, *Renovation of the Heart: Putting on the Character of Christ* (Colorado Springs: NavPress, 2002), 132. (《마음의 혁신》 복있는 사람)

21. 힘들여서 거창하게보다 작지만 꾸준하게!

1. A. J. Russell 편집, *God Calling*, 확장판 (Uhrichsville, OH: Barbour, 2011), 8월 30일 부분. (《주님의 음성》 규장)
2. Paul Friesen & Virginia Friesen, *The Marriage App: Unlocking the Irony of Intimacy* (Bedford, MA: Home Improvement Ministries, 2013), 21~22, 167.

부록: 하나님은 가정 폭력을 미워하신다

1. Dallas Willard, *Renovation of the Heart: Putting on the Character of Christ* (Colorado Springs: NavPress, 2002), 190. (《마음의 혁신》 복있는 사람)